《论语》六讲

王刚 著

浙江古籍出版社

引言：泗水寻芳

公元前479年，正值中国历史上的春秋末期。在这年的春、夏之间，一位鲁国哲人走到了生命的尽头。

这个人就是孔子——中国儒家学派的创始人，死后被尊奉为"万世师表"，享受着至圣的尊荣，几千年来，上至帝王，下至一般百姓皆对其礼敬有加，万分膜拜。[①]

自汉以来，孔子思想是大一统帝国意识形态的渊薮。但颇有讽刺意味的是，孔子在世之时并不得志。他本想有一番安民济世的作为，然而，任凭他周游列国，口干舌燥地游说，政治主张却得不到统治者的丝毫呼应，在现实政治方面，可谓彻底失败。

较之政治上的屡屡碰壁，孔子在教育和思想文化上的建树则显得异常突出。作为大教育家，他据称授徒三千，培养出了七十贤徒，

[①] 《左传》哀公十六年载："夏四月己丑，孔丘卒。"《史记·孔子世家》载："孔子年七十三，以鲁哀公十六年四月己丑卒。"按照这样的记载，孔子应该是在夏季离世。但有学者认为，这里所用的是周历，依据后世通用的夏历，周历四月应为农历的二月。由此推论，孔子离世于春天。如王鸣盛说："三传皆周正……卒于四月己丑，为今二月十三日。"（参见氏著：《蛾术编》卷54《孔子生卒年月日》，《嘉定王鸣盛全集》第八册，中华书局，2010年，第1095页）笔者倾向于二月的说法，但由于《左传》出现了"夏"的字样，也不能完全肯定孔子必在春天离世，故而以"春、夏之间"的论述来加以概括。

可谓桃李满天下。作为文化巨匠,他整理六经典籍,传播思想理念,在守先待后之中,为中国思想文化的发展注入了新的基因。他所创始的儒学成为"显学",感染了一代又一代的人,为中国精神的建构作出了不可磨灭的贡献。作为古代中国最为重要的思想文化符号,孔子学说对于中国乃至世界影响深远,是人类精神家园中的绚烂之花。

"古来圣贤皆寂寞"。当回到历史的现场——孔子的晚年之时,可以看到的是,在那个春、夏之间的时节,随着老境渐侵,他的身体已大不如前。但比身体衰老更令其伤感的,是世运的走向和亲友的凋零,以及自己的不被理解。

传说,鲁哀公十四年(前481),在孔子的祖国鲁国发现了瑞兽麒麟。面对着这一祥瑞,他感慨不已。在这么一个乱糟糟的世道,麒麟的到来可谓不逢其时。于是,他停下了手中的笔,最后一部亲撰整理的"六经"之一《春秋》至此戛然而止,"西狩获麟"成为它的终篇。在"吾道穷矣"的喟然之叹中,孔子内心充满了难觅知音的孤寂与凄凉。

两年后,孔子更加老病交迫。在岁月和身世的感慨中,咏叹出人生最后的悲歌:"太(泰)山坏乎!梁柱摧乎!哲人萎乎!"七天后,一代哲人离开了人世。

孔子去世后,弟子们由各地赶来会葬,并为之服丧三年。在这一时段内,聚居于此的弟子们除了依据礼制处理老师各项身后之事,自然也少不了对夫子生平点滴的追忆。由此,在孔子整理和传授的六经之外,又一部重要儒籍——《论语》开始了结集的历程。史载:

《论语》者,孔子应答弟子、时人,及弟子相与言而接闻于夫子之语也。当时弟子各有所记。夫子既卒,门人相与辑而论纂,故谓之《论语》。①

《论语》是一部以孔子语录为核心的典籍,第一代弟子在服丧期间的聚集和交流,应该就是它的缘起。自成书以来,《论语》和其他典籍一起,为深入理解孔子及早期儒家思想,提供了重要的文本基础。此后的一代代中国人正是凭借它,走进了孔子的精神世界,从中受到感染,获得思想及境界的提升。

在孔子殁后一千六百多年,历史进入了南宋时期。大儒朱熹将延承孔子道脉的理学思想发扬光大,成为又一位儒学的集大成者,被世人尊为朱子。

与一般道学先生的冷峻甚至稍显呆板不同的是,朱子不仅对于《论语》及其他儒籍有着深入的体悟与解读,还常将自己的感受付之于诗文,展现出理性中的灵动。其中,有一首脍炙人口的《春日》诗特别值得注意:

胜日寻芳泗水滨,无边光景一时新。
等闲识得东风面,万紫千红总是春!

诗中所出现的泗水,正是孔子讲学和安葬之处。② 然而,在撰作此诗的南宋时代,此地正处于与宋朝敌对的金人管辖之下,朱子

---

① 《汉书》卷30《艺文志》,中华书局,1962年,第1717页。
② 《礼记·檀弓上》引曾子之言:"吾与女事夫子于洙泗之间。"泗水与洙水一带是孔子故乡,也是他讲学之地。后来孔子之教又常常被称为"洙泗之风""洙泗遗训"等。

不可能亲自前往。所以，所谓的"胜日寻芳泗水滨"及种种景致的呈现，并非实写，而是一种隐喻。诗面写的是春天的游历，但要表达的，是学习孔子之道后，如沐春风、满眼春光的感受。总的来说，朱子所寻之"芳"，不是别的，是孔子之道，是文化的芬芳。

"孔子之道"的载体在于各种儒籍，《论语》是极其重要的一种。宋儒将《论语》编入"四书"之中，在他们所推许的"孔、曾、子思、孟"之"孔孟道统"中，占据着重要的文本地位。朱子也是对此鼓吹最力之人，他倾尽一生心力撰述的《四书章句集注》更是成为后世儒者的必读之书。在他临终前，还在修改此书，孜孜矻矻，从未倦怠。被时人誉为"覃思最久，训释最精，明道传世，无复遗蕴"。[1]

由此，当我们读书悟道，走进孔子的世界时，可以发现，这位著名的"寻芳人"就在前方。通过对《论语》等儒籍的解读，为后人导夫先路，树立了鲜明的路标。回观儒学史的行进轨迹，自宋以降，正是沿着朱子所开辟的路径，一代代"寻芳人"在思想的熏染中，展开了文化的接力，连绵不绝，代不乏人。

幸运的是，受着文化的感召，我也预流于其间。追踪先哲的脚步，将几十年来的《论语》学习史，转化成为收获满满的心灵之旅。在撷芳揽翠的旅程中，个人的精神成长史与阅读史逐渐融贯为一。

现在，我就将旧日里采撷的"芬芳"呈奉给大家，让我们在"寻芳"之路上共同体会"万紫千红"的"无边光景"……

---

[1] 李性传：《饶州刊朱子语续录后序》，朱杰人等主编：《朱子全书》第十八册，上海古籍出版社、安徽教育出版社，2010年，第4356页。

目　录

引言：泗水寻芳　// 001

第一讲　导　论　// 001
一、为什么要读《论语》？ …………………………… 003
二、《论语》其书与孔子其人 ………………………… 013
三、《论语》应该怎么读？ …………………………… 035

第二讲　找寻"孔颜乐处"　// 041
一、《论语》"三句教" ………………………………… 043
二、"学"何以乐？ …………………………………… 051
三、"读圣贤书，所学何事？" ……………………… 062
四、"乐"何以得？ …………………………………… 071
五、"此心安处" ……………………………………… 082

第三讲　行孝与为仁　// 097
一、从"其为人也孝弟"章说起 ……………………… 099
二、孔子仁道问题的提出 …………………………… 107
三、行孝，为仁之本 ………………………………… 124
四、"孝"如何"行"？ ………………………………… 140

第四讲 "慎终追远" // 159

一、"慎终追远"与丧、祭 …………………… 161
二、凶吉之礼与变常问题 …………………… 169
三、终养与道别 …………………………… 177
四、魂归何处? …………………………… 182
五、非其鬼：陌生的祭者 …………………… 190

第五讲 "主忠信"与"儒者气象" // 197

一、"器识为先，文艺其从" ………………… 199
二、何以为儒? …………………………… 204
三、"忠信可结于诸侯" …………………… 213
四、何以"劝士"? ………………………… 221
五、忠臣问题与"君臣之义" ……………… 231

第六讲 朋友之道 // 247

一、何为"朋友"? ………………………… 249
二、朋友与兄弟 …………………………… 255
三、从"信之"到"辅仁" …………………… 264
四、益友损友 ……………………………… 272
五、择友 …………………………………… 279
六、"善与人交" …………………………… 291

后记 // 297

第一讲 导论

天之未丧斯文也,匡人其如予何?

固天纵之将圣,又多能也。

仲尼,日月也,无得而逾焉。

天下之无道也久矣,天将以夫子为木铎。

郁郁乎文哉,吾从周。

甚矣吾衰也!久矣吾不复梦见周公!

孰谓鄹人之子知礼乎?入太庙,每事问。

吾少也贱,故多能鄙事。

天下有道,丘不与易也。

其为人也,发愤忘食,乐以忘忧,不知老之将至云尔。

孔宣父

一、为什么要读《论语》?

(一)我是谁?我们是谁?

品读《论语》,开启一段文化之旅。

当这一旅程缓缓开启之时,我们所面对的,其实是家园和自我的找寻。

这里所说的家园,是精神家园;所说的自我,聚焦于文化认同层面。

它所涉及的问题乃是——"我是谁"。

"我是谁?"当我们这样发问的时候,实质上在寻找的,是不可替换的特质或者个性。

这是对个体而言的。扩而展之,一个族群或国家也是如此。在这一人群范围内,如果要问:我们是谁?眼光就必须从有形的物质层面深入到精神文化之中。钱穆说:"文化也就是此国家民族的生命。

如果一个国家民族没有了文化,那就等于没有了生命。"[①] 由此而论,对于整个民族或族群来说,文化的认同,以及文化自我的存在,不仅是建构共有身份的基础,更意味着民族性或国民性的成立。

纵览历史,民族或国家的消亡有两种形态:种族和文化。很多民族在穿越历史的烟云时,正是因为失去了文化身份,没有了族群的认同,最终烟消云散。众所周知,在四大文明古国中,只有中国,因文化的存续,而很幸运地一直延承下来,经历一次次的劫难,一路走到了今天。其他的文明古国则随着文化的消亡,成为历史的遗响。尼罗河依旧在流淌,但这里已不是当年的古埃及;幼发拉底河与底格里斯河也依旧在流淌,而就在这里,巴比伦彻底地死去,这里不再是那个文明古国,而只是巴比伦的故地。

对那些一一远去的文明古国细加考察,可以发现,因为文化的断绝,今天,那些土地上的人与物,与千万年前的先人及故土,已没有了精神传承和连接。

理解了这些,作为一个中国人,就有义务去捍卫和传承自己的传统文化,因为这是我们民族的灵魂,是我们之所以为我们、中国之所以是中国的核心所在。

(二)从"经学时代"说起

中国历史上的文化精神去哪里找寻?历史建筑、考古遗址、传统民俗……在各种文化遗产中,或许都能觅其踪迹。但如果让我们的目光流连于一排排书架,则可以看到一个最为重要的载体,那就

---

① 钱穆:《国史新论》,生活·读书·新知三联书店,2001年,第346页。

是——古籍；而这一载体的核心，是经学典籍。

二十世纪三十年代，著名哲学家冯友兰在研究中国古代哲学及思想文化时，提出了"经学时代"的概念。在他看来，自秦汉以降，两千多年来的中国社会，都是以经学典籍为出发点，来建构、发展意识形态和思想文化的。[①] 不了解经学，就很难理解古代中国，尤其是那一时代的思想文化状况。

那么，经学是从哪里来的呢？是由孔子及其学派整理上古文献而传承下来的。

经学最初的形态为六经（《乐经》失传，今存五经），它们并非孔子的创作。在《论语·述而》篇中，孔子曾言，自己"述而不作，信而好古"。总的来看，孔子对经学所作的工作，是整理，而不是创作。六经的文本或素材，是孔子之前已然存在的资料，即所谓"先王之书"。清儒章学诚据此在《文史通义·易教上》提出著名的"六经皆史"说，认为它们"皆先王之政典也"。[②] 这样看来，经学不仅仅领辖着秦汉以降的思想文化世界，同时也留存了先秦甚至远古时代的历史记忆与文化密码。

由此，无论是先秦还是秦汉之下，讨论中国文化，都离不开经学。也由此，传承经学的核心人物——孔子，成了中国文化的枢纽。

就文献系统而言，经学有一个发展演进的过程，《论语》作为反映孔子思想言行的典籍，在汉以后也逐渐步入了"经"的范畴。但与先前的六经不同的是，《论语》不是什么"先王之政典"，而是

[①] 冯友兰：《中国哲学史》，华东师范大学出版社，2000年。
[②] 章学诚著，叶瑛校注：《文史通义校注》，中华书局，1985年，第1页。

记录着孔子本人及弟子们言行的资料。

由于这样的特点,《论语》的文字极为生活化,一书在手,一个有血有肉、亲切真实的孔子如在眼前。《论语》中的孔子,有自己的喜怒哀乐,虽平时循循善诱,威严而不失温和,以"温良恭俭让"的面目示人;但在生气时,也会对学生发脾气,如痛斥宰予"朽木不可雕也",骂子路"佞者";[1] 而说错话时,还会不好意思地说"前言戏之耳",委婉地低头认错。[2] 这里没有高头讲章,而是口语化居多的对话或独白,记录着孔子思想的点点滴滴。

更为重要的是,由于《论语》与孔子的特殊关系,自汉以来,一般都认为,它对其他经籍起着引领性的作用。汉儒赵岐说:"《论语》者,五经之𫐐辖,六艺之喉衿。"[3] 古人在读书时,常常将《论语》作为最基本、最首要的读本。朱熹曾告诉他的学生,以《论语》为核心的"四书"文献,为其他经籍的基础,易上手,要先读。所谓"是熟饭。看其他经,是打禾为饭"。[4]

---

[1] 《公冶长》载:"宰予昼寝,子曰:'朽木不可雕也,粪土之墙不可杇也!于予与何诛?'子曰:'始吾于人也,听其言而信其行;今吾于人也,听其言而观其行。于予与改是。'"《先进》载:"子路使子羔为费宰。子曰:'贼夫人之子。'子路曰:'有民人焉,有社稷焉。何必读书,然后为学?'子曰:'是故恶夫佞者。'"

[2] 《阳货》载:"子之武城,闻弦歌之声。夫子莞尔而笑,曰:'割鸡焉用牛刀?'子游对曰:'昔者偃也闻诸夫子曰:"君子学道则爱人,小人学道则易使也。"'子曰:'二三子,偃之言是也。前言戏之耳。'"

[3] 赵岐:《孟子题辞》,焦循撰,沈文倬点校:《孟子正义》,中华书局,1987年,第14页。

[4] 黎靖德编,王星贤点校:《朱子语类》卷19《论语一》,中华书局,1986年,第429页。

总之，经学这份"精神大餐"承载着中华文化，而作为"熟饭"的《论语》，又是可最先入口的"美味佳肴"，对于祖先留给我们的这份精神遗产，品之、读之、赏之、析之，是吸取文化营养，理解传统的一大关键。

（三）斯文薪传

在《庄子·养生主》中，有这样一段话："指穷于为薪，火传也，不知其尽也。"大意是，只要一捆捆的干柴（即"薪"）不间断地供给，火焰就可以一直传递、燃烧下去。这就是成语"薪火相传"以及"薪尽火传"的来历。

火在人类文明进化过程中有着跨越性的意义，它让原始初民告别了冰冷黑暗，开启历史的新纪元。可以说，火照亮了人类行进的前途；火，是人类的希望。然而，人类的发展，不仅要有物质之火的升腾，更需要思想文化之火的照耀。人类的进步过程，就是文明火焰一代代传承的过程。每一代人都有责任让这种火焰长燃不熄。中国古人，尤其是知识分子很看重这一点，所以，在讲求"传道"的过程中，一代代守先待后，推动着中国文化向前迈进。

唐人成玄英在为《庄子》作疏时，曾这样解释"薪传"："言人然（燃）火，用手前之，能尽然（燃）火之理者，前薪虽尽，后薪以续，前后相继，故火不灭也。"[1] 按照这样的说法，在传"火"的过程中，"薪"有先后之分，即所谓"前薪""后薪"。"火种"要永续流传，"前薪""后薪"就必须"前后相续"，不可断绝，薪尽而火传，端赖于此。

---

[1] 郭庆藩撰、王孝鱼点校：《庄子集释》，中华书局，1961年，第130页。

由此，如果将思想文化比作火焰，先贤为"前薪"，后来者则为"后薪"。而且更重要的是，"前薪"之前更有"前薪"，"后薪"之后，"后薪"不绝。正是一代代的"前薪""后薪"接续而上，才保证了中华文化的火种留存于今。

揆之于史，孔子也是接过前人的火炬，并使之发扬光大的"薪传"之人，孟子称其为"集大成者"。[①] 从这一角度出发，对于后儒而言，他算"前薪"，对于他的前人，则又为"后薪"。按照《中庸》的说法，孔子"祖述尧舜，宪章文武"。[②] 他继承的，是自尧、舜至周文王、周武王以来的道脉，这一文化传统，孔子称之为"斯文"。有这样一个故事，在周游列国时，孔子被人围困在匡地，几近于死，性命交关之际，他并不惶恐——自己所传承的文化（或曰"道"）关乎天意，只要上天不想让"斯文"断绝，那么，他这个传承"斯文"的人，就不会这么轻易地死去。想到这里，他毫无恐惧，激情满怀，豪迈地宣称："天之未丧斯文也，匡人其如予何？"[③]

正是以孔子为代表的中国知识分子，以传承"斯文"为己任，以强烈的使命感建构了传统文化的基本面貌，并由此使得在很长一段时间内，中国人擎着文明的火把在世界的东方引领着历史的航程。

---

① 《孟子·万章下》曰："孔子之谓集大成，集大成也者，金声而玉振之也。"
② 朱熹：《四书章句集注》，中华书局，1983年，第37页。
③ 《论语·子罕》载："子畏于匡。曰：文王既没，文不在兹乎？天之将丧斯文也，后死者不得与于斯文也；天之未丧斯文也，匡人其如予何？"《史记·孔子世家》亦载此事。《集解》引孔安国曰："兹，此也。言文王虽已没，其文见在此。此，自谓其身也。"又曰："文王既没，故孔子自谓后死也。言天将丧此文者，本不当使我知之。今使我知之，未欲丧之也。"

古代中国的影响力，核心所在，就是优秀的文化。在它的向心力下，东亚文化圈内，洋溢着华夏弦歌。文化，是古代中国人自信的源泉所在，它深入国人的骨髓之中，成为一代代中国人，尤其是知识分子生命中最重要的内容。

距孔子被困于匡地2300多年后，时间转入到了近代中国。

与具有超稳定特性的古代中国不同，中国的近代是一个急剧变动的时代！在前所未有的压力之下，变，成了最大的时代主题。不变则不能自存！但这种变，与古代中国的情形大不相同。它是革命性的质变。

这种质的不同，核心何在呢？

读过《三国演义》的人或许都记得，此书一开篇即写道："话说天下大势，分久必合，合久必分。"今传的毛宗岗本，更将明人杨慎的《临江仙》词题于卷首："是非成败转头空，青山依旧在，几度夕阳红。……古今多少事，都付笑谈中。"

长期以来，在"一治一乱"的思维下，古代中国人总是认为，在分分合合的作用力下，兴亡盛衰循环往复；在弹指笑谈中，一切终将化为历史的烟云。

然而，近代以来的变化不同以往——不再是当年的夕阳来照、青山依旧，而是改天换地、一去不返。

著名史学家陈旭麓在论及中国的近代历程时，曾将其与明清之际的世变加以比较。在他看来，仅就残酷性而言，明清易代的惨烈并不下于近代，但陈氏指出："那多半是一种身世家国之变，历史仍在旧圈子里徐徐地盘旋而行。"近代的世变不同以往，明显有了历史的时差。就说将我们民族拖入近代的鸦片战争吧,那是"中国以中世纪的武器、中世纪的政府、中世纪的社会来对付近代化的敌人。战争以严酷的事实暴露了这种差距"。[①]

这种差距何以产生？近代以来,人们的眼光从器物、制度入手,追溯到了思想文化上。

思想文化及其影响下的学术,是社会发展的内在推动力。中国人几千年来雄踞东方,傲视世界,所依凭的不仅仅是灿烂的物质文明,更有中华文化作为核心和底色。而在一次次的落后挨打之后,文化上的反思自是不可避免。

然而,令人痛心的是,在这种反思中,曾经傲视世界的中华文化,一度成为落后挨打的替罪羊。一时间,中国文化原罪论甚嚣尘上。如胡适说,"我们祖宗的罪孽深重""中国不亡,是无天理""来替祖宗忏悔,替我们自己忏悔","五千年古国精神文明"是一个"迷梦"。[②] 并由此有了所谓"全盘西化"的主张。有史以来,中华文化第一次面对正当性和合法性的拷问。在"欧风美雨"之下,文化之"火",被吹荡得摇摇欲坠,风雨之中,星星点点,黯淡无光。当此飞沙走石、文化大厦将倾之际,一个严峻的问题摆在了中国人的面前:"斯文"真的要绝了吗？一代代"薪传"的"斯文",我们真的要自此彻底抛弃吗？

1934年6月,陈寅恪在为王国维的书稿作序时,抚今追昔,意味深长地论及了学者在文化传承上与民族兴亡盛衰之间的关联,

[①] 陈旭麓：《近代中国社会的新陈代谢》,上海人民出版社,1992年,第2、65页。
[②] 胡适：《信心与反省》,欧阳哲生编：《胡适文集》5,北京大学出版社,1998年,第389、385页。

他说：

> 自昔大师巨子，其关系于民族盛衰学术兴废者，不仅在能承续先贤将坠之业，为其托命之人，而尤在能开拓学术之区宇，补前修所未逮。①

在此文中，出现了一个重要的概念——"托命之人"。此时，距抗日战争全面爆发还有三年。在"内感民族文化之衰颓"的时代，②作为知识分子的陈寅恪相信，只要他及许多文化"托命人"还存在，斯文就可以得以维系。1943年1月，陈寅恪在邓广铭的《〈宋史·职官志〉考证》序中说：

> （华夏文化）后渐衰微，终必复振。譬诸冬季之树木，虽已凋落，而本根未死，阳春气暖，萌芽日长，及至盛夏，枝叶扶疏，亭亭如车盖。③

陈寅老作此论断时，抗战已露胜利的微光，中华民族的前途正处在一个关键转折点上。此后的历史虽有周折反复，对于传统文化及孔子的认识，更是起起伏伏。但不可否定的事实是，时至今日，以孔子为代表的传统文化精神没有死去，在通往近现代化的道路上，它的价值和意义正日渐为国人所接受。

传统不可弃，未来必可期。

---

① 陈寅恪:《〈王静安先生遗书〉序》，陈美延编:《金明馆丛稿二编》，生活·读书·新知三联书店，2001年，第247页。
② 陈寅恪:《陈垣〈元西域人华化考〉序》，陈美延编:《金明馆丛稿二编》，第270页。
③ 陈美延编:《金明馆丛稿二编》，第277页。

但是，要连接起传统和未来，需要"托命之人"的代代"薪传"。

当陈寅老寄希望于文化的"托命之人"时，中国的国运可谓风雨如晦。在走向现代国家的当口，他及有相似立场的中国人，眼光不仅仅聚焦于对传统的回望，更期待在"承续先贤将坠之业"的基础上，"开拓"向前，并"补前修所未逮"。从这个意义上来说，他们目光所及，实质上是向何处去的问题；目睹文化家园的花果飘零，他们在心中升腾着"枝叶扶疏"的梦想。

在走向未来的进程中，经过近代洗礼之后的传统文化，不应再成为负担，今后所需要的，是当下的我们及一代代中国人，在"承续"之上，加以"开拓"，作创造性转化、创新性发展。为了这个目标，中国人，尤其是知识分子，理应具有使命感，"斯文"传递不仅不能断于我们之手，我们更应在时代的脉动中，将其传递得更远、更亮……

二、《论语》其书与孔子其人

(一)《论语》文本及相关问题

就文本的生成、发展来看,《论语》成书有着复杂的历史过程。如对这一问题作出历史的区划,汉魏以后的情况相对清楚,但在此前的战国至汉代这一时段内的具体情形,还有很多模糊不清之处。关于《论语》的撰作、结集和早期文本的形态、流传等,争论还很多。

在此,仅就论题所及,提出两点值得注意的问题:

一是《论语》编撰的体系化及相关问题。

有学者在对《论语》进行文本考察后,得出这样的结论:"书是乱的","《论语》是像抄卡片,也是这么凑起来的"。[1] 按照这样的说法,似乎《论语》只是一堆语录资料的堆积,在编撰时并没有

---

[1] 李零:《去圣乃得真孔子:〈论语〉纵横读》,生活·读书·新知三联书店,2008年,第7、6页。

什么章法和内在的逻辑。

相较于其他相对规整的典籍，客观地说，《论语》在文本安排上似乎是有些"随意性"，但说它"乱"，则未免有些武断。

前已言及，《论语》是"孔子应答弟子、时人，及弟子相与言而接闻于夫子之语"的资料汇编。是在孔子"既卒"后，由后世弟子"辑而论纂"而成。也就是说，《论语》是孔门弟子将自己所记的孔子之言编辑在一起而形成的一本书。由于这样的特点，要对这些包罗万象的语录进行特别严密的归类，的确有些困难。从这个角度来看，说它"像抄卡片"，"凑起来"，是有道理的。

但问题是，"抄卡片"有"抄卡片"的逻辑，编排之中也可以透现出意义，甚至有时还意义重大。从这个角度来看，《论语》就不是杂乱无章。

也即是，孔门弟子作编纂工作时，在体例及篇章安排上，是有所考量的。至于所谓的"乱"，一则是因为后人没有完全体会文本的内在脉络，问题不出在《论语》上，而是后人的解读能力不够；二则是整理后的文本留存了当年编纂时的一些历史痕迹，使得文本间有些细微的冲突或不尽协调处，成为所谓"乱"的表征。这恰恰反映了《论语》从多重史源到文本统一的事实。下面，对此作进一步的说明。

首先，就文本的内在脉络而言，由于资料来源及言行情境的不同，语录的记载可分出三大类型：一是"子曰"；二是"孔子曰"；三是弟子之言。

当"子曰"出现的时候，意味着这些语录是孔子亲传的第一代弟子当面所听闻的夫子之言。因为省略了"孔",直译下来,就是"先生说",去姓氏,表示亲切和尊重。可证明这一点的,除了语义的提示,还有就是,在《论语》中,凡是弟子与孔子同时出现,也即师、弟问答之时,一律都是"子曰"。而"孔子曰",则应该是孔子应答"时人"的语录,甚至很可能不是现场记录,而是弟子们由外转抄而来。至于弟子之言,则是所谓的"弟子相与言",即孔门弟子单独或相互间的一些重要言论被附录于书。而这一类型中最重要的,就是曾子语录。

在《论语》中,曾子的话占据了不少篇幅。揆之于史,《论语》的编纂自第一代弟子就开始了。但是,这只是开始,此书的编纂有一个漫长的过程。对于《论语》的最后成书,学界一般认为主要出于曾子门下,完成于孔门二代弟子之手或更晚。主要的铁证有两点:一是《论语》通篇皆称"曾子",这与其他孔门弟子主要称字而不名完全不同。① 二是《论语·泰伯》篇中,恭恭敬敬地记载了曾子之死的情形,这明显是曾子门下所为。

---

① 如子路、子贡、子夏都是他们的字,而不是名,他们名为(仲)由、(端木)赐、(卜)商。按照古代的习惯,只有师长才能直呼其名,其他人称其字号,以表示尊重。所以在《论语》中,一般对孔门弟子都是称字,只有孔子才有资格直呼他们的名字。当然,孔门其他弟子也有称"子"的例外。如闵子骞的称谓,属于称字的性质,但偶有称"子"之处,《先进》篇的第十三、十四章,分别有"闵子侍侧,訚訚如也""鲁人为长府,闵子骞曰"。在连续的两章中,闵子骞既有被称字者,也被称为"闵子"。很显然,称"子"应来自闵子骞学派所记,当其汇集至《论语》一书时,被保留了下来。这种现象的出现,是属于不及改订,还是出于尊重的需要而留存,已不得而知。但与"曾子"之称的整齐划一相较,属于特例。这就证明,在《论语》成书过程中,有着曾子学派的深度参与及最后改定。

从第一代始纂,到最后成书,三大类型的语录应该始终存在着,而且都做了分类。《论语》的编纂并不乱,从一开始对于相关内容的编排就是有所考量的。

其次,由于资料的多元性,加之成书时间漫长,在编辑体例上,《论语》不可能那么整齐划一。但这不是"乱",恰恰反映了归类及文字整合等方面的历史痕迹。

例如,《论语》中有很明显的文句重出现象,杨伯峻指出:"这种现象只能作一个合理的推论:孔子的言论,当时弟子各有记载,后来才汇集成书。所以《论语》一书绝不能看成某一个人的著作。"[1]由文本的重出,推断至弟子的"各有记载",是合情合理的。但更重要的问题是,这些重复的文句也并不完全一致,在孔子核心话语一致的前提下,有些多出部分往往被删节。如《学而》篇有:"子曰:'父在,观其志;父没,观其行。三年无改于父之道,可谓孝矣。'"《里仁》篇作:"子曰:'三年无改于父之道,可谓孝矣。'"只保留了文句的后一部分。《卫灵公》篇有:"子曰:'已矣乎!吾未见好德如好色者也。'"《子罕》篇则作:"子曰:'吾未见好德如好色者也。'"删去了三个语气词。

关于这一问题,可获得互证的是,陈桐生通过对上博简的研究发现,《中弓》篇与《论语·子路》的"仲弓为季氏宰"章所记为同一事,只不过《中弓》篇繁复,现存字数达520字,而《论语》中则只摘取了两问两答。陈氏认为,《论语》中"仲弓为季氏宰"章,

---

[1] 杨伯峻:《论语译注》"导言",中华书局,1980年。

"是编纂者从当年仲弓原始笔录材料中节取的"。而《君子为礼》篇，则与《论语·颜渊》的"颜渊问仁"章意义相近，同样，也是前者繁复，后者简约。在陈氏看来，后者是在"原始记录材料上提炼的"。①

也就是说，由于《论语》简约化的特点，在著录于文本时，各弟子面对所闻、所记，会根据自己的理解和编纂需要作删节，然后再汇集在一起。如果说这属于"抄卡片"的话，这种"抄"并不会导致"乱"的问题，但是在"摘抄"时，一开始各位孔门弟子就没有做统一的工作，再到后来编纂成书的时候，又没有完全整合，从而留下不一致的原始痕迹。

随着《论语》的逐渐成书，这些"卡片"应进行了一次次的再整合与统一工作。因为这些重出的文句毕竟是少数，小部分的留存，反而说明大部分内容被整合的事实。总之，《论语》或有不够规整之处，但绝不能归之于"乱"，它只是更为复杂和多元，而不是毫无逻辑理路。否则，利用"杂乱无章"的文本来进行逻辑推演，想复原孔子及早期儒家的各种思想事实，效果就要大打折扣了。

二是对于《论语》的解读不能仅凭传世文献，出土资料必须在视野之内。

今天对《论语》作解读，凭借的主要是传世本。它以曹魏时代何晏所撰的《论语集解》为起点，但源头则可追溯至汉代。据《汉书·艺文志》，汉代《论语》文本有古、齐、鲁三《论》，"《古》二十一篇（出孔子壁中）"，"《齐》二十二篇（多《问王》《知道》）"，

---

① 陈桐生：《从上博竹简看〈论语〉的编纂特点》，《武汉理工大学学报》（社科版）2018年第6期，第914、915页。

"《鲁》二十篇"。其中，前者为古文经学；后两者为今文经学。在成帝时，安昌侯张禹以《鲁论》为主，整合《齐论》，形成了所谓的《张侯论》本。汉末的郑玄将其揉入《古论》后，[①]何晏在他们的基础上，融会众家，成《论语集解》，从而奠定了今传本的规模。

何晏本上承张禹、郑玄等，下为后世文本奠定基础。由张而郑，最后至何，再加之两汉的孔安国、马融等，各种文本被整合定型，在文献学史上意义重大。但问题是，由张侯本至何本，虽有优长，但文本的统一消弭了当初的各种差异。据南朝皇侃的《论语义疏叙》，齐、鲁、古三《论》"篇章亦异"，"篇内亦微有异"，[②]所以，在研习《论语》时，仅以传世文献为据，这些面貌就会被遮蔽。要更加完整准确地了解早期《论语》的文本状态，毫无疑问，需借助于出土资料。它们对于传世文献可以起到纠谬、补正、互证等作用，在解读《论语》时，可获得更大的文本精准度和深度。

具体的例子，除了前所提及的上博简外，又如在海昏侯刘贺墓出土的《论语》中，《雍也》篇的"女得人为民乎"，在今本中作"女得人焉耳乎"，在皇侃本中，"女"作"汝"，并在句尾添一"哉"字，作"汝得人焉耳乎哉"。长期以来，这段文字令人费解。由于"焉耳乎"三字有时可做语气词用，在皇侃本及高丽本中，索性就再加一个"哉"字。但在遣词造句之中，哪见过这么多语助词的？对此，历来有学

[①] 何晏《论语集解》叙云："郑玄就《鲁论》篇章，考之《齐》《古》，以为之注。"杨伯峻则在《论语译注》的《导言》中说："郑玄以《张侯论》为依据，参照《齐论》《古论》，作了《论语注》。"
[②] 皇侃：《论语集解义疏》，商务印书馆，1937年。

者提出不解和质疑。从郑玄到段玉裁,再到阮元,都不得其解,或发生误植。现在,海昏简一出,疑难可以豁然冰释。①

以学术的眼光来看,对这些问题的探研,意义重大。就本书而言,它们更是"论从史出"的基础,不在这方面下一番苦功,后面的"义理"工作就容易流于浮夸,甚至产生文本上的扭曲。事实上,这些相关问题一直以来也是著者的学术关注点,并发表过一些粗浅的成果。但问题是,本书的聚焦点不是细部的文本生成问题,而是"义理"方向的阐发。所以,凡与本书宏旨无关的考订性问题,都留待其他场合去加以讨论,不再作专题性的分析。我要做的,是在文本生成的视野下,以出土材料来补正传世文献的不足,虽不纠缠细部,但问题意识存之于心。凡与论题有关者,将在解读中随文论列。

由此,本书所依据的,主要还是《论语》定型之后的传世文本。

在义理的把握上,以朱子的《论语章句集解》(收入《四书章句集解》)为核心。此外,何晏本经宋人邢昺作疏后,以《论语注疏》的名目编入"十三经"系统之中;② 南朝梁皇侃的《论语集解义疏》也是以何晏本为基础而作出的疏解。它们既是汉唐时代最重要的《论语》学成果,也是著者解读时重点翻阅的文本。

但就训诂及古籍整理的角度来说,著者所依据的核心文本,为以下三部:一是清儒刘宝楠的《论语正义》,它被认为是"《论语》

---

① 关于这一问题,可参看拙文:《新见的若干海昏〈论语〉简试释》,《孔庙国子监论丛》2017年。此外,不仅在字句方面,出土材料对于理解《论语》的编排体例及论说语境等,也有难以替代的价值。关于这一问题,可参看拙文:《南昌海昏侯墓〈论语〉文本及相关问题初探》,《中国经学》第25辑(2019年)。
② 阮元校刻:《十三经注疏》,中华书局,1980年。

旧注中水平最高的"。① 二是民国程树德的《论语集释》，② 有学者称其为"《论语》整理研究的集大成之作"。③ 三是杨伯峻的《论语译注》，作为时下广为流传的译本，简明扼要，属于大家小书，特别适合初学者入门之用。《论语》文句的录入，章句的分殊，以它们，尤其是《论语译注》为准。至于其他参考书籍，则在论述中随文注出，不再赘述。

在此值得一提的是，今本《论语》共二十篇，每篇之内有若干条章句。根据现在学界的习惯，往往用数字对章句进行编码。如1.1为第一篇《学而》的第一条章句；1.2为《学而》篇的第二条章句；2.1则为第二篇《为政》的第一条章句，以此类推。这种方法十分简便，杨伯峻的《论语译注》等书都采取了这一办法。为方便论述，本书亦沿用此法。在后面的论述中，凡引《论语》者，都以此标明，不再重复出注。

学而第一	为政第二	八佾第三	里仁第四
公冶长第五	雍也第六	述而第七	泰伯第八
子罕第九	乡党第十	先进第十一	颜渊第十二
子路第十三	宪问第十四	卫灵公第十五	季氏第十六
阳货第十七	微子第十八	子张第十九	尧曰第二十

---

① 刘宝楠撰，高流水点校：《论语正义》之"本书点校说明"，中华书局，1990年。
② 程树德撰，程俊英、蒋见元点校：《论语集释》，中华书局，1990年。
③ 孙钦善：《论语本解》，生活·读书·新知三联书店，2009年，第286页。

（二）孔子及其时代

在《孟子·万章下》，有一段这样的论述："颂其诗，读其书，不知其人，可乎？是以论其世也。"① 大意是，在经典的阅读中，不仅要读书面文字，还需要深入到书后，去了解所涉及的人及其时代，这就是著名的"知人论世"理论。

按照这样的逻辑理路，阅读《论语》，当然就要了解孔子其人及其时代。

但这并不容易。

主要原因在于，经过两千多年来的历史演进，作为一个文化符号，孔子被添加了太多的后世元素。要么成为涂满金漆的偶像，要么成为被人攻击的靶子，本来面目反而常被遮蔽。要了解真正的孔子，不被后世脸谱化的形象所牵绊，直面早期文本，直接感受孔子和那个时代，就显得十分必要。

关于孔子及其时代的早期材料，除了《论语》及各种儒籍，最重要的就是司马迁所撰的《史记·孔子世家》。下面，主要以它们为依据，并结合先秦两汉的其他资料，来略作考察。

为了讲述的方便，我将以对孔子的称谓作为切入点，通过时人眼中以及孔子自己眼中的孔子形象，来看看孔子到底是个什么样的人。

1. 孔子、子、夫子、万世师表

孔子，姓孔名丘，因排行第二，按照中国古代"伯仲叔季"的

---

① 朱熹：《四书章句集注》，第 324 页。

命名次序，故而字仲尼。所以，孔子的自称往往是"丘"或"孔丘"，时人则往往以其字"仲尼"来称谓他。为表示尊重，亦可称其为"尼父"，如鲁哀公在为孔子所致的悼词中，就有这样的称谓。由此在先秦文献中，当摘录孔子的话时，除了"孔子曰"之外，常见"仲尼曰"这样的句式。不仅传世文献中多有这样的记载，在安徽大学收藏的战国竹简（简称"安大简"）中，有一批记录孔子言论的材料，起首就是"仲尼曰"，整理者认为"可能摘抄自《论语》在战国时的编定本"，并据此将其定名为"仲尼曰"。[1]

在《论语》中，"仲尼"一词出现了6次，弟子们从来没有这样称呼过自己的老师，所以这应该属于孔门之外的称谓。在孔门之内，一般情况下，除了"孔子"这一普遍性名号，都是以"子""夫子"来加以指称。子，是对老师或学者的称谓，夫子更是这一意义上的延伸，是德高望重的敬称。

事实上，在那个时代，子或夫子的名号并非由孔子所独占。孔子开创的儒家只是所谓"诸子百家"中的一家，孔子只是"诸子"中的一"子"。但是，孔子也是最重要的一"子"。甚至可以说，孔子就是拉开春秋战国时代"百家争鸣"序幕的人。[2]

孔子之所以为"子"，不仅仅是因其所具的思想家或学派开山的身份。在《论语》中，当他被恭恭敬敬地称为"子"时，体现的

---

[1] 顾王乐、徐在国：《迄今最早的〈论语〉文本——安大简〈仲尼曰〉的价值和意义》，《光明日报》2022年12月11日05版。
[2] 冯友兰认为，孔子在子学时代，不仅树立起"百家"中的第一门派，而且"实占开山之地位"（氏著：《中国哲学史》上册，第19页）。

是弟子们对老师的尊重。也就是说，孔子之所以重要，除了道德和学术的魅力外，更在于思想主张和文化见解通过讲学活动传递了下去。许多人终身追随着他，成为门下弟子。在历史上，孔子打破了官学对教育的垄断，他"有教无类"（15.39）、"诲人不倦"（7.2），由此成为中国历史上第一位私人教师，被后世誉为"万世师表"。

2. 圣人、后死者、集大成者、木铎

众所周知，作为万民崇拜的偶像，孔子被后世称为圣人。

圣人之称的起点在于孔门弟子。当孔子授业之时，弟子们对于老师无限景仰，认为孔子"天纵之将圣"（9.6），并比之于"日月"，"无得而逾焉"（19.24）。但与后世神坛上那个偶像化的孔子不同，此时的孔子并不为当权者们所待见。史载："明王道，干七十余君，莫能用。"① 但是，这个不为当时政治所接纳的人及其学派，在民间信众颇多，在战国时代，儒学已号称"显学"。② 由此而言，孔子的"圣化"一开始是从民间起步的，而非官方意识形态的需要。

那么，孔子何以圣呢？一是他的"学而不厌，诲人不倦"（7.2），展现出"仁且智"的人格魅力，弟子们赞誉道："夫子既圣矣。"③ 二是他"祖述尧舜，宪章文武"，④ 接续以前的圣人传统，并发扬光大。在前面，我已经说过，孔子以担荷"斯文"而自任，是一个具有文化使命感的人，由此他以"后死者"自居。而所谓"后死者"，就

---

① 《史记》卷14《十二诸侯年表》，中华书局，1959年，第509页。
② 《韩非子·显学》曰："世之显学，儒、墨也。"
③ 朱熹：《四书章句集注》，第233页。
④ 朱熹：《四书章句集注》，第37页。

是要接过前代圣贤的文化火炬，将其传承发扬下去。如何接续呢？既然政治上找不到"王者"以为依托，那就将注意力聚焦在典籍文化的整理及理念的传播之上。

因为这样的原因，孔子在晚年整理六经，阐述"王道"，不仅为后世留下了宝贵的文化遗产，亦在守先待后中，传承着他个人及儒家的政治追求与思想寄托。

孔子对文化典籍的整理与传播，及儒学的开创，使得中国文化精神得以上溯远古，下启秦汉，他也由此成为中华文化传承中无法绕过的关键一环。孔子神道碑说"先孔子而圣者，非孔子无以明；后孔子而圣者，非孔子无以法"；司马迁在《史记》中将孔子称为"至圣"，充满了景仰。

对于这样一个圣人，弟子们认为，他具有"生民未有"的特点，也即是最大的圣人，而在《孟子·万章下》，孔子则被称为"集大成者"。所谓"集大成者"，即将以前的历史文化传统集于一身，并为后世开辟了思想道路。

在山东曲阜孔庙门前，有一座高耸的石坊，上书四个大字——"金声玉振"，它典出《孟子·万章下》，是对孔子"集大成"的进一步申论。孟子说："金声而玉振之也。金声也者，始条理也；玉振之也者，终条理也。"[1] 以奏乐为喻，表达了对孔夫子的无限崇敬。

这一隐喻，内在精神可追溯到《论语》。

《八佾》篇记载了这样一个故事：孔子来到仪地，当地掌握封

---

[1] 朱子解释道："犹作乐者，集众音之小成，而为一大成也。成者，乐之一终。"（《四书章句集注》第 315 页）

疆的官员与孔子相见后，安慰孔门弟子道："天下之无道也久矣，天将以夫子为木铎。"（3.24）大意为，在文化凋零的时代，还有孔子这样的圣人在发出黄钟大吕之声，以教化天下，你们不必灰心丧气。由此，记载孔子语录，并兼记其行的《论语》，就绝不可视之为简单的起居录。从某种程度上来看，《论语》所发，就是孔子的"木铎"之声。它的核心所在，不是日常生活的琐碎细节，而是隽永的哲人之言。

3. 知礼者、鄹人之子、圣人之后、"野合而生"、素王

孔子是一个博学的人，所涉及的知识领域十分广泛。但其中有一个重点及起点，那就是礼。在他很小的时候，做的儿童游戏都与礼乐相关。① 然而，孔子对于礼的热情及娴熟，不仅出乎天性，更有着后天的影响。

具体说来，一方面与孔子的成长环境有关，是鲁国的文化土壤培育了他。

孔子的祖国鲁国是周公旦的封国。作为一位文武全才的圣人，周公设计和推行了一系列的宗法礼乐制度，在"敬德保民"中，奠定了周代八百年政治文化的根基。由于周公的缘故，鲁国号称周礼渊薮，是周文化的中心地带。生长于这样的环境之中，孔子深受其影响，思想的直接资源就来自于周公，后世也将他与周公并称为"周孔"。在《论语》中，孔子自陈"郁郁乎文哉，吾从周"（3.14），并且感慨道："甚矣吾衰也！久矣吾不复梦见周公！"（7.5）将不再梦

---

① 《史记·孔子世家》载："孔子为儿嬉戏，常陈俎豆，设礼容。"

见周公作为衰老的表征，可见他对于周公及西周文化何等魂牵梦萦。

另一方面，孔子能成为最著名的"知礼者"，也与其身世及家族文化传承有着千丝万缕的联系。在这样的视野下，接下来看看与之相关的"鄹人之子"与"圣人之后"两个称谓。

根据《论语》的记载，孔子进入太庙时，"每事问"。于是有人评说道："孰谓鄹人之子知礼乎？入太庙，每事问。"对于孔子"知礼"的名声表示质疑："你孔子不是号称'知礼'吗？怎么每件事都要问呢？"孔子听到这种质疑之后，回答道："是礼也。"（3.15）也就是说，"入太庙，每事问"的行为，就是一种"礼"的做法。这从侧面说明了，孔子是"知礼者"，并非浪得虚名。

与此相映照的另一条材料来自《史记·孔子世家》。当鲁国的执政大臣孟釐子临终之时，他嘱咐自己的儿子去跟从孔子学习，理由所在也是礼。他说："今孔丘年少好礼，其达者欤？吾即没，若必师之。"特别值得注意的是，当说到孔子"知礼"或"好礼"时，《论语》中出现的是"鄹人之子"的称谓，而在这里，孟釐子则有另一番说辞："孔丘，圣人之后，灭于宋。……吾闻圣人之后，虽不当世，必有达者。"[①] 他赋予了孔子"圣人之后"的名号。

孔子为什么是"鄹人之子"与"圣人之后"呢？这些称谓与礼有什么关系？

"鄹人之子"中的"鄹人"，指的是孔子的父亲叔梁纥，因为他曾经是鲁国的鄹邑大夫，故而孔子被称为"鄹人之子"，也即鄹邑

---

① 《史记》卷47《孔子世家》，第1908页。

大夫叔梁纥的儿子。由此,《史记·孔子世家》一开篇这样介绍孔子:

> 孔子生鲁昌平乡陬邑。其先宋人也,曰孔防叔。防叔生伯夏,伯夏生叔梁纥。纥与颜氏女野合而生孔子,祷于尼丘得孔子。鲁襄公二十二年而孔子生。生而首上圩顶,故因名曰丘云。①

"孔子生鲁昌平乡陬邑","陬"同"鄹",与"鄹人之子"正相呼应。而"圣人之后"的关键,则在于"其先宋人也"。也即是,倘追根溯源,孔子家族本为宋国人,由宋移民于鲁,才成为鲁人。

宋是由商遗民组成的国家,在周王朝灭商后,当年的天下共主易位,商部族转而成为周统治下的诸侯国——宋国。但作为周之前的一个王朝,商的开创者是被称为圣王的商汤。进一步言之,如果要追溯血缘及光荣谱系,孔子的远祖乃是商汤!由此他的家族成员为"圣人之后"。而且这一家族以礼而闻名。孟釐子在论及"圣人之后"时,还特别提及了孔子的七世祖正考父,此人恭敬有礼,并留下鼎铭:"一命而偻,再命而伛,三命而俯。循墙而走,亦莫余敢侮。"这一故事亦载于《左传·昭公七年》,被时人作为"圣人有明德者"的表征。② 也就是说,当孔子这一家族还在宋国时,已是著名的"圣人之后"及"知礼"之家。

那么,"圣人之后"及"知礼"之家何以会移民于鲁呢?此事要从正考父之子,也即孔子的六世祖孔父嘉说起。顺带一提,孔子

---

① 《史记》卷47《孔子世家》,第1905页。
② 阮元校刻:《十三经注疏》,第2051页。

之所以为孔氏，就来自于孔父嘉之名。①

孔父嘉是宋殇公时期的大司马，太宰华督贪图其妻的美貌，谋杀了孔父嘉，甚至紧接着谋弑国君殇公，另立新主。孔父嘉的后人为了避祸，不得不出奔于鲁。这支"圣人之后"移民鲁国之后，家势日渐衰微。但家族的荣耀还一直保存，甚至影响了孔子父母的婚姻。

据《孔子家语·本姓解》，当叔梁纥年老之时，只有一个小妾所生的患有足疾的儿子，其余由正妻所出者皆为女儿。在正妻过世后，七十来岁的叔梁纥很想再娶妻生子，他向有三个女儿的颜家求婚。颜氏父亲问女儿们："陬大夫虽父祖为士，然其先圣王之裔。今其人身长十尺，武力绝伦，吾甚贪之。虽年长性严，不足为疑。三子孰能为之妻？"②结果却是小女儿答应了这门婚事。颜氏女能应允这门婚事，很重要的原因是叔梁纥乃"先圣王之裔"，"圣人之后"的光环帮助叔梁纥赢得了新的婚姻，并在不久之后有了"鄹人之子"——孔子。

颇有些传奇色彩的婚姻，也带来了孔子颇为传奇的出生。在《史记·孔子世家》中，司马迁这样写道："纥与颜氏女野合而生孔子。""野合"二字一出，给孔子的出生带来了无限的遐想。

依照字面意思，"野"为野外之义，"野合"也就是野外交合，

---

① 在先秦时代，女子称姓，如孟姜、哀姜等。男子称氏，名字与氏（而不是与姓）发生联系。孔子为子姓孔氏，由此只可称为孔丘、孔子，不可称子丘。但秦汉之后姓氏混淆，所以南昌西汉海昏侯墓的孔子衣镜文中有这样的说法："姓孔，子氏。"
② 杨朝明、宋立林：《孔子家语通解》，齐鲁书社，2013年，第457页。

落实在男女问题上,与私奔于野及男女关系混乱等意义指向难脱干系,甚至还会让人联想到在野外的性行为。以一般观感而言,这样的用词出现在孔圣人父母身上是颇为不雅的,甚至会让人感觉到,这是一种污名化的表述。尤其是在孔子地位尊崇的古代中国,这样的解释系统不易为人所接受。

由此,古人另辟蹊径地提出,"野合"之"野",并非野外,"野合"也不是引申而来的男女苟合之义,而是指不合乎礼仪规范。"野合",也即不合礼制的结合。唐宋以来,这成为传统中国主流的解释路向。依此理路,年龄问题成了新解释的突破口——因为叔梁纥太老了,使得这种婚姻不合礼数。唐司马贞在《史记索隐》中说:

> 今此云"野合"者,盖谓梁纥老而徵在少,非当壮室初笄之礼,故云野合,谓不合礼仪。故《论语》云"野哉由也",又"先进于礼乐,野人也",皆言野者是不合礼耳。

而张守节则在《史记正义》中以阴阳之说引申道:

> 男八月生齿,八岁毁齿,二八十六阳道通,八八六十四阳道绝。女七月生齿,七岁毁齿,二七十四阴道通,七七四十九阴道绝。婚姻过此者,皆为野合。故《家语》云:"梁纥娶鲁施氏女,生九女,乃求婚于颜氏,颜氏有三女,小女徵在。"据此,婚过六十四矣。①

但这样的解说有着很大的问题。

---

① 《史记》卷47《孔子世家》,第1906页。

凭什么说年纪相差大了，就一定是"野合"呢？而且这样的说法是一种孤证，并无进一步的旁证加以支撑。更重要的是，叔梁纥家族以"知礼"而闻名，加之作为"圣人之后"，特别注重家族的颜面，倘如此公然违礼，岂非反常？

2015年底，在南昌海昏侯墓出土的"孔子衣镜"中，出现了这样的文字："与颜氏女野居而生孔子。""野居"之"野"只有"野外"之义，与违礼无关，这说明，唐以来的解说是错误的。经过我的考察，"野合"的史源来自谶纬文本系统，在这样的文本系统中，孔子成为天神感生之下的"素王"，也即是，孔子是颜氏女与天神"野合"的产物。在古代的特殊环境下，这样的出生神迹不仅不污秽，而且具备了神圣性，与汉高祖刘邦的传说为同一类型。当司马迁在撰作孔子传记时，神性的一面没有删除干净，遂留下了这一后世聚讼的公案。[1]

而所谓的"素王"，则可以说是变形的孔子。[2] 从西汉时代开始，与王朝合法性的解释结合在一起后，与今文经学，尤其是《公羊春秋》学相配合，孔子被打造成了预言汉王朝兴起，并"为汉制法"之人。在这样的思想史视角下，顾颉刚指出，到了西汉时代，孔子由战国时的圣人，转而成了"教主"。[3] 所谓"教主"，体现在某些今文经

---

[1] 具体情形，可参看拙文《"野合"还是"野居"？——孔子出生问题再探》，《史林》2023年第6期。

[2] 孔子被后世视为"素王"，他的弟子们连带被视为"素相"。如《论衡·超奇》曰："孔子作《春秋》以示王意。然则孔子之《春秋》，素王之业也；诸子之传书，素相之事也。"

[3] 顾颉刚：《春秋时代的孔子和汉代的孔子》，洪治纲主编《顾颉刚经典文存》，上海大学出版社2003年版，第41页。

学及谶纬神学中,孔子成为呼风唤雨的大神,他执行天命,指导着汉代的政治及社会实践。也由此,孔子与汉高祖一样感天而生,就毫不奇怪了。只不过,这与先秦时代的孔子已经拉开了距离。

要之,从"鄹人之子"到"圣人之后",都是一种历史性的述说,但当这些称号与"野合"结合之后,就有了谶纬神性,并直通"素王"之号。这里面是历史的孔子与神性孔子的混合。

4. 长人、丧家之狗、凤、避人之士

据《史记·孔子世家》,孔子长九尺有六寸,折算成今天的尺度,身高至少一米八以上,是个地地道道的高个子。由此,他有一个"长人"的外号。此外,在谶纬中,孔子还有些奇奇怪怪的长相,但那些都是充满了神性的不经之谈。更重要的是,对于自己的外在形象,孔子自己也不是特别看重,他所重视的,是内在精神。

有一次,在周游列国时,孔子在郑国与弟子们走失了,子贡向当地人打听老师的情况,有人在对孔子的"形状"作了一番描述之后,给出了"累累若丧家之狗"的比喻,当子贡再次见到老师,并复述此事时,孔子欣然而笑说:"形状,末也。而谓似丧家之狗,然哉!然哉!"[1] 他笑纳了"丧家之狗"这个称号。

孔子的笑纳,不是因为外在"形状"的形似,而是因为"累累"——憔悴疲惫神态的契合。当孔子为了梦想而不断地寻路,却无数次地碰壁时,与"丧家之狗"的确有几分神似。

说起来,孔子的一生是比较坎坷的。在孔子出生后不久,大概

---

[1] 《史记》卷47《孔子世家》,第1921—1922页。

是三岁左右，父亲就已离世。孔子自小与母亲生活在一起，连父亲的坟地在哪里都不知道，更不要说进入家族所在的鄹邑。在青少年时代，母亲又死去，是孔子将父母二人合葬在一起。父母婚姻及处境的边缘，以及自小遭受的苦痛和鄙视，由此可以想见。故而，《孔子世家》评述其"贫且贱"，孔子则回忆道："吾少也贱，故多能鄙事。"（9.6）随着名声渐起，孔子的能力获得了认可，五十多岁的时候成为鲁国的大司寇，五十六岁时，"由大司寇行摄相事"，史载："齐人闻而惧。"[1] 于是，强大的邻国赠送女乐车马给鲁国君臣，沉浸于此的鲁国国君及执政大夫不再理政。孔子多次劝谏无果之后，不得已出走故国，踏上了周游列国之路。

从这个时候起，孔子就成了一只"丧家之狗"。如果对权力采取服从与合作的态度，他本来也可以在鲁国做一条"宠物狗"，但那有违士君子的道义与追求。"丧家之狗"所寻觅的，本质上是家国大道，是精神家园。而且这只"丧家之狗"从未放弃自己的原则，所以他"累累"，在孤独而疲惫中寻路。从特定意义来说，为了理想而奋斗，且不轻易向现实低头的人，都是"丧家之狗"。"丧家之狗"的出现，是坚持道义，不合作不妥协的必然，是孔子"谋道不谋食"（15.32）的体现。[2]

然而，社会这么污浊，又何必定要投身其中呢？隐于世外也是一种选择。

---

[1] 《史记》卷47《孔子世家》，第1917—1918页。
[2] 关于丧家之狗的问题，亦可参看拙文：《"丧家狗"与思想建构：汉、晋间文本的考察》，《华中国学》2020年春之卷。

有一次，当孔子出游之时，楚国的狂人接舆在经过孔子的车子时，唱了这样的歌谣："凤兮，凤兮，何德之衰？往者不可谏，来者犹可追。已而,已而！今之从政者殆而！"（18.5）接舆以"凤鸟"来讽喻孔子，并告诉他，在这种不遇于时的遭际下，还是算了吧，何必去蹚时代的浑水呢？接舆是位隐于世外之人，但孔子这只"凤鸟"虽孤寂哀痛,却不能如他所暗示的,离开现实政治,隐逸于山林。

也就是说，孔子所采取的态度是积极救世，而不是消极逃避。

有一次，孔门师徒经过某地，见到了正在一起耕田的长沮、桀溺，子路前去询问前方的渡口，知道子路是"鲁孔丘之徒"之后，两位隐世之人意味深长地说道："滔滔者天下皆是也，而谁以易之？且而与其从辟人之士也，岂若从辟世之士哉？"在他们眼中，天下已是洪水滔天，难以改变了。他们问子路，面对着如此时势，是像他们那样做"辟世之士"，还是做像孔子那样的"避人之士"。什么是"避人之士"？孔子无法改变这个时代，只能在一次次失败中，一次次地逃避各种坏人、小人，又一次次地踏上新路……孔子听到子路的回报后，感慨地说道："鸟兽不可与同群，吾非斯人之徒与而谁与？天下有道，丘不与易也。"（18.6）在孔子看来，虽然眼前的情形令人失望，但人类毕竟不能与鸟兽合群共处，他要与之打交道的，还是人。而且天下越不太平,越需要去同人打交道,成为"避人之士"，实在是不得已，而做"避世之士"则非其所愿。

所以，孔子的选择是"知其不可为而为之"（14.38），而这样的精神恰恰成就了孔子的永久价值，使其成为后世风标，虽不能挽救时代，但也感染了一大批那个时代的人。在临终之前,孔子慨叹道：

"天下无道久矣，莫能宗予。"他是带着不甘和失落离开这个世界的。他是一个悲情的文化英雄，奉行着"鸟能择木，木岂能择鸟乎"的信条，决不为"求为容"而"少贬"其道，在自我贬损中求攀高枝。[①]

于是，这只孤寂的"凤鸟"在生前不停地鸣唱，政治的失意，人生的打击，从来没有消磨他的梦想。无论多么困难和窘迫，向学、求道都贯穿其一生。他自我评价道："其为人也，发愤忘食，乐以忘忧，不知老之将至云尔。"（7.19）他所追求的，是"朝闻道，夕死可矣"（4.8）的境界。甚至在陈、蔡绝粮之时，"讲诵弦歌不衰"，面对着弟子的牢骚，平静地答道："君子固穷，小人穷斯滥矣。"（15.2）不为困境而改变，并将这作为对自己的考验。

由此，一次次的失败之后，孔子一次次地坚持。道在心中，孔子以"当仁不让于师"（15.36）、"匹夫不可夺志"（9.26）的气概，宣传自己的主张，而决不曲学阿世，放弃初心。而这些，都镌刻到了历史的深处，成为中华民族的思想文化财富，孔子的人格和学识，激励着后世，影响了中国与世界。

总之，孔子以不妥协的精神，在春秋时代撑起了一座思想的高峰。在失意落魄中，坚定地传承着文化的火焰，给后世带来了巨大的精神滋养，是中国乃至世界史上的文化巨人。数千年来，捧读《论语》，感受他及其时代，成为传统中国人必备的思想功课。今天，面向未来，需要历史的回望，在"温故而知新"（2.11）之际，《论语》的研习，将成为题中应有之义。

[①] 《史记》卷47《孔子世家》，第1934、1931页。

三、《论语》应该怎么读?

(一)"回家"之路与导游之道

阅读是极具个性的事情,不同的人有不同的读书体验。阅读还常常需要分类指导,不同的书有不同的受众。一般来说,学术性与大众性的读物有差异;成年人的读本与童书不在一个层面。从这个角度来看,《论语》的阅读,似乎很难有一个通行的标准。

这是不争的事实。

但是,这又不是全部的事实。

因为以上差异及问题的存在,主要着眼点在于读者深浅不一的思维能力、经验感受和知识基础。在稍微上点层次的自然科学,抑或是社会科学类书籍的阅读中,这样的差异很可能是决定性的。

人文书籍,尤其是经典读物的阅读,与此迥然有异。同样是《西游记》《三国演义》;同样是唐诗、宋词,成年人与孩子,以及不同知识背景者之间,虽然读出了不同的感受,有着不一样的理解,但是他们都能面对着同一文本，将自己的目光和心灵沉浸其中。也就是说，人文经典著作有着更大的包容性。

当然，不可否认，就对经典的理解力而言，会有深浅高下之分，就譬如看风景或看戏，有些人看得真切，看出了门道，有些人可能只是凑个热闹。所以，不仅成人和孩子、专家和大众之间，所思、所见、所感常有不同，就是同一个人，在人文经典的阅读上也往往常看常新，随着学力和阅历的增长，理解不断加深。当初可能只是懵懂的看客，许多年后，在看懂了风景和故事之后，可以同悲同喜，身心相契……

人文读物提供的就是一种文化景致，人文阅读就是一场文化之旅。阅读《论语》，自当如是。故而，我在前面借用朱子之诗，提出以"泗水寻芳"的态度去体认和品味，从而在"万紫千红"中感受"故园"的"乡愁"。

然而，通往精神家园的路，道阻且长。有太多的人的确已忘记了"回家"的归途；也有太多的人找不到"回家"的那扇门；还有人"回家"之后，找不到当年的记忆，看不懂故乡的云。这时，需要有导引，需要作提示。《论语》的阅读也需要"文化导游"。本人及本书希望能起到的，就是一点这样的作用。

这样的作用，简单说起来，就是提供文化门径。

既然是门径，一是要考虑一般读者的感受，不能为了小众的需求，而置大众于不顾。所以，我希望以深入浅出的解说，在《论语》及孔子的思想世界里，与大家一起悟其道、品其趣、感其美。不管是初来乍到的"生客"，还是故地重游者，希望在游赏中，为之提供若干导引,共同采撷文化的果实。

二是门径的指引也有品质之分。不能因为"浅出",而忽略了"深入"。如果说,"浅出"主要是表达的手段问题,那"深入"则是必备的前期功课。文化旅游要将精神层面的"万紫千红"呈现出来,雅俗共赏,贴近众人;而不是哗众取宠,随意比附,就必须要有深入的知识基础和专业研究。也即是,"导游"质量的高下,是需要有内在学术水准作保障的——为了不引错"路",入错"门"。

总之,希望通过我们的努力,在这里开启一趟具有品质的文化之旅。

(二)从赏读到研读

著名诗人陶渊明在其诗作《移居其一》中,这样论及读书问题:

> 昔欲居南村,非为卜其宅。闻多素心人,乐与数晨夕。
> 怀此颇有年,今日从兹役。弊庐何必广,取足蔽床席。
> 邻曲时时来,抗言谈在昔。奇文共欣赏,疑义相与析。[①]

通过这首诗,衍生了"赏析"的概念,即欣赏与分析。我以为,这正对应着人文阅读中的两种状态:赏读与研读。

一部好的人文著作,给读者展开的是文化画卷。置身于"美景"之中,首先要做的,当然是去欣赏它。欣赏是一种心的愉悦,心有

---

① 陶渊明曾自我评价道:"不慕荣利,好读书,不求甚解;每有会意,便欣然忘食。"其中,"不求甚解"四字引起了很多的争论,与此处所呈现的"赏析"态度似乎很有些矛盾。但其实"不求甚解"四字不是说读书敷衍,而是说读书时,要明其大旨,不能过于穿凿。这应该是陶渊明出于对章句之学的反感,而有所指向的用语。

"欣",然后才能"赏"。如何做到这一点呢?最好的状态是平复躁动之心,放下尘世欲求,在精神洗礼中进行文化游历。就好像一个人,平时的事情已经够繁杂了,出外旅游,赏看美景时,就要将那些俗务暂且抛开,使自己的心灵在美景中获得陶冶。

读人文经典,例如《论语》,需要放缓脚步。在文化园地里穿梭徜徉,慢慢地去发现,去品味,去思考,是一件雅致而有品质的事情。它不仅有意义,还很有意思,并且有意境。里面时时展现的,是德性之善,文化大美。一开始就以功利主义目标去阅读,就像行色匆匆的路人,风风火火直奔目的地,且急、且累、且苦,最终所获不过是一次"旅游打卡"。没有沉浸在风景中的心旷神怡,失去了"往来成古今"的悠悠之情,实在是一次不值当的游历。

陶渊明放弃名利,隐居山野,以读书为乐。他要与"素心人"一起共读,从而"欣"而"赏"之。大自然的美景与文化美景熔为一炉,似乎失去了一般人艳羡的富贵,但对于心无挂碍的"素心人"来说,那种幸福感和富足感,才是充沛而真实的。

但是,"万紫千红"在眼前,未必人人都能识得"东风面"。

读人文经典,常常会产生若有所思、恍然大悟、豁然开朗等种种状态。美与思,往往在花果枝叶的掩映之下。它没有那么多径直呈现于眼前的风光,而是藏在幽深之处,甚至要经过探险,才能抵达目的地。

所谓"疑义相与析",人文阅读就是一种思想文化的探索,是在初步"欣赏"之后,进一步深入的应有之义。学而思,思而学,逐渐进入历史文化的腹心之地,直至繁花似锦,赏心悦目。

阅读至此,则由赏读进入了研读阶段,在分析辨疑中,获得提高和快乐。

《菜根谭》说:"读书穷理,要以识趣为先。"[1] 一般来说,赏读在先,研读跟上。值得注意的是,在阅读顺序上,它们虽可以有先后,但并非不可倒置。更重要的是,它们可以互为影响,反复推进。欣赏是有层级的,在一次次深化分析的过程中,通过研读,可以提高欣赏水平。而赏读所带来的兴奋感,则又可为研读提供精神动力。否则枯索无味,就不会有进一步的探知兴趣,更不用说高深研究了。

但不管是赏读还是研读,窃以为,阅读时应该具有的基本态度是,在"温情与敬意"之上,既强调中国本位,又不失理性和现代眼光。

"温情与敬意",最早由钱穆在《国史大纲》中提出,此书一开卷,即敬告读者,"凡读本书请先具下列诸信念",其中论道:

> 所谓对其本国已往历史有一种温情与敬意者,至少不会对其本国已往历史抱一种偏激的虚无主义(即视本国已往历史为无一点有价值,亦无一处足以使彼满意)。[2]

在我看来,要具备"温情与敬意",需要三个维度:一是情感;二是情怀;三是情理。所谓情感,就是对于祖先留下的文化遗产要有亲近感,它不是外在于我们的部分,而是与现在的我们血肉相连,根魂相系。由此,对于传统,不能跳出圈外呵骂不止,而要精心护持。所谓情怀,核心要义在于,不可坐井观天,需立足历史,面向

---

[1] 洪应明著,李伟编注:《菜根谭全编》,岳麓书社,2006年,第118页。
[2] 钱穆:《国史大纲(修订本)》,商务印书馆,1991年。

未来，有眼光、使命与担当。不惟不能使中华文化死去，更应秉持"病树前头万木春"的愿景，使这一悠久的传统老树发出新芽。所谓情理，不是对中华文化曲意回护，而是要在尊重的基础上作客观的审视。对于它的优点，我们自豪；对于它的不足及不符合时代的内容，则应及时改进。

我们反对固步自封。思想需要激荡，文化需要碰撞。没有世界情怀和现代眼光，所谓的传统就只能是一潭死水，激不起涟漪，没有了生机。

毫无疑问，以近现代的眼光公正地来看，中华民族的传统思想文化，有很多可议之处，但作为中国人，这是我们的来处与源头，切不可因为一时之花果飘零，而将曾经枝繁叶茂的大树连根铲断。五千年文明在历史上何等灿烂辉煌，作为后人，不致力于复兴昔日的光荣，将是何等的羞耻？没有温情与敬意，在"失魂落魄"之中，对于文化的理解，亦冰冷和扭曲，是茫茫没有归路的取径。反之，温情和敬意的存在，才会使我们拥有根与魂，并在诚笃朴实的阅读中，感受到历史的温度。

收拾心情，远眺故乡。

面对着《论语》的文化美景，可以一个人慢慢地品味，也可以通过群读，与家人、朋友共享。但不管以什么方式去接近它，只要用心去体会，可以感受到的，是幽幽的"乡愁"。

第二讲 找寻『孔颜乐处』

学而时习之,不亦说乎?
有朋自远方来,不亦乐乎?
人不知而不愠,不亦君子乎?
君子学以致其道。
学而不厌。
饭疏食饮水,曲肱而枕之,乐亦在其中矣。
一箪食,一瓢饮,在陋巷,人不堪其忧,回也不改其乐。
温故而知新。
乐而不淫。
如切如磋,如琢如磨。

亷豆子羽

一、《论语》"三句教"

北宋理学家横渠先生张载有四句广受推崇的名言,被誉为"四句教":"为天地立心,为生民立命,为往圣继绝学,为万世开太平。"言简意赅,将读书人安身立命的基本点拈出,令人心灵震撼。

《论语》是否也有这样的语言?

既能统摄全书意旨,更可以为修习儒学的人提供一个门径阶梯。如果有,那就应该是开卷的《学而》篇首句。循横渠旧例,我称其为"三句教"。

> 子曰:"学而时习之,不亦说乎?有朋自远方来,不亦乐乎?人不知而不愠,不亦君子乎?"(1.1)

此句大意为：学了之后，按照一定的时间去研习它，^①不也是令人喜悦的事吗？有志同道合的朋友从远方来，不也很快乐吗？别人不了解我，我也不心怀怨气，不也是君子吗？

初读下来，似乎很是平淡。与横渠之教相较，甚或会使人觉得孔圣人的话不过尔尔，根本没有宋儒那种开拓万世的气概。

由此，可能有人会质疑，这三句话真的有那么重要，能在整部《论语》中起统摄的作用？为了辨析清楚，下面，从两方面作进一步的说明。

（一）文本传统与思想进路

先说文本传统。

在中国古代典籍，尤其是先秦的经籍中，文本的开卷，一般皆有深意。

这样做，除了中国传统文化极重"元始"之外，更有"道"及"道统"的考量，这是由经学及儒学的思维习惯所致。

具体说来，《尚书》以《尧典》开篇，赞扬尧、舜的德业，隐隐以"道统"之创来开启篇章；而撰述乱世之事的《春秋》，则从

---

① "时习"的"时"有两种解释：一是时常；二是按照一定时间。持前者意见的有钱逊《论语浅解》（北京古籍出版社 1988 年）、杨义《论语选评》（岳麓书社 2006 年）等；后者则以杨伯峻《论语译注》、孙钦善《论语本解》（生活·读书·新知三联书店 2009 年）等为代表。《国语·鲁语下》："士朝受业，昼而讲贯，夕而习复，夜而计过无憾，而后即安。"说明古人是在"夕"，也即黄昏时进行"习"的工作。在《论语》的 4.8 章中有段很有名的话："子曰：'朝闻道，夕死可矣。'"意思是早上或者白天听到"道"或者真理，就算到了黄昏死了也是可以的。为什么？因为他已经明白了宇宙人生的道理。这段话也正可以印证朝"学"夕"习"的这么一种社会生活状况。

隐公元年开笔，以兄弟相残、母子相伤为起点来展开论述，展现着背后的"礼崩乐坏"。此外，《诗经》讲究"四始"，以"乐而不淫，哀而不伤"（3.20）的《关雎》开篇；《周易》以乾卦开篇，也多有各种正向意义隐于其中。

然而，说到这里，有人或许会更加质疑。既如此，《论语》的开卷语就应该言辞铿锵，体现鲜明的道统关怀啊，但这样的旨趣似乎从字面上看不出来。由此，《论语》是否为一个文本上的特例呢？也就是说，它的章句本就平淡无奇，无太多深意可求。

在我看来，答案是否定的。孔子既然以"祖述尧舜、宪章文武"著称，并以担荷"斯文"自任，孔门弟子在编订《论语》时，应该最直接地呈现心中夫子既师且圣的形象。在"道统"和以"道"贯之的问题上，不仅不会违背常规，有所例外，甚至还应更为用心地加以推演。

要进一步解答这一问题，还需要对《论语》的思想进路作一个分析。

《论语》记载了这样一个故事。有一个叫叔孙武叔的人，他认为子贡已超越了孔子。子贡闻言后，以宫墙为喻评说道，自己与老师虽然都有精神文化园地，但自己的"宫墙"才到肩膀那么高，所以一眼就可以看到里面的"室家之好"，而老师的那片园地远比自己丰富得多，层次也高，属于"宗庙之美，百官之富"。但问题是，由于宫墙有"数仞"之高，如果"不得其门而入"，就无法看到里面的美景。然而遗憾的是，能得其门者很少了，所以叔孙武叔才会说出这样错误的话来。（19.23）

由这个故事可以看出一个重要的事实——虽然孔子水准极高，但恰恰因为其高，即便在他那个时代，时人在找不到门径的情况下，也往往无法感受孔子内在的丰富与美。

那么，要一窥孔子的"宗庙之美，百官之富"，门径在哪呢？答案是学。

在儒家理念中，有一个"由学而圣"的路径指向。子夏说："百工居肆以成其事，君子学以致其道。"（19.7）到了宋代，朱子指出："为学，须思所以超凡入圣。"①

由此言之，孔子之所以是"圣"，是因为"学"的存在。

细绎《论语》文本，可以发现，孔子一再强调"学"对于自己的重要性。如他说："我非生而知之者，好古，敏以求之者也。"（7.20）又如，"学而不厌"（7.2）；"十室之邑，必有忠信如丘者焉，不如丘之好学也"（5.28）。在回顾一生的历程时，他也是从"吾十有五而志于学"开始的。孔子明明白白地告诉世人，如果没有"学"，就不会有日后的"而立""不惑""知天命"，乃至于"从心所欲"的各种境界（2.4）。可以说，孔子的人生成长，皆拜"学"之所赐。

不仅是孔子，他最为器重的学生颜回，也是以"学"而著称。在鲁哀公询问哪位弟子好学时，孔子所举出的，正是颜回。此时颜回已经英年早逝，孔子十分伤悲地说："不幸短命死矣。今也则亡，未闻好学者也。"（6.3）不仅将"学"许之于颜回，而且认为弟子中再也没有如此"好学"者了。

---

① 黎靖德编，王星贤点校：《朱子语类》卷8《学二》，第135页。

毫无疑问，在孔子看来，圣贤不是天然存在的，而是"学"出来的。由此，要了解孔、颜的思想轨迹，需要由"学"入手。而《论语》的开卷语，恰恰就展现着"学"的旨趣。

职是故，在论述《论语》的首篇《学而》时，朱子指出："此为书之首篇，故所记多务本之意，乃入道之门，积德之基，学者之先务也。"[1] 按照这种说法，《学而》作为全书的首篇，讨论的都是大本大业的基础性问题，是进入儒家之道的根本门径。所以在《荀子》中，《劝学》篇作为首章出现，并且强调说："其义则始乎为士，终乎为圣人，真积力久则入，学至乎没而后止也。"[2] 其中大有深意，绝非偶合，正与《论语》的这一思想轨迹相吻合。

而《学而》篇的第一章句作为"首篇之首章"，自是此篇的灵魂所在，或可谓之为"门径之门径，阶梯之阶梯"。由此进入，就可以找到孔子思想的入口。作为"学者之先务"，它需要高度关注，细加寻绎。

（二）"乐感文化"与"孔颜乐处"

《论语》卷首语以"学"为入口，它的出口，是快乐。由此李泽厚提出，孔子的儒学及其影响下的中国传统文化，是一种"乐感

---

[1] 朱熹：《四书章句集注》，第47页。
[2] 王先谦撰，沈啸寰、王星贤点校：《荀子集解》，中华书局，1988年，第11页。

文化"。①

这种"乐感",或者说快乐的主要承担者,为孔子及其高足颜回。如再作学理化的概述,则就进入了中国哲学史上著名的"孔颜乐处"或"孔颜之乐"问题。

翻检《论语》,对此作描述的,主要有两条。一是:"子曰:'饭疏食饮水,曲肱而枕之,乐亦在其中矣。不义而富且贵,于我如浮云。'"(7.16)另一条则是:"子曰:'贤哉,回也!一箪食,一瓢饮,在陋巷,人不堪其忧,回也不改其乐。'"(6.11)与一般的世俗享乐不同,这种快乐,是通往圣贤之路上的快乐;是"学以致道"的快乐。要获得它,基本途径,就是"学"。因"学"而"致道",因"道"而快乐。

理学大师二程(程颢、程颐)兄弟在年轻时,向周敦颐求学问道,请教如何做学问,怎样修养人生。周敦颐"每令寻孔颜乐处,所乐何事",即让他们去探寻孔子和颜回的快乐在哪里、为什么而快乐。于是,"二程之学源流乎此矣"。②此一寻问,开辟出了程朱理学的路径。

而且循此理路可知的是,一则圣人不过是将人性的光芒发挥到

---

① 李泽厚说:"以儒学为骨干的中国文化的特征或精神是'乐感文化'。'乐感文化'的关键在于它的'一个世界'(即此世间)的设定,即不谈论、不构想超越此世间的形上世界(哲学)或天堂地狱(宗教)。它具体呈现为'实用理性'(思维方式或理论习惯)和'情感本体'(以此为生活真谛或人生归宿,或曰天地境界,即道德之上的准宗教体验)。'乐感文化''实用理性'乃华夏传统的精神核心。"氏著:《论语今读》,安徽文艺出版社,1998年,第28页。
② 《宋史》卷427《道学传一》,中华书局,1985年,第12712页。

极致的人,只要努力,每一个人都有成圣的可能。二则成圣可以感受到无上的快乐。朱子在十多岁读《孟子》时,当看到"圣人与我同类者",感到兴奋至极,"喜不可言",原因就在于,"以为圣人亦易做"。① 要之,在儒学理念中,"孔颜之乐"对于每一个普通人都敞开了大门。但事情的另一面是,"圣人"亦有"不易做",不易在哪里呢?那就是为学不易。

也由此,"由学而乐"的卷首语,就不是那么简单的说辞。

在我看来,淡泊宁静的文句后面,透露的是士君子的坚定与气象,开宗明义地提出了士人安身立命之所寄及价值立场之所在。也即是,一个读书人在以"学"为起点的成圣之路上,应以什么样的态度和内在修养来建构人生之乐,精神基础和心灵家园该如何安放,对于世俗之念该如何面对。作为承载着儒家之"道"的根本性问题,认识到以上问题的答案,才算基本上找到了"孔颜乐处"。因此,将开卷语视为"三句教",是完全符合《论语》及儒家思想逻辑的。

那么,这种快乐又要怎么去找寻呢?如何"学"才能获得这种"快乐"呢?

事实上,《论语》开卷语,已经隐隐给出了思想的线路图。循着这一路径去找寻"孔、颜",就可以在"求道"的快乐中,形成"同

---

① 黎靖德编,王星贤点校:《朱子语类》卷104《朱子一》,第2611页。

情之了解",[1] 获得丰富的精神养分。

---

[1] 陈寅恪在为冯友兰的《中国哲学史》作审查时,提出"了解之同情"理念,主要意思是,在文史研究过程中,要真正理解古人的思想学说,不能以当下尺度作简单裁定,而要深入历史情境之中,"神游冥想,与立说之古人,处于同一境界,而对于其持论所以不得不如是之苦心孤诣,表一种之同情,始能批评其学说之是非得失,而无隔阂肤廓之论"。(参见冯友兰:《中国哲学史》下册,第432页)我在此对词序稍加变化,主要指向是,只有进入孔子思想的时代情境中,才能获得更真切的历史感和文化理解。

二、"学"何以乐？

（一）"乐不思蜀"与"乐此不疲"

学习是一件令人快乐的事情吗？这是一个问题。

在一般人眼里，学习是不快乐的。如今天的高考生们，在日复一日强迫自己读书的过程中，很多人就没有感受到读书的乐趣。所以，每年高考之后，常常能看到考生"撕书"的情景。在宣泄与狂欢中，曾经的不快乐，甚至怨恨，是遮掩不住的色调。

但孔子明明告诉我们，学习是快乐的。难道他老人家说错了？

孔子是诚实的，他没说错。就看你怎么去理解快乐了。

三国后期，蜀汉政权被魏国吞并，刘备的儿子——小名阿斗的后主刘禅成了亡国之君。一般来说，阶下囚的日子是不好过的，这种不好过，不在于物质，而在于锥心的亡国之痛。

但刘禅是个另类。

曹魏权臣司马昭与其宴会的时候，安排了蜀地的节目，席中其他蜀人都伤感不已，刘禅却"喜笑自若"。一日，司马昭问刘禅："你还想念蜀地吗？"刘禅不假思索道："此间乐，不思蜀。"这就是成语"乐不思蜀"的来历。民间从此有了"扶不起的阿斗"之说，言辞间充满了戏谑与鄙视。

快乐是人人所追求的。但大家为什么看不起刘禅式的"快乐"呢？原因在于，它缺乏人所特有的精神内容。人存于天地间，当然要追求生活的享受，但这种享受绝不能停留于简单的吃好、喝好、玩好——倘不能上升到思想追求和精神品位上，与动物性的生存要求之间可谓相隔不远。

质言之，快乐有高下之别。是否连接着精神和灵魂，是产生分际的关键。

这一点，从人的成长历程中也可以窥见若干端倪。

当一个人发出第一声啼哭的时候，他能感受的幸福和快乐是什么？吃饱喝足，美美地睡觉。再大一点，亲人的拥抱与逗乐，让孩子感到舒适。慢慢地，他们会问爸爸妈妈："为什么天是蓝的？为什么天上有云？""我是从哪里来的？"直至有一天，遭遇成长的烦恼，他们会去反复追问和思考："人生的意义在哪里？"

按照这样的成长轨迹，是不是说，人越长大越不幸福呢？当然不是。而是幸福快乐越来越与精神及思考连接在一起。早年的快乐虽然有其可爱处，但总体上来说属于低层次的快乐，停驻于生理和动物性的需求之上。而高层次的快乐则是精神的享受，伴随着灵魂的成长，在思考中连接着诗和远方，在超越中展现人性之光。

而精神层面的快乐，有一个重要的获得途径，那就是读书学习。

学习能带来无上的快乐。这方面的典型人物，是汉光武帝刘秀。作为东汉王朝的建立者，他在生活上颇为节俭，物质上没有过多的欲求，但在读书方面，却孜孜以求。当皇太子劝他不要由此过于劳累时，他回答说："我自乐此，不为疲也。"[1] 这就是成语"乐此不疲"的出处，恰恰与"乐不思蜀"形成鲜明的比照。

刘秀贵为皇帝，想要吃喝玩乐，获得感官型的"快乐"，有着别人无法比拟的条件，但这对他似乎没有太大的吸引力。在创造伟大功业之外，只有读书学习这样高层次的享受，才会使他的精神获得恒久的愉悦。所以，投入学习之中的刘秀不仅"乐"，而且"乐此不疲"。

要之，人之快乐需要从动物性的快感中超越出来，精神的愉悦才是快乐的特质所在。为达此目标，"学"是重要路径。

（二）孔颜乐处有清欢

"孔颜之乐"是"学"所带来的快乐。

快乐是有状态的。如果要选择一种最贴近"孔颜之乐"的，我以为，是清欢。

快乐也是有色彩的。如果要进一步追问，"清欢"的色彩是什么，在我看来，应该是淡淡的茶色，清淡而冲和，清澈而干净，没有杂质，没有点滴的浑浊。所以一直以来为文人雅士所青睐。

北宋元丰七年十二月（公元 1085 年 1 月）的一天，大文豪苏东坡由黄州调任汝州团练副使，在赴任的路上，与在泗州新结识的

---

[1]《后汉书》卷 1 下《光武帝纪下》，中华书局，1965 年，第 85 页。

朋友刘倩叔同游南山。此时正是立春前后,"细雨斜风","淡烟疏柳",苏东坡在品清茶、尝野餐之后,诗兴大发,作《浣溪沙》一首:"雪沫乳花浮午盏,蓼茸蒿笋试春盘。人间有味是清欢。"[1]

自此,"人间有味是清欢"一句深入人心,很多文化人对此心有戚戚。

如果作历史的考察,可以发现,苏东坡的"清欢",绝非仅仅聚焦于口腹之享、自然之美,成一时之欢。那些不过是他的触发点,真正敲击心灵的是他的际遇,它们与孔颜精神在无限风光中得以交融。当登高眺远、把盏临风之际,欣然而咏的后面,堆积的是"痴笑"与辛酸之泪,但它们最后都化而为欢,融于一片春景之中了。

东坡在作《浣溪沙》之前,正因"乌台诗案"而遭贬谪,那是他人生中最为昏暗的时光。此事的起因在于其所作的诗文。那本是一些普通的书生文字,间或有些牢骚之语,一些宵小之徒竟紧抓不放,欲置其于死地而后快。东坡由此身陷牢狱,亲朋亦多受牵连。

在多方营救下,苏东坡没有死,最终流放到了黄州。

无论是珍贵的友情,还是炎凉的世态,增加的是阅历和感受;无法改变的,是此后的人生多舛。自此,富与贵,对于东坡而言已枯索无味;生与死也在一线间豁然参透。在这样的背景下来看他的诗文,"清欢"就绝非清闲自在的愉悦,而是洞穿了生死出处的感悟,是痛入骨髓之后带泪的欢愉。

"清欢"一词不是东坡的发明,在唐宋诗文中,多有出现。例

---

[1] 邹同庆、王宗堂:《苏轼词编年校注》,中华书局,2002年,第550页。

如，比其稍早的理学大师邵雍就多次提到"清欢"，他的《名利吟》中有"才近清欢与剩求""清欢虽剩且无忧"。[①] 邵雍的思想夹杂了佛、道，但归宿所在，是儒学。苏东坡其实也是如此。"清欢"一词虽不好说受到邵雍的影响，但其指向也是儒学，而且就是——"孔颜之乐"。

在东坡的另一首词《满江红》中，可以更为清晰地看到这一痕迹。

元丰五年（1082）春，梓州路转运副使董钺在妻子柳氏的陪伴下罢官回家，与苏东坡相遇于黄州。一晤之下，东坡发现，董钺竟"丰暇自得"，毫无戚戚之感，对于罢官之事，柳氏更是与丈夫一起欣然面对。这种乐观豁达的态度深深地感染了苏东坡，遂有此词。[②]

一开篇，东坡即吟道："忧喜相寻，风雨过、一江春绿。"人生的忧愁算什么啊？它和欢喜紧紧相随，就像风雨过处，一转眼，江面上又满是生机勃勃的春绿！大自然如此，人生何尝不是如此呢？就像董、柳夫妇，只要看穿了俗世的名利，精神的世界里满是春色，洋溢的是琴瑟和鸣的快乐。

在接下来的词句里，东坡将董、柳比之于安贫乐道的孟光、梁鸿，并用颜回的典故，吟诵道："箪瓢未足清欢足。"颜回一箪食、一瓢饮，能不改其乐。因精神的充沛和富裕，足以感到内在的欢乐。面对这一片春景，以及举案齐眉、精神纯粹的夫妇，东坡对于人生又有了新的参悟。是啊，有了"清欢"之"足"，"箪瓢未足"又算得了什么呢？东坡写的是董、柳，激励的是自己，指向的却是"孔颜之乐"。

---

① 邵雍著，郭彧整理：《邵雍集》，中华书局，2010年，第211页。
② 邹同庆、王宗堂：《苏轼词编年校注》，第383页。

"清欢"何以"足"？何以"有味"？它不张扬，甚至不热烈，就像品茶，在恬淡中沁人心扉，在通透中怡人眼目，缓缓地与心神相契，它悠远绵长，回味无穷。故而，它深契东坡之心，也成为后世读书人的精神追求。

但这样的欢乐，它的基点在哪呢？答案是——"修身"。它的归宿何在呢？答案是——"知命"。由"修身"而"知命"，折射着"孔颜之乐"的生命维度。

（三）从"修身"到"知命"

"修身"何以快乐？

在《大学》中，有著名的"三纲领、八条目"，即"明德、新民、至善"与"格物、致知、诚意、正心、修身、齐家、治国、平天下"，它涵盖了宋儒所鼓吹的"为学次第"。① 在这些内容中，"修身"是各部分的连接点，即所谓"自天子以至于庶人，壹是皆以修身为本"。《中庸》更是阐明道："知所以修身，则知所以治人；知所以治人，则知所以治天下国家矣。"② 也就是说，在实现宏伟的抱负之前，一个人通过"修身"才能完善自我，并为今后的"治国、平天下"打下坚实的基础。

但"修身"并非只连接着"治平"天下，毕竟"死生有命，富贵在天"（12.5），成功有着偶然。如果一个人今后事业不成功呢？那要不要"修身"？答案是肯定的。在这里要明确的是，以孔子理

---

① 程颐之言，见《四书章句集注》，第3页。
② 朱熹：《四书章句集注》，第4、29页。

念来看,"修身"确实有着"治平"的追求,但更为重要的是,"修身"聚焦于自身的内在提高,需要奉行非功利的原则。如此,才可由"学"而"修身",因"修身"而快乐。

从本质上来说,快乐是一种内在于心的感受,如寄托于荣华富贵,则将快乐的操控权拱手让与外物、外人,快乐也就异化了。从这个意义上来看,"修身"而乐,正是将快乐的主动权牢牢掌控于己手。

"修身"的快乐,除了本领的提升,更主要的,在于德性的自觉与发展,它以仁德加以体现。前者虽然可以达到"治平"之效,但那只是人生修养到达一定程度后所结出的果实,并非是最终的目标,进一步言之,在"修身"之中,自我的提高、道义的存在,是比"富且贵"更为重要的指标。如果"修身"只是为了世俗的成功,那么,孔子所反对的"不义而富且贵"就无所依附了。所以,"修身"的归宿是让自己完善,进而达到圣贤境界。而世人眼中的"成功"与否反倒可以不计,那只是境界提升的一个副产品。

《中庸》说:"修身以道,修道以仁。"[①]一个人通过"修身",成为仁人志士,是快乐的。由此,孔子提出"求仁而得仁,又何怨"(7.15)的思想命题。当仁德而不是功名利禄成为追求的目标时,抱怨就会消失,内心的安宁和仁爱的欢乐将随之而来。

而要做到这一点,在日常生活中,就要放下无谓的名利,多追求《大学》所谓的"正心诚意",对自我修养加强关注。不失本心,

---

① 朱熹:《四书章句集注》,第28页。

做到真诚、不作伪,问心无愧。

《孟子·尽心上》说:"万物皆备于我矣。反身而诚,乐莫大焉。强恕而行,求仁莫近焉。"[1] 在孟子看来,世间的万般事物和道理,都将归于自己内心的体认,当反躬自问,意识到自己是诚笃君子,便是人间最大的快乐了。以己推人,勉力而行,这也就是"求仁得仁"的道路。

在这样的问题意识下,可注意孔子的一段论述:"不知命,无以为君子也。"(20.3)什么叫"命"?人活于世,一些注定要发生的、非人力所能为者,那就是"命"。什么叫"知命"?我们要知道自己在天地间的位置,人的特质所在——人性特点在哪里?我们可以做些什么?做好自己能做的,将人生的意义加以阐扬,这才是"知命"。

如果眼睛总是一味地盯住外在的功名利禄,且不说荣华富贵无凭据,即便贵为帝王,也一样有不可把握之处。生而为人,一样生死难逃,忧虑满怀。

魏文帝曹丕曾作《善哉行》一诗来感慨人生,其中有这样的句子:

> 人生如寄,多忧何为?今我不乐,岁月如驰。
> 汤汤川流,中有行舟。随波转薄,有似客游。

人生匆匆如过客,我们在岁月之舟上随波而进。我们或许可以选择某些方向,但毕竟不能要求岁月之舟按照自己的意愿行进。尤其是生命的流逝,乃至沿途的风景,哪能全由自己来定夺?人生的

---

[1] 朱熹:《四书章句集注》,第350页。

路上不全是风平浪静，贵为一代帝王的曹丕尚且感慨有加，一般人当然有着更多的无能为力。

由此，生而为人，必须"知命"。

"知命"是一种扬弃。

《荀子·天论》认为，作为人，应该"不与天争职"。[①] 当我们舍弃掉一些人力之外的要素，以非功利的"修身"为念时，就在"知命"上前进了一大步。但是，这仅仅是"扬弃"之"弃"，就"扬"的方面来说，我们要做的，还有很多很多。如果极端一点说，《论语》中的思想，几乎都是围绕着这一主题加以展开，涉及人生的方方面面。

穿越各种世俗的追逐，在从"修身"到"知命"的生命进程中，我们或许会自问：如果真的可以长生不老，是不是就不再忧生、忧世呢？答案是否定的。

因为在这个世界上，还有比肉体的生命更为重要的东西，那就是道义，以及因道义而追求的尊严、安全与自由等。为了它们，很多人甚至毅然赴死，以死明志。《孟子·告子上》说："鱼我所欲也，熊掌亦我所欲也；二者不可得兼，舍鱼而取熊掌者也。生亦我所欲也，义亦我所欲也；二者不可得兼，舍生而取义者也。"[②] 古往今来，为了道义，有多少人可以舍生而取义。孔子则说："志士仁人，无求生以害仁，有杀身以成仁。"（15.9）

依照孔子之道，就人而言，生命的本质存在，不是生物体的自

---

① 王先谦撰，沈啸寰、王星贤点校：《荀子集解》，第 308 页。
② 朱熹：《四书章句集注》，第 332 页。

然成长，在生老病死中完成生物性的新陈代谢。生命需要意义的赋能，在精神的世界中获得体认与接续。也就是，最根本的不在于活得有多长，而在于是否道义在身，活得有价值，活得不愧于此生。如果蝇营狗苟，活得再长，也是没有意义的。落实到行动，就是要去践行仁义，才能活出真价值。与此同时，也要审视生命，活得明白，懂得人生之道，将使命与责任担荷于肩。如此，才不枉过一生。所以孔子说："朝闻道，夕死可矣。"（4.8）

人生在世，除了形体的生命，更有着精神的生命。"学"的意义就在于认识到这些。《说文解字》这样解释"学"："觉悟也。"段玉裁注曰："学，所以自觉。""学"不仅仅是接受固定的知识，更连带着"思"的过程，即所谓"读书明理"。在知识的滋养下，慢慢地对所看到、所听到、所接触到的种种现象，用一种审慎的态度去加以考察。由此，因"学"而"觉悟"，可以将心打开，从而看透俗世的不少烦忧，人之忧患得以冰释。但另一方面，因"学"又窥见了更多的问题，从而又添新的忧患。所谓"人生识字忧患始"，[1]大致就有这个意思在里面。所以，"学"对于人的觉悟和发展，是一种螺旋式的上升。"学"需要找到落脚点和不断前进的方向，才不至于茫茫无从，没有着落。

要之，"学"以及"学以致其道"，就是使得精神生命得以呈现，人生的意义得以被发现，并付之于实践。人总是要告别这个世界的，肉体无法永存，唯有精神的生命不朽。

---

[1] 苏轼：《石苍舒醉墨堂》，王文诰辑注，孔凡礼点校：《苏轼诗集》，中华书局，1982年，第236页。

当一代大儒朱子走近生命终点的时候，他正被诬为"伪学"党魁，承受着各种有形、无形的挤压。面对着种种迫害，他从容不迫，论学讲道不辍，直至生命的最后一刻。在他过世后，朝廷对会葬活动严加禁止。可是，依然有许多人不顾禁令前来吊唁。辛弃疾作文哭祭道："所不朽者，垂万世名。孰谓公死？凛凛犹生。"[1] 斯人虽逝，精神永存！朱子的生命早已化入他的思想和文字之中，他是"学以致其道"，生命意义得以高扬的典型。

有了这样的思想境界，孔、颜及其精神传人从不汲汲于外在的富贵，孔子曾对颜回说："用之则行，舍之则藏，惟我与尔有是夫！"（7.11）它与《孟子·尽心上》中的"穷则独善其身，达则兼善天下"[2] 为同一取向。一个学人，如能用之于世，当努力建功立业；但如果不为人所知，也无需抱怨这个世界，有时"深藏功与名"，在俗世的纷纷扰扰之外，反而可以真正体会内在的"修身"之乐。它不受俗世的污染，在内心的诚笃之上开花结果，灿烂于内心的世界。这既是"俯仰之间"的无愧于心，也是对自我和世界认知的一种升华。

"学"，无关身价与沉浮，它是使我们在自身的升华中，获得内在快乐的动因。

---

[1] 《宋史》卷401《辛弃疾传》，第12161页。
[2] 朱熹：《四书章句集注》，第351页。

三、"读圣贤书,所学何事?"

(一)文天祥之问

元至正十九年十二月初九日(公元1283年1月9日),被囚于大都(今北京)三年多的南宋宰相文天祥被押往刑场。囚禁期间,元廷自上而下作了无数次的劝降努力,既有生命的威逼、亲情的利用,更有高官厚爵的利诱,均无功而返。

这日,大都城内飞沙走石,日色无光,城门昼闭。临刑前的文天祥从容淡定,他对吏卒说:"我在世间该做的事,都做完了。"然后,面向南方——故国所在的方向拜了几拜,结束了四十七岁的生命。几天后,家人前来收敛尸身,在衣带中发现了他的绝笔自赞:

> 孔曰成仁,孟曰取义。惟其义尽,所以仁至。
> 读圣贤书,所学何事?而今而后,庶几无愧。[1]

---

[1] 《宋史》卷418《文天祥传》,第12540页。

文天祥在留给这个世界最后的文字中,提出了一个重要的问题:"读圣贤书,所学何事?"文天祥是因"学"而杀身成仁的。"读圣贤书",给了他改变与力量。

而在这些"圣贤书"中,很重要的一部,就是《论语》。文天祥所言的"孔曰成仁",就源自这里面的教导:"志士仁人,无求生以害仁,有杀身以成仁。"(15.9)而且《论语》的开卷,就是"学以致道"的问题。由此,在文天祥的从容就义和书生本色中,我们看到了《论语》的思想烙印,看到了"学"的力量。

文天祥是一个读书人,曾贵为状元郎。他本可以在诗酒之间优游岁月,在坐而论道中颐养天年。然而,历史决定了他无法在书斋和官衙里平静地度过一生。南宋末年,当蒙古铁骑挟横扫欧亚大陆的气势呼啸而来时,南宋政权的覆灭已只是时间问题。那是古代世界最为彪悍强横的武装力量,反抗者往往被踏为齑粉,而文天祥却以一介书生登高赴难,毫无惧色。虽败,而气未输!他是悲情英雄,他给后世留下了无尽的唏嘘与震撼!

杀身成仁,无愧于心,这是书生的呐喊与反抗。

"文天祥之问"是严肃而沉重的,为了它,大宋宰相不惜以生命来找寻答案。

在文天祥的传世名篇《正气歌》中,最后四句为:"哲人日已远,典刑在夙昔。风檐展书读,古道照颜色。"[1]从"哲人萎乎"到文天祥时代,时间已过去了一千七百多年。在这一时段内,一代代的"典

---

[1] 文天祥:《文天祥全集》,北京中国书店据1936年世界书局版影印,第376页。

刑（型）"即榜样人物沿着孔子所指引的道路，为文天祥树立了风标，给了他视死如归的力量，他由此发出了震撼心灵之问。

下面，我们就循着"文天祥之问"，来展读《论语》，看看这里面的"学"究竟为"何事"，在历史的穿越中体会文化的力量。

（二）"学"的指向

在今天，一说到"学"，直接联想到的，就是读书，或单纯的知识学习。《论语》中的"学"也是这样的吗？答案是否定的。

在《论语》中，记有孔子学生子夏的一段话：

> 贤贤易色；事父母，能竭其力；事君，能致其身；与朋友交，言而有信。虽曰未学，吾必谓之学矣。（1.7）

在这段讨论"学"的文字中，没有一句说到书本知识。从"贤贤易色"到"言而有信"，所指的都是人的行为所符合的道义标准。而且子夏说，即使这个人没有"学"，我也认定，这个人就等于已经"学"了。反言之，一个人如果只是学习文化知识，没有提升德行，改变心性，那就等于没有"学"。

在孔门弟子中，子夏的特点是读书很棒。按照传统说法，孔子所整理的六经，主要由他传承下来。可以说，他是孔门弟子中最具知识素养的人，在今天，大概可以归入所谓"学霸"，甚至"超级学霸"的范畴。

但是，正因为如此，孔子对于这个学生怀有深深的忧虑，他谆谆告诫子夏："你要做'君子儒'，不要做'小人儒'。""小人儒"和"君子儒"的差异在哪里呢？"小人儒"是指那些只有知识技能，却没有文化修养，没有德行的人。[①]孔子要求他的学生做具有德行的"君子儒"，很大的可能在于，担心自己的学生只沉溺于知识文本之中，而忘了"德行"才是"学"的根本。子夏铭记了夫子的教导，在上引的那段话里，他强调的就是为学以德行为本的宗旨。

与之相对的是颜回。这是孔子最喜欢，也是他公开承认的弟子中唯一"好学"之人。那么，颜回"学"的表现是什么呢？

> 哀公问："弟子孰为好学？"孔子对曰："有颜回者好学，不迁怒，不贰过，不幸短命死矣。今也则亡，未闻好学者也。"（6.3）

孔子对颜回的评价是六个字："不迁怒，不贰过。"这和知识以及书本基本上没有关系，他推崇颜回的原因，在于德性修养——颜回是真正的"君子儒"。

由此在2.4章中，孔子在回顾一生时，从"三十而立""四十不惑""五十知天命"，直至"从心所欲"的各种境界，就是由君子而圣贤的人生进路。在前面已经说过，这些都是拜"学"之所赐，"吾十有五而志于学"则是达成以上境界的起点。

[①] "子谓子夏曰：'女为君子儒，无为小人儒！'"（6.13）何晏《集解》引孔安国曰："君子为儒，将以明道；小人为儒，则矜其名。"邢昺疏："言人博学先王之道以润其身者，皆谓之儒。但君子则将以明道，小人则矜其才名。"另外，《论语》载子夏之言："君子有三变：望之俨然，即之也温，听其言也厉。"（19.9）这里面的君子很可能就是他的老师孔子。倘此说可以成立，则孔子虽然有"温"的一面，但"俨然"中透现出庄重；"言也厉"更说明在子夏眼里，孔子平日里对于学生，尤其是他这个学生有着严格要求、严厉训导的一面。

细绎文义，在2.4章中的"学"，显然不是简单的识文断字。十五岁是中国古代"成童"的年纪，即走过了年幼时代，开始步入成年，至二十岁"弱冠"，则完全负担起社会的责任。这里的"学"，是成人所需体悟的"大学之道"，有人二十岁之后开始领悟，而孔子显然更为早熟，在"成童"的十五岁就开始了这一历程。至于识文断字，那属于童蒙之学，最晚在六至八岁时就可以开始了。宋以来较为流行的《三字经》《百家姓》等，都是此类的蒙学教本。

翻检《论语》，"子以四教：文、行、忠、信"（7.25）。孔子在教学生时，从四个方面来进行教导，而并不仅限于知识文本的传授。第一是"文"，类似于今天的文本知识，在那个时代，是以经学为核心的"文学"。① 第二是"行"，指的是做人做事的规范。它涵盖德行、品行和学习的各方面，主要以"礼"来承载。第三是"忠"，指的是对人和事的忠诚。第四是"信"，讲信义，主要是朋友之间的人际伦理。②

此外，在个人发展上，弟子们主要在四个方面成才，即所谓的"孔门四科"，它们分别是"德行、言语、政事、文学"，共有十个代表人物，他们被后世称为"十哲"。③ 其中，"德行"居"四科"之首，

---

① 此"文学"不是今天的"文学艺术"，而是文献之学，主要指经学。关于此点，可参看拙著：《学与政：汉代知识与政治互动关系之考察》（黑龙江人民出版社2012年）第六章第五节。
② 当然，这四类又可分为两组对立互动的范畴：文行为一组，忠信为一组，由于与论题无关，不再赘论。
③ 德行：颜渊、闵子骞、冉伯牛、仲弓；言语：宰我、子贡；政事：冉有、季路；文学：子游、子夏。（11.3）

反映的正是儒家的基本价值取向。所以,无论是"四教"还是"四科",都不限于学习具体的知识,而是特别强调道德和行为的作用。德行的重要性,远在书本知识之上。

要之,孔门之学固然有着知识性的一面,但它的最高目标是德性的养成,是君子和圣贤人格的造就,是"大学之道"。

(三)"大学之道"与"人禽之别"

从前面的讨论中,我们看到,孔门之"学"虽有各种取向,但归宿所在,是德行的完善。也就是说,知识,尤其是书本知识,只是"学"的一个方面,更重要的是学道德、学做人。[①] 也即"学以致道",通过"学"而成为圣贤。

由此可以说,"学"的最终目标不是别的,乃是人格养成、完善自己,也即所谓"大学之道"。

这样来看,"学"对于人生成长,可谓意义重大。

在任何群体看来,学习都应该是为了个人的成长和发展,但什么才是更好的"成长和发展"呢?一旦具体化,则歧见纷披,问题多多了。

然而,不管每个人心中的标准如何,人的成长实质上具有两个层面:一方面,就身体或物的角度来说,随着生物性的成熟,在生理上日渐长成"大人"。另一方面,一个人的精神世界也应随之不

---

① 徐复观曾经说:"《论语》上所说的学,有广狭两义。广义的学,兼知识德行二者而言。狭义的学,则常是对德行而专指追求知识。"[徐复观:《中国人性论史(先秦篇)》,上海三联书店,2001年,第63页]

断发展健全，从无知小儿，慢慢成长为绅士、淑女，具有更高的人文追求，从而成长为具有伦理道德及思想品格的社会人。只有这样，一个人才能真正地说，自己长大了。

从本质上来说，精神的成长，才具有生命的真意义。

在《孟子》一书中，有一个很重要的辩题，即"人禽之别"，讨论的是人与动物的差别。就生物学意义来看，人与动物，其实真的差别很小。所以，《离娄下》说："人之所以异于禽兽者几希。"① 那么，人要如何与动物拉开差距呢？在孟子看来，关键就是人伦道德的建构，也即"道"的拥有，没有这些，吃得再好，活得再潇洒，也与禽兽几无差别。《滕文公上》评述道："人之有道也，饱食、暖衣、逸居而无教，则近于禽兽。"②

《礼记·学记》云："人不学，不知道。"③ 在儒家看来，恰恰是"学"，让我们在"体道"的过程中，提升生命的意义，成长为大写的人。从这个视角来看，"学"是体会生命意义的阶梯。孔子说："朝闻道，夕死可矣。"（4.8）人活着，如果不能"体道"，就失去了人之为人的意义。同理，"学"如果不是为了"体道"，则失去了本有的价值。

《宋史·道学传二》记载了这样一个故事。"闽学"先驱罗从彦向二程的高足杨时问学，在初见之时，即被学问之道所震撼，一时"惊汗浃背"，说："我要是不来到这里学习，几乎虚过一生了。"罗

---

① 朱熹：《四书章句集注》，第293页。
② 朱熹：《四书章句集注》，第259页。
③ 朱彬撰，饶钦农点校：《礼记训纂》，中华书局，1996年，第545页。

从彦的感叹，正在于看到了精神成长的意义。在他看来，如果不能"学以致道"，这一生算是白活了，所以，他才会汗流浃背。一身冷汗之后，他反倒是快乐的。这是成长的快乐，体会人之为人的快乐。

如能体会这一点，就能深刻理解文天祥等先贤的思想与行为。

文天祥读了那么多的书，希望自己能成长为一名君子，甚至圣贤，这是"学以致道"的必然逻辑。在太平岁月，他本可以穿行在"万紫千红"的文化园地，在"传道授业"的快乐中优游岁月，享受余生。但当国难当头之时，"成仁""取义"还是苟且偷生，成了不可回避的选择题。对于一个士大夫来说，如果回避，就无法以"学以致道"的姿态挺立于人世间。

当此之际，为践行"学以致道"，唯有"不避其难"，为人格的健全和人性的光芒而奋进。

《孟子·尽心上》在论及人生之乐时，曾有这样的表述："仰不愧于天，俯不怍于人。"[1] 人立于天地之间，心安理得，仰俯无愧，才是天大的快乐。文天祥不愿意终身蒙羞，耻辱地活着，所以当他毅然就义的时候，他的内心是宁静的，"而今而后，庶几无愧"，在忧伤之中，有一种殉道者的愉悦。正如《正气歌》中所言，一方面"悠悠我心悲"，另一方面却是"鼎镬甘如饴，求之不可得"。[2]

《吕氏春秋·季冬纪·士节》曰："士之为人，当理不避其难，临患忘利，遗生行义，视死如归。"[3]《说苑·建本》则引孔子之言道：

---

[1] 朱熹：《四书章句集注》，第354页。
[2] 文天祥：《文天祥全集》，第375—376页。
[3] 许维遹撰，梁运华点校：《吕氏春秋集释》，中华书局，2009年，第262页。

"苟有可以安国家,利民人者,不避其难,不惮其劳,以成其义。"[1] "不避其难",就是为了"以成其义"。从这个角度来说,在生命的最后时刻,完成一个人的充分成长,人格无缺地走到终点,生命的真意义方得以彰显。这既是对"文天祥之问"所做出的解答,也是《论语》中"学"的真精神所在。

---

[1] 刘向撰,向宗鲁校正:《说苑校证》,中华书局,1987年,第59页。

四、"乐"何以得？

（一）由"学"而"习"

东晋大书法家王羲之的身体一直不太好，常常吃不下饭，有"却食"的毛病，他曾经很痛苦地对人说："不得食经日，甚为虚顿。"于是，"数数便得疾"成为生活的常态。王羲之为什么饮食如此不调呢？一个很重要的原因在于，他的消化系统有问题。①

吃不下饭，或者吃了不能消化，当然就要生病。所以拥有正常的消化系统，是保持健康的一大关键。从这个角度来说，能吃能喝，饮食无忧，也是一种快乐，反之，则痛苦不堪。

身体如此，我们的精神呢？

---

① 王羲之《杂帖》说："吾故苦心痛，不得食经日，甚为虚顿。"又说"前却食小差，数数便得疾，政由不消化故。"参见严可均辑《全晋文》（商务印书馆1999年），第251、252页。

《孟子·告子上》说:"理义之悦我心,犹刍豢之悦我口。"[1] 意思是说,食物能带来口舌的愉悦,与之相对的是,通过摄取精神食粮,"学"能带来内心的精神欢乐。但是,与身体一样,在"学"的方面,如果只是"摄食",而不能消化,那就是一种"学"的病态了。精神的愉悦、"学"的快乐也就无从谈起。

"学"的内容该如何消化呢?《论语》的答案是"习"。

"学习"在今天已成为一个固定词语。但在古代,尤其是在《论语》世界中,"习"与"学"是可以分而言之的。它是"学"的巩固与落实,是"学"之后的一种必要跟进,没有它的存在,再好的精神食粮都将云聚云散,飘然而去。

为什么会这样呢?

这是因为,"学"的对象不是人的本有之物,而是外在于我们的事物。它过眼、过耳,却未必能进入心灵。它稍纵即逝,要在心中自然生根,极其困难。孔子说:"学如不及,犹恐失之。"(8.17)何晏注曰:"学自外入,至熟乃可长久。"对于孔子的说法,如用一个比喻来形容,则可以说,"学"如脱兔,很难擒获,极易逃逸。由此衍生的问题是,既然由外而来的"学"这么重要,如何才能使其巩固长久呢?答案是,"至熟乃可长久"。即通过熟悉所"学",内化于心。

而要熟悉且内化,靠的就是"习"。

"习"的繁体字写作"習",上面是一个"羽"字,《说文解字》

---

[1] 朱熹:《四书章句集注》,第330页。

说:"数飞也。"段玉裁注曰:"引伸之义为习孰(熟)。"它的本义是鸟反复振动翅膀,引申为经过反复训练而娴熟掌握知识技能的过程。刚出生的幼鸟是无法振翅高飞的,只有反复练习,最后才能一飞冲天。

鸟儿没有"数飞"的艰难过程,不可能展翅翱翔。人向"学"之时,也是如此。没有"习"所带来的反复、深入的咀嚼与探究,就无法将"学"的内容固结下来。就像戏剧演员,"台上三分钟,台下十年功",那一个个看似随意的动作与一声声自然流淌的音符,可能要练上千万遍,曼妙的身段与隽永的唱腔后面,是无数的汗水和泪水。

尤为重要的是,"习"可以将"学"之所得慢慢地转化为生命中的潜在意识,内化到自己的血液之中。所谓职业气质、个人修养,皆与由"学"而"习"的进路密切相关。天长日久,形成"习惯""习性""积习"等,在举手投足间,成为个性的一部分。

由此,孔子有了"性相近,习相远也"(17.2)的提示。

在他看来,人的本性是差不多的,但因为"习"的差异而越行越远,最终成为各种不同的人。在这里,孔子用的是"习"字,而不说"学相远"。这是因为"学"只是外在的道理或知识能力的呈现,没有"习"的过程,就不能将所学内容从文本或传授者的系统中脱离出来,转而成为学习者的内在养分。

以学校的教学过程为例。

在教育界有所谓"一桶水、一杯水"的理论。意思是说,一名优秀的教师要给学生"一杯水",自己需要有"一桶水"的知识储备才行。从教师层面来说,这样的要求是理所当然的。但问题是,如果学生不去主动接受教师的知识传授,"授业"不能与"受业"相衔接,哪怕教师拥有汪洋大海般的知识,也是枉然。

所以,一名好的学生,对于老师所讲的内容,会认真地预习和复习,功课做足了,"授""受"之间就会毫无障碍。同样的,一名成功的教师,不仅仅是将自己生平所学倾囊相授,更要强调和培养学生的学习习惯,从而让学生消化所学内容,不断提高教学效果。

需要指出的是,消化所学,并不意味着做一台传声机。在孔子看来,"习"绝不是对"学"的简单复制,只有加上自己的理解,将所学真正转入自己的思想和知识体系,才算"学习"到位。如果达不到这一目的,就说明内化没有完成,至少这种内化是不充分的。

关于这方面的问题,孔子有一句很有名的话:"温故而知新。"(2.11)此句在《中庸》中也出现了。郑玄说:"谓故学之孰(熟)矣,后时习之。"[1] 由于"温故"是一种反复去"学"的过程,由此与"习"息息相关。或者也可以说,"温故"就是不断地"习"。[2] 但这里的关键是,这种"习",要"知新",即有自己的新发现、新见解,要有所得。

这种"得",即所谓"自得"。《孟子·离娄下》说:"君子深造之以道,欲其自得之也。自得之,则居之安;居之安,则资之深;资之深,则取之左右逢其原。故君子欲其自得之也。"[3] 一个人通过"学习",有所"自得",才真正将老师或文本上的内容,转化为自

---

[1] 刘宝楠撰,高流水点校:《论语正义》,第54页。
[2] 皇侃在《论语集解义疏》中说:"习是修故之称也。"
[3] 朱熹:《四书章句集注》,第292页。

己内在的部分。面对各种状况时，才可能"左右逢源"。汉儒赵岐说："物来能名，事来不惑。"① 否则"左支右绌"，离开了教师和书本就无能为力。

所以，孔子在教学过程中，特别在意的一点是，学生要在听讲的基础上，推导出自己的想法。

例如，对于颜回，孔子一开始并不认为其是"好学"之人，不仅不是，甚至一度还认为颜回很是愚笨。主要原因在于，颜回与孔子面对面时，往往没有多少意见提出来，只是听话且木讷，简直就像一个傻子。但是，当颜回从孔子那里回去之后，反复省思，往往能在老师所说的基础上，得出自己的新看法。孔子这个时候才意识到，颜回其实一点都不傻啊。他说："退而省其私，亦足以发，回也不愚。"（2.9）不仅不傻，他后来还发现，孔门中别的学生能"闻一以知二"，颜回却能"闻一以知十"（5.9）。

颜回是如何做到这一点的？应该是在"学"之后，深入进行"习"的结果。在前所引述的"退而省其私，亦足以发"一句中，"省其私"特别值得注意。它说明，颜回的"自得"，是在"学"之后，回去进行反省所获得。我们知道，孔子的另一著名弟子曾参，有每日"三省吾身"的做法。在他的"三省"中，其中有一"省"，是"传不习乎"（1.4），也就是：每日对于"学"的内容，"习"了没有。颜回是孔子最为赏识的弟子，且谦逊好学，其反省精神当不在这位同门之下。所以，颜回要对所学内容"足以发"，"退而省其私"时，"习"不

---

① 焦循撰，沈文倬点校：《孟子正义》，第560页。

仅理所当然，在深度和强度上还会更加用力。如此，才可能"闻一知十"。

（二）从"众乐"到"雅集"

"学而时习之，不亦说乎？"说的是快乐问题。紧接着下一句："有朋自远方来，不亦乐乎？"所指向的，也是快乐。快乐作为感受，倘笼统言之，没有质的不同。但如果作狭义的区分，"悦（说）"指的是内在于心的表现，一般来说，属于个体细细品味的宁静快乐；而"乐"更多的是与朋友在一起的群体之乐。由此，程颐说："说在心，乐主发散在外。"[1]

快乐，是需要由个体感受走向群体共享的。与朋友在一起时的群体快乐，比个人的快乐具有更大的愉悦性。

《孟子·梁惠王下》载，齐宣王特别喜爱音乐，孟子为了宣讲"与民同乐"的道理，首先问他："独乐乐，与人乐乐，孰乐乎？"齐王回答道："不若与人。"孟子又问他："与少乐乐，与众乐乐，孰乐？"回答是："不若与众。"[2] 也就是说，在齐宣王看来，一个人的"独乐"，以及少数人的"少乐"，不如多数人的"众乐"更令人开心。

这不仅是齐宣王的个人主张，也符合普遍人性。为什么会这样呢？

《荀子·富国》说："人之生，不能无群。"[3] 人是群体动物，只

---

[1] 朱熹：《四书章句集注》，第47页。
[2] 朱熹：《四书章句集注》，第213页。
[3] 王先谦撰，沈啸寰、王星贤点校：《荀子集解》，第179页。

要是人，就有求朋觅友的需求。《诗经·小雅·伐木》曾通过山谷中的鸟鸣来讨论这一问题。其中有这样的诗句："嘤其鸣矣，求其友声。相彼鸟矣，犹求友声。矧伊人矣，不求友生？"[1] 意为，鸟儿以嘤嘤的鸣叫，来寻求它的知音，鸟儿尚且求其同伴，作为人，难道不要去寻求良朋吗？

按照社会学"人在情境中"（person-in-situation）的理论，一个人虽可以独处，但那不是常态，他（她）终究要进入社会环境与各种关系中，才能显示出存在的价值。

宋代柳永有词云："应是良辰、好景虚设。便纵有、千种风情，更与何人说。"人是社会的人，需要倾诉、倾听与共享。如果没有朋友，自己的情怀无处诉说，再美的景致也不会感到快乐，而只剩下孤寂与苦痛。所以，"众乐"之所以"乐"，乃在于，与人有精神的交流和共享。这是人间的快乐。哪怕是进入天上的仙境，如果无人相对，亦是清冷无欢。所谓"起舞弄清影，何似在人间"。[2]

朋友之间的"众乐"，也是有层次的。此时，精神追求与文化品质就显得十分重要了。

公元前202年，在经历了多年的战争之后，当年的泗水亭长刘邦靠着手下一批草莽英雄，终于平定天下，建立了大汉王朝。政权建立之后，有一件事让他十分头痛——那些缺乏文化滋养的臣子们，

---

[1] 阮元校刻：《十三经注疏》，第410页。
[2] 柳永词《雨霖铃·寒蝉凄切》，苏轼词《水调歌头·明月几时有》，分见唐圭璋编纂，王仲闻参订，孔凡礼补辑《全宋词》，中华书局，1999年，第26、360页。

在君臣相聚乃至朝会时,"饮酒争功,醉或妄呼,拔剑击柱"。①且不说野性十足,不成体统,"拔剑击柱"之后,一旦梁柱断裂,朝堂倾倒都有可能。后来是儒生叔孙通制定朝仪,大家各守规矩后,才解决了这一问题。而二百多年后,同样在血雨腥风中拼杀出来的东汉王朝,却呈现出另一番景象。君臣上下文质彬彬,当他们相聚之时,往往是"讲论经理,夜分乃寐"。②

对于这一现象,清代史学家赵翼分析道:"西汉开国,功臣多出于亡命无赖,至东汉中兴,则诸将帅皆有儒者气象。"他还进一步指出,刘邦当年是草莽英雄;而刘秀则不改书生本色。所谓:"故性情嗜好之相近,有不期然而然者,所谓有是君即有是臣也。"③

从特定视角来看,群臣本就是朋友,君臣之间亦是特殊的朋友,刘邦集团及刘秀集团就是两大"朋友圈"。除了利益的结合,性情相近是得以相交的重要因素。所谓"性情嗜好之相近",说的就是这个道理。事实上,无论古今中外,朋友要真正凝聚在一起,脱不开共同的志趣与爱好。就犹若酒友、球友、文友等,总要有能共感其心的载体存在,才会有内心的共鸣与契合,否则,就话不投机,无法成群了。西汉初年的大臣们以战功、饮酒为乐,这是他们的共同点;而东汉开国君臣则以知识修习为乐,自然就呈现出"儒者气象"。

---

① 《史记》卷99《刘敬叔孙通列传》,第2722页。
② 《后汉书》卷1下《光武帝纪下》,第85页。
③ 赵翼著,王树民校证:《廿二史札记校证》(订补本),中华书局,1984年,第90—91页。

同样的，在追求"学以致道"的孔子及儒家看来，朋友相聚时，只是吃吃喝喝，当然是不行的。因为吃喝只停留于生理欲望之上，孔子所看重的，是心之所向。他说："饱食终日，无所用心，难矣哉！不有博弈者乎，为之犹贤乎已。"（17.22）在他看来，人需要给躁动不安的心找一个出口，否则就容易出问题。这时候，可以下下棋，终究比什么都不做要好。这就类似于，现在的一般朋友聚会，主要就是喝酒聚餐、打牌游乐，这些固然也是快乐，但这种快乐是一种聊胜于无的消遣，在品位上是不够档次的。

　　真正要上档次，就应该是"雅集"。通过精神层面的交流，忘却世俗的名利，干净而纯粹。

　　而要做到"雅"而不俗，带来群体性的"众乐"，该怎么做呢？依据孔子的思想理路，主要在两个方面加以落实：一是善；二是美。即所谓"尽善尽美"。①

　　我们先看"善"。儒家的向"学"，就是一种求善的历程。即《大学》所谓的"止于至善"。在这一路径中，德性和知识品质的追求，是核心所在。

　　由此，曾子说："君子以文会友，以友辅仁。"（12.24）将道义和知识作为"众乐"的精神载体，相互砥砺提高。在这样的朋友相聚中，快乐是上了层次的——是"学以致道"的快乐。

　　也由此，《礼记·学记》提出："独学而无友，则孤陋而寡闻。"

---

① 孔子最愉悦的时刻，是在听到了大舜时代的《韶》乐后。他沉浸其中，"三月不知肉味"，感慨道："不图为乐之至于斯也。"（7.14）而《韶》乐之所以这样吸引孔子，就在于"尽美矣，又尽善也"。（3.25）

而且要"敬业乐群","学"不能止于个体,更需进入"群学"阶段。①只有这样,才算转入了更高的阶段。在这一过程中,"学"由个体走向群体,并产生了"群学"之乐。这种精神的享受,类似于现代社会中的"沙龙"(salon),在典雅精致的氛围中涤荡思想,洗礼精神,在"乐而不淫"(3.20)中,将"清欢"之乐推向更为广阔的空间。

但这并不是全部。孔子所追求的愉悦,还有意境方面的内容。那就是"尽美"。

朋友相聚何以"乐"?除了相互砥砺,"止于至善"之外,它还是人间的美事。

它美在何处呢?除了思想的契合,更有诗性及艺术的激荡。

我们注意到,孔子在与学生讨论学问时,往往以很有诗意的对话加以展开。如他和子贡以"如切如磋,如琢如磨",与子夏以"巧笑倩兮,美目盼兮"的诗句,来讨论"礼"的问题(1.15、3.8)。师徒的一问一答间,雅致隽永,充满了美的韵味。

孔子说:"兴于《诗》,立于《礼》,成于《乐》。"(8.8)人的情感需要诗歌和艺术加以感发和滋润。朋友要"雅集"而乐,当然也是如此。

有一次,孔子和弟子们讨论各自的理想境界。其中曾晳(点)说道:"莫春者,春服既成,冠者五六人,童子六七人,浴乎沂,风乎舞雩,咏而归。"结果夫子喟然叹曰:"吾与点也。"(11.26)

孔子为什么会赞同曾晳的主张?就"儒者气象"而言,不是要

---

① 朱彬撰,饶钦农点校:《礼记训纂》,第551、547页。

人做知识的苦囚,儒者的眼光是通达的,视野是开阔的。在艺术与诗性中,追求高远意境,也是"雅"的基本要求。当"雅士"们群集时,思与文、情与景、艺术与人生实现了通融,这是一种难得的人间至美。这种美,在孔子师徒的风乎舞雩之际;在兰亭的曲水流觞里;在滕王高阁的落霞与秋水间;在文人雅士的唱和咏叹之中……

这种美让人心胸开阔,忘却名利。北宋时,苏东坡、黄庭坚、秦观等名士曾在西园雅集唱和,时人作《西园雅集图》,传为一代盛典。著名书法家米芾参与其间,为画卷作记曰:

> 水石潺湲,风竹相吞,炉烟方袅,草木自馨。人间清旷之乐,不过于此。嗟呼!汹涌于名利之域而不知退者,岂易得此耶![1]

在这里,米芾对于"名利之域"外的快乐大为赞赏,誉之为"清旷之乐",从而流连忘返,一唱三叹。在这里,我们看到了儒者的逍遥。这些雅士们将人与己、人与自然相打通,在诗文和求道中,开启了通往美的境界。

总之,"众乐"应落实于"群学"之上,在共同"体道"的进程中,"以友辅仁"而得"至善";在"美"的追求中,因"雅集"而获得"清旷之乐"。如此,才是"儒者气象",才是"学"的快乐。

---

[1] 米芾:《西园雅集图记》,曾枣庄,刘琳主编:《全宋文》(第121册),上海辞书出版社、安徽教育出版社,2006年,第42页。

五、"此心安处"

（一）"我今何在？"

古代有这样一则笑话：

有一位公差，押解一名犯罪的和尚去发配地。走到半道上，在旅店住了下来。到了夜晚，和尚将公差灌得烂醉。在用刀削去了公差的头发之后，穿上公差的衣服，逃走前将套在自己脖子上的绳索移到公差身上。第二天清晨，公差醒来，找不到和尚，他一摸自己的光头，再看看自己脖子上的绳索，大惊失色道："僧故在是，我今何在耶？"他感到诧异的是，罪僧倒是在这里，"我"却不见了。公差找不到"我"了。①

我还要去寻找"我"吗？这种行为，真是可笑得很。然而，如果看完这个故事后，只是嘲讽公差的愚笨，而缺乏必要的反思，那

---

① 王利器辑录：《历代笑话集》，上海古典文学出版社，1956年，第162、279页。

就完全没有理解故事的深意所在。

公差一直在焦急地寻找"我",可他苦苦寻找的,不是那个真正的、本来的我,而只是一般人所认可的外在符号。

和尚是什么?不就是以光头为标志吗?绳索,捆的是罪犯。"我"作为一个公差,穿的则是公服。所以,在公服缺失的情形下,面对着"光头"和"绳索",公差见到了"犯罪的和尚",而不知道"自己"在哪里。

很显然,这是一种"只看衣冠不见人"的逻辑。以外在的符号去对应"我",怎么找得到真正的自己呢?公差一开始就找错了方向。

可问题是,在芸芸众生里,找错方向的又何止是这个公差?

很多人倾尽一生寻找的"我",及认知世界中的"我",其实都只是一个个符号。它们大到所谓的"名利富贵""成功",小到"薪水""房车""职业",如果再进行指标细化,则是钱财数量、级别高下……正是在这种寻找中,"我"开始进入枷锁之中,那个自由的、本来的"我"渐渐不见了。

卢梭说:"人是生而自由的,但却无往不在枷锁之中。"[①] 人生的"枷锁"是什么?就我们所讨论的主题来说,只要外在的欲求到了束缚自己的地步,那就是枷锁。

孔子说:"富而可求也,虽执鞭之士,吾亦为之。如不可求,从吾所好。"(7.12)人活在世界上,追求名利富贵等,本属正当。但问题是,在很多时候,它们不能或不容易得到,或者要得到就得

[①] 卢梭著、何兆武译:《社会契约论》,商务印书馆,1980年,第8页。

凭借非正当手段。这时，它们就属于孔子所说的"不可求"的事物。如果是这样，怎么办？孔子的选择是"从吾所好"，即遵从自己的本心，不因外在的诱惑而动摇。所以"不义而富且贵，于我如浮云"（7.16）。

所以，我们要时时问自己——能一直"从吾所好"吗？对于"不义"的"富贵"，能视为"浮云"吗？如果做不到，脖子就套上了第一根绳索，随着类似的绳索越套越多，"枷锁"就开始锁住身体，并最终动弹不得。人也就由此逐渐变成了外在的奴隶，找不到本来的"我"了。

（二）找到自己

回到"学"的问题上来。

在前面的讨论中，已经说过，学是"觉悟"。陈寅老说："士之读书治学，盖将以脱心志于俗谛之桎梏，真理因得以发扬。思想而不自由，毋宁死耳。"[1] 从某种程度来说，"孔颜之乐"就是摆脱"俗谛桎梏"，最终找到自己的快乐。

但问题是，很多人的"学"不是这样的。他们"学"的取向，是要在名利或物质之欲上得到兑现。在"俗谛"的"桎梏"下，对精神的追求，德性的成长，反倒视而不见。

这样的"学"，显然是以外在符号来衡定高低成败。执着于此，一个很可能的后果就是，"学"的主体——"我"，以及"我"所具

---

[1] 陈寅恪：《清华大学王观堂先生纪念碑铭》，陈美延编：《金明馆丛稿二编》，第246页。

的自由思考，往往会被外在的眼光，或掌声、嘘声所遮蔽与替代。

由此，可注意的是，孔子一方面提出了"人不知而不愠"的问题；另一方面，又有针对性地提出了"为己之学"的概念。什么叫"为己之学"？孔子说："古之学者为己，今之学者为人。"（14.24）

"为己之学"，是为了自己的提升而去"学"，这是孔子所赞许的；反之，则是"为人之学"，"学"只是为了他人的承认或掌声，或者说，为了"人知"。

不同的选择，使得人有了不同的人生走向。前者以道义为追求，逐渐提升人生境界；后者则容易以名利之途为归宿，在慢慢失去自我中，境界下坠。从而出现孔子所说的："君子上达，小人下达"（14.23）。

具体说来，什么算"上达"？怎么才能"上达"呢？

孔子说："不怨天，不尤人，下学而上达。"（14.35）杨伯峻将"上达"译为"透彻了解很高的道理"，[①]大意上是没有什么问题的。但照我的理解，所谓"上达"，既然由"学"而产生，"君子学以致其道"（19.7），那么，准确地说，"君子上达"所通往的，应该就是"道义"。君子"达道"后，获得的是"孔颜之乐"。他（她）以"为己之学"为目标，不是为了"人知"去获取快乐，这种快乐，就具有了精神的稳定性，所以颜回可以"不改其乐"。因此，具备这一取向的君子就会"人不知而不愠"，因"下学而上达"，不再"怨天"而"尤人"。

反之，为了"人知"而去"学"，必会随着外界眼光和态度的

[①] 杨伯峻：《论语译注》，第156页。

变化不断改变自己。《菜根谭》说:"人生原是傀儡,只要把柄在手,一线不乱,卷舒自由,行止在我。一毫不受他人提掇,便超出此场中矣。"① "学",本是为了自己的内在提升,为了"人知"而"学",在"学"的过程中,其实就成了傀儡,并将牵引自己的绳子交到了别人的手上。

当然,"学"之后,能施展才华,得到社会的承认,是每一个学人心心念念所在,也是人之常情。对于学人而言,怀才不遇是一件痛苦的事。这一点,古今中外,概莫例外。孔子也是如此,在其一生中,他从不忘推销自己的学说。他曾说:"沽之哉! 沽之哉! 我待贾者也。"(9.13)将自己比作美玉,希望有识货之人出现。

但问题是,谁能保证自己就一定能站在舞台的中心?

在历史上,为了让自己站上并一直占据舞台,以"学"为工具,不断地改变当年所"学"的本质及初心,以逢迎外在环境者,代不乏人。对于一个读书人来说,这就是所谓的"曲学阿世"。

例如秦代的李斯。

据《史记·李斯列传》记载,他在大儒荀子那里学了一身本领,但为了荣华富贵,日渐抛弃了老师所授,成为儒学的叛徒。

李斯是怎么完成这一转变的呢? 这要从一个小事件说起。

话说李斯年少时,曾是一名楚国小吏。一日,他在官府的厕所中看到老鼠以污物为食,见着人还惊恐逃窜。而在粮仓之中的老鼠则吃饱喝足,悠然自得。于是,他叹息道:"人啊,就像老鼠一样,

---

① 洪应明著,李伟编注:《菜根谭全编》,第171页。

混得好还是不好，就看你选择在哪里了。"在李斯看来，日益强大的秦国是一座衣食无忧的大"粮仓"，而其他国家则早已"余粮"告急。这为他后来投向秦国，及此后的命运走向埋下了伏笔。

李斯入秦后，为了迎合权贵，先是抛弃了失势的权臣吕不韦，转而向当时的秦王，后来的秦始皇效忠。但许多年后，在始皇死后，他又背弃遗命，转而与手握大权的赵高相勾结。李斯的理想是做一只"仓鼠"，守着粮仓一辈子衣食无忧。但结局并非如他所料想的那般美好，他最终血污四溅地死了，曾经位极人臣者，被腰斩于咸阳之市。

要我说，就"学"而言，李斯有一个致命的短板，那就是为了"人知"而逢迎改变。他没有坚定的自我，"学"作为工具，只为了利禄之途和物质之享，他一生注定是一个猥琐的投机之徒。这样的人不管学到多少本领，内心都是贫乏而枯涩的。处境不好时，会抱怨；富贵荣华时，又会患得患失，为了持禄保位，往往无所不用其极。孔子说："其未得之也，患得之。既得之，患失之。苟患失之，无所不至矣。"（17.15）说的就是这种状况。

总之，为了"人知"而"学"，在乎的是外界的眼光与掌声，获得的只是一时之欢，而且"线"在别人的手上，自己反倒失去了心灵的自由。而一个真正的君子，即便是怀才不遇，也不会由此成为外物的奴隶，失去自己心灵的自由。与其在枷锁之下获得浅薄的暂时快乐，还不如在深刻的痛苦中反思生命的意义，并由此转苦为乐，进入更高的精神境界。因"学"而觉悟人生，在仰望星空、洞察世事中，"发扬真理"，完善自我，从而获得心灵的自由。

（三）摆脱"桎梏"之后

"孔颜之乐"是摆脱"俗谛桎梏"的快乐，但它不仅限于摆脱。从本质上来看，摆脱是一种消极的"解构"，下一步，心灵的自由归于何处，才是归宿所在。作为更重要的"建构"取向，它使得意义得以生成，并直通精神家园。

在二十世纪的一二十年代，挪威剧作家易卜生（Henrik Ibsen）的《玩偶之家》风靡一时。剧中那个为了反抗家庭压迫而出走的女主人公娜拉，作为觉醒、解放的女性代表，成为时代偶像。但是，当人们热烈肯定这一行为时，鲁迅提出了一个重要的问题：娜拉走后怎样？他问道：

> 但娜拉毕竟是走了的。走了以后怎样？伊孛生（易卜生）并无解答。……娜拉既然醒了，是很不容易回到梦境的，因此只得走；可是走了以后，有时却也免不掉堕落或回来。否则就得问：她除了觉醒的心以外，还带了什么去？……[①]

这一提问是极其犀利的。

摆脱"桎梏"固然没有错，但如果仅仅是摆脱或打破，心灵就自由了？真正的快乐就来临了吗？

在回答这一问题之前，我们来看看中国古代追求精神自由的另一种学说——战国时代的庄子之学。

在庄子的眼中，人世间存在着种种的不自由。故而，他以决绝

[①] 鲁迅：《娜拉走后怎样》，《鲁迅全集》，人民文学出版社，2005年，第166、167页。

的态度,抨击一切"俗事"。名利荣华算什么?连"仁义""是非"也是多余的,因为那根本就是对本性的残害,所谓"黥汝以仁义,而劓汝以是非"。高低贵贱之分,在他那里也毫无意义,甚至死生都可置之度外。因为"死生,命也,其有夜旦之常,天也"。也就是说,生死就像白天、黑夜一样,只是自然转换而已。再进一步,他断言,人生的快乐就不在俗世间,并意味深长地以他本人及列子与髑髅的对话,来揭示人生至乐问题。髑髅虽是死亡的躯壳,但它已摆脱了俗世的种种束缚,所以反倒是最快乐的。庄子借髑髅之口说道:"死,无君于上,无臣于下;亦无四时之事,从然以天地为春秋,虽南面王乐,不能过也。"

由此,庄子推崇摆脱一切束缚的所谓"至人",认为"至人无己"。要让精神得到最充分的自由,就要打破一切外在的形式。在这一思想理路下,孔子受到了批评。所谓"至人之以是为己桎梏",在"至人"看起来,孔子所主张的那一套规范,就是"桎梏"。[1] 也由此,在《庄子》第一篇《逍遥游》中,他以"抟扶摇而上者九万里"的大鹏为喻,认为要达到理想境界,就要像它一样,去除世间的一切依赖,从而做到"以游无穷者"。[2] 于是,冲破罗网,放弃一切世俗之念,追求精神的彻底自由与解放,成为庄子思想的一大特点。

但这样就有了精神或心理上的完全自由吗?

不!这不过是"娜拉"式的精神出走而已。这种路径,与"后现代主义"(Postmodernism)的所谓"解构论"(deconstruction)颇

---

[1] 分见《庄子》之《大宗师》《至乐》《逍遥游》《德充符》篇。
[2] 郭庆藩撰,王孝鱼点校:《庄子集释》,第4、17页。

有相通之处。它们只是对现在的消解,而缺乏未来的筹谋,未来一旦不可期,身心将存于何地呢?

毫无疑问,"抟扶摇而上者九万里","以游无穷者",可以无拘无束,十分快活,但人不可能一辈子都只做精神的游子。不管如何"逍遥游",我们要问的是,他(她)的归处在哪里呢?

不可否认,在生命中,漫无目的"游走"也是一种状态,但它不是常态。当"出走"或"出发"时,"你要到哪里去"是一个需要正面回答的问题。因为人总是要有归处的,否则,精神的"桎梏"摆脱后,四顾茫然之下,新的痛苦将再次袭来。

曹操在《短歌行》中曾吟道:

> 月明星稀,乌鹊南飞。
> 绕树三匝,何枝可依?①

鸟雀高飞,尚且需要栖息的树枝,人岂能行走不停?要想不疲于奔命,不仅需要暂时的栖息地,更要找到最终的归宿。

倦鸟入巢,人归故乡。这才是正常的状态。

许多年前有一首歌,叫做《快乐老家》。它这样唱道:

> 有一个地方,那是快乐老家。
> 它近在心灵,却远在天涯。

人需要"家",需要回归的"老家"。但它又在哪里呢?

苏东坡有一首《定风波》词,是送给好友王定国的侍女寓娘的。

---

① 曹操:《曹操集》,中华书局,1974年,第9页。

词中这样写道：

> 万里归来颜愈少，微笑，笑时犹带岭梅香。试问岭南应不好，却道：此心安处是吾乡。①

这首词的创作，缘于一个故事。

王定国因受"乌台诗案"的牵连，被贬至岭南。那时，岭南尚未得到完全开发，极不适宜人居。当王定国南下时，一直生活在京城的寓娘毅然随行。元丰六年（1083），羁寓于岭南数年的王定国与寓娘终得北归，途经黄州时，与东坡把酒相聚。在席上，东坡发现，他们不仅没有困顿之情，反倒精神饱满，于是他试探地问寓娘，南国的风土是不是不太好。寓娘笑道："此心安处，便是吾乡。"东坡听后大为感慨，遂写下了这一词作。

寓娘的笑答，何以感染了一代大文豪呢？

"家"或者"家乡""家园"，之所以让人沉迷，是因为它能让人获得心灵的安顿。从这个意义来说，家就在可安顿"此心"的地方，那是真正的"吾乡"，或者也可以说，精神家园是真正的故乡。自由而漂泊，不让心落地，铸就的只能是"游魂"。

"游魂"是不会有真快乐的。

所以，为追求自由的快乐而摆脱"桎梏"，固然令人兴奋，但如果没有最后的归宿，这种快乐就没有终极意义。"孔颜乐处"之所以吸引人，不只是因为"桎梏"的打破，更在于"乐处"的建立。

这种"乐处"在哪里呢？就在于内心对于合乎天理的规范的

---

① 唐圭璋编纂，王仲闻参订，孔凡礼补辑《全宋词》，第373页。

认同。

熟悉中国传统思想的人都知道，在儒家学术系统中，社会规范主要以"礼"来加以建构和呈现。礼，讲求名分与秩序，故而又被称为"名教"。

很长一段时间以来，"礼教"或"名教"声名不是太好。核心原因在于，后世有些腐儒，尤其是明清以来的"卫道士"们，往往利用它来进行人身压迫与控制，后来甚至出现"礼教吃人"的控诉。然而，一方面，利用"礼教"来压迫人，是后世的变异，孔子学说中从无这样的理论要求；另一方面，"礼教"或"名教"讲求的是秩序，不能因为后世的滥用或歪曲，就否定礼在讲求秩序方面的合理性。

事实上，在历史上，"名教"虽给人以约束，但它不仅不是痛苦所在，与放任相较，反倒是一种快乐之源，也即所谓"名教乐地"。

这一概念正式出现在魏晋时代。那时，知识界特别追求个性解放，庄子之学占据了统治地位。发展到极端，一些人不仅以突破约束、放任为风度，甚至以裸体来表达内心的反抗。面对这种状况，名士乐广感到十分可笑，他说："名教中自有乐地，何为乃尔也！"[①]

快乐，归根结底是精神上的满足。如果精神家园一直处在自然放任的状态，野草自由地疯长，尘埃满屋，乱糟糟的，能让人赏心悦目，心灵愉悦吗？精神家园需要时时加以整理。不仅如此，既然是"家"，就有一定的规范和要求，没有"家风""家规"，"家"也就不成其为"家"了。放任固然有野性的生命力，但要获得"家"

[①] 《世说新语·德行》载："王平子、胡毋彦国诸人，皆以任放为达，或有裸体者。乐广笑曰：'名教中自有乐地，何为乃尔也！'"

的温暖和安定，必然要伴随着约束和纪律。

在建构精神家园的进程中，"名教"或"礼教"之所以能带来快乐，一是内心的自我要求，二是符合人世间的规律，即所谓"天理"。归纳起来，它带来的，是"心安理得"的快乐。这与外在欲求被放大后，人性被违背，人心受到折磨完全不同。再进一步展开，则可以看到：

首先，"礼"虽然有各种约束和要求，但它的本质所在，不是形式，而是精神上的"心安"。孔子就曾经对他那个时代的"礼"只重形式的取向，作了强烈的批判，他说："礼云礼云，玉帛云乎哉？乐云乐云，钟鼓云乎哉？"（17.15）所以，当有人提出"礼之本"这一问题的时候，他大为感慨道："大哉问！"认为这是非常棒的一个提问，并进一步回应道："礼，与其奢也，宁俭；丧，与其易也，宁戚。"（3.3）在他看来，礼不在于形式，而在于内心的感受。遵照这样的理论逻辑，"名教乐地"之所以"乐"，是因为它们契合了人心与人性。

其次，"礼"是一种道德律令。但凡道德，都要讲道理。如果不讲道理，就违背了道德，人心必然不服。所以，"礼"后面有着"理"作为依托。《礼记·仲尼燕居》引孔子之言道："礼也者，理也。""君子无理不动。"[1] 正说明了这一点。所谓"理得"方可"心安"，要找到"此心安处"，就要找到"理得"之处。由此，"礼教"或"名教"必须合乎天理，对于这一点，宋以来的理学家也是反复强调的。

---

[1] 朱彬撰，饶钦农点校：《礼记训纂》，第 748 页。

总之,"礼"内植于道德基石之上,并因人心和理性的需求,成为维系精神家园的纪律和"家规"。在它的约束下,那个本来的"我",就可以在"家"中找到自己的恰当位置。与庄子之学仅仅要求打破"桎梏"而获得自由不同,"礼"强调的是规范之下的自由。当自觉地遵从这一规范时,心有所归,便获得心安理得的快乐。孟子所谓"仰不愧于天,俯不怍于人",[①]正是这种境界所在。

而要做到这些,根本的途径还是在于"学"。

我们可以回到2.4章"吾十有五而志于学"来作进一步的思考。从中可以看到的是,孔子明明白白地说,如果没有"学",就不会有日后的"而立""不惑""知天命",乃至于"从心所欲"的各种境界(2.4)。

这里的一大关键点是"而立","而立"的要义乃是"立于礼"(8.8)。由"学"而"而立",由"立于礼"而"从心所欲"。"学"是觉悟,这种觉悟不是单纯的冲破,更非不羁的胡来,而是懂规矩,明大理,自觉地服从道德律令和社会规范。很显然,它带来了由"必然王国"走向"自由王国"的快乐,而不再是禁锢。

这种快乐,正是"孔颜乐处"的体现。

这样的快乐,伴随知识摄取、德行修养而生成发展,通过个体的"学而时习之",在修身之中获得,在"群学"的"雅集"中,通往"尽善尽美"的境界。再进一步,在以"学"获得觉悟,摆脱"桎梏"之后,找寻到"此心安处",在精神家园的建构和寻觅中,体会"名

---

① 朱熹:《四书章句集注》,第354页。

教"之乐。

由此，一个受到"孔颜"熏染的读书人，以"为己之学"坚定方向，不再为生命的出口而忧虑，不再为外在的纷扰所牵引，在"学以致道"的路途上不断前行，"乐在其中"。在我看来，这就是《论语》开卷语所传递的核心信息。它以"乐感文化"为基调，以人性为基石，以"学"为利器，在对生命意义的探寻中，开辟出了一条儒家的"体道"之路。

第三讲

行孝与为仁

孝弟也者，其为仁之本与？

入则孝，出则弟，谨而信，泛爱众，而亲仁。

君子笃于亲，则民兴于仁。

天下归仁焉。

仁者其言也讱。

仁远乎哉？我欲仁，斯仁至矣。

为仁由己。

父母唯其疾之忧。

孟懿子问孝。子曰：「无违。」

事父母几谏，见志不从，又敬不违，劳而不怨。

有若子有

一、从"其为人也孝弟"章说起

（一）"仁"还是"人"

《论语·学而》篇有孔子学生有若的一段话：

有子曰："其为人也孝弟，而好犯上者，鲜矣；不好犯上，而好作乱者，未之有也。君子务本，本立而道生。孝弟也者，其为仁之本与？"（1.2）

大意为，一个人如果孝敬父母，敬爱兄长，却喜欢冒犯上级，这样的情况应该不太可能出现。而一个人如果不喜欢冒犯上级，却喜欢作乱，这是没有过的现象。君子致力于解决根本性的问题，"本"建立了，"道"就会产生。孝敬父母，敬爱兄长，这就是"为仁"的根本吧！

在这段话中，出现了儒学中的两类重要概念，一是"孝"，二是"仁"。在对它们展开义理论述之前，需对相关的文本情况作一说明。

先说孝。

在《论语》原文中,与"孝"相连的,还有一个"弟"字,它和"悌"是同源古今字,为敬爱兄长的意思。"悌"是"孝"的补充部分,讲清了"孝","悌"的问题就比较好理解了。与后世不同,在孔子时代,宗法制度尚未完全消解,嫡长子在家族中有重要的责权,作为一家之主,犹若一国之君,所以对于"悌"有切实的要求。随着家族及家庭结构越来越小,在后世,"悌"的适用性不如先秦时期,遂多言"孝",而"悌"的论述和实践空间日渐萎缩。由此,在后面的论述中,就不再涉及"悌"的问题,而是抓住重点,围绕着"孝"来加以展开。

再说"仁"的问题。

在有些文本中,"为仁之本"的"仁",作"人"。[①] 在先秦典籍中,"仁""人"可通,放到具体的文句中,"为仁"与"为人"的解释,也能意义自洽。但两个概念之间还是有着微妙的差异,所以,它的本字如何,不仅不可回避,倘不加以厘定,甚至对后面的理论阐释,都将带来巨大的误导。

那么,这个字原本是"仁"还是"人"呢?答案是,"仁"为本字,"人"是后来的转写。这一结论得以成立,就内证来说,诚如杨伯峻所指出的:"(为人之本)这一说虽然也讲得通,但不能和

---

① 据刘宝楠《论语正义》(第 8 页),清儒宋翔凤所辑郑玄注本中,"仁"作"人",刘氏说:"当出《齐》《古》《鲁》异文。"

'本立而道生'一句相呼应,未必符合有子的原意。"① 而在外证方面,可注意的是,在《后汉书·延笃传》中,所引《论语》文本,正作"仁"。此外,"为人之本"一说,主要在唐以来开始盛行。但就是在唐代,虽有作"为人之本"者,权威的开成石经本却是作"为仁之本"。对此问题,有学者作过专门研究,指出:"虽然唐代一时有'孝悌也者,其为人之本欤'的文本,但并没有对其做出新的解读。"至宋以后,二程和朱熹更是"明确反对汉唐儒家的解读,并就此做出深入的理论分析"。②

由此,不是"为人",而是"为仁"与"行孝"之间的关系问题,才是有若之言的核心。

必须指出的是,这段话虽出自有若,但基本精神或依据应来自孔子。关于这一点,在《论语》中可以找到切实的证据。如孔子说:"弟子,入则孝,出则弟,谨而信,泛爱众,而亲仁。"(1.6)面对"子奚不为政"的提问时,则引《尚书》之言道:"《书》云:'孝乎惟孝,友于兄弟,施于有政,是亦为政。'奚其为为政?"(2.21)又说:"君子笃于亲,则民兴于仁。"(8.2)这些都贯穿着先"孝"后"仁"的逻辑路径,为有若之言作了理论铺垫。也由此,在《说苑·建本》和《后汉书·延笃传》中,将这一章句认作孔子之言。这说明,它是反映孔子精神的重要言论。

---

① 杨伯峻:《论语译注》,第3页。
② 乐爱国:《"孝弟":"仁之本"还是"为仁之本"——以朱熹对〈论语〉"孝弟也者,其为仁之本与"的诠释为中心》,《安徽大学学报》(哲社版)2019年第1期,第37—40页。

但问题是，这样重要的理论问题，为何不直接以孔子之言加以表达，而要将学生辈的有若抬出来呢？其背后的历史文化原因是什么呢？

（二）有子何以称"子"

在前面的讨论中，已经说到，在学术史上，一般皆认为《论语》一书主要出于曾子门下，其中一个重要的证据就是，《论语》通篇皆称"曾子"，这与其他同门主要称字而不名完全不同。

但是，在"为人也孝弟"章中，有若被称为"有子"，不仅与"曾子"的称谓性质相同，而且曾子之言是在1.4章中才首次出现，即著名的"吾日三省吾身"，在它们中间还隔了一段孔子的话："巧言令色，鲜矣仁。"（1.3）这样看来，似乎有若的地位还要高于曾子。在孔门中，有若的地位为什么会这么高？这里面有什么故事吗？

关于有若的地位及相关事迹的记载，主要见于《史记·仲尼弟子列传》。

太史公告诉我们，当孔子过世以后，弟子们都非常思慕自己的老师。由于"有若状似孔子"，"弟子相与共立为师，师之如夫子时也"。[1] 也就是说，有若长得像孔子，于是其他同门决定立他为师，大家像平常礼敬孔子一样对待他。

这是因思念而出现的非常态现象。

但有若毕竟不是孔子，时日一长，这样的状态就无法持续下去。有一天，同门在将夫子与有若比较一番后，进行了严厉的质问，"有

---

[1] 《史记》卷67《仲尼弟子列传》，第2216页。

若默然无以应"。于是,"弟子起曰:'有子避之,此非子之座也'"。将有若硬生生地从孔子之位上拉了下来。而在《孟子·滕文公上》,则是这样说的:孔子过世后,弟子守丧三年后要各奔西东了,子夏、子张、子游等认为,有若长得像孔子,"欲以所事孔子事之",当他们要曾子也这样做,也即"强曾子"时,遭到了激烈的反对,曾子说:"不可。江、汉以濯之,秋阳以暴之,皓皓乎不可尚已!"[①]他认为,孔子的境界之高无人可及,故而明确反对这一做法。

程颐认为,由于"惟(有、曾)二子不名",《论语》一书不仅成于曾子学派,而且也成于有子弟子之手。朱子则在阐释程氏之说时提出,从《孟子》的记载可知,因为曾子的强烈反对,以有若为师的建议应该被否决了,太史公之说"鄙陋无稽"。同时,他还指出,有若在"言行气象"方面,应该与孔子"有似之者"。王应麟接续此说,认为有子的地位与其学有关,而不是外貌所致,可惜其学"无传焉",致使后世具体了解的人很少。但不管如何解读,有一点可以明确,那就是,由于"有子"的特殊存在,"为人也孝弟"章句极为重要,是"入道之门,积德之基,学圣人之学莫先焉"。[②]

因为材料所限,在有子的称谓问题上,很多细节还不能完全复原。但是,程颐所认为的,《论语》最后由有子学派与曾子学派共同编纂,则是一个误判。因为程氏所谓的"惟二子不名"这一前提,是不能成立的。在前面已经说过,闵子骞就曾被称为"闵子",此外,冉有也曾被称为"冉子"(6.4;13.14)。他们被称为"子",很重要

---

① 朱熹:《四书章句集注》,第261页。
② 以上材料参见程树德撰,程俊英、蒋见元点校:《论语集释》,第10—11页。

的原因，应该是这些章句为他们的弟子所记，当汇集至《论语》一书时，称谓被保留了下来。尤为重要的是，他们与有若一样，虽有称"子"处，但更有称名称字之处，这就与其他同门没有什么不同了。只有曾参，除孔子对其称名，作为他称出现时，从头至尾都是"曾子"。

但是，《论语》中的有若，与闵子骞、冉有还有不同之处。那就是，后两人的称"子"仅仅是偶见，而"有子"之名在《学而》篇中出现了三次，并且是重要的发言。但在其他篇章中，称有若之名，仅在"哀公问于有若"章（12.9）中出现，为"有若曰"，"有若对曰"，称名而不称字，明显不够尊重，这又与闵、冉及其他孔门弟子篇章较多，并称字而不名的现象，形成了强烈的反差。

为什么会这样？

我揣测，这与《论语》编纂的历程有关，并反映出在孔门第一代弟子和第二代弟子中，有若和曾参地位的历史变化。

在孔子过世后，孔门第一代弟子开始搜集和编纂孔子的言论。在这一阶段，曾参因年纪轻，资历浅，在其中可能没有太大的发言权。有话语权的，是子夏、子张、子游等人。这从《孟子》中记载的子夏、子张、子游"强曾子"立有子，就可以看出端倪。在这样的状态下，编纂《论语》时，其主体力量应该不是曾子及其学派。

在此值得注意的是，在这一阶段中，不管有若的故事多么"鄙陋无稽"，但从《史记》与《孟子》的记载可以判断，在孔子过世后的一段时间里，有若确实拥有不一般的地位。这一状态维系了多长时间，具体情形如何，已不得而知，但这一事实的存在，恐怕还是不能否定的。正因如此，在《论语》编撰时，先孔子，然后是有子出场，就很是顺理成章。我怀疑，作为"入道之门，积德之基"的《学而》篇，在第一代弟子手上就奠定了基本的规模，第一、二章句更是体现了孔门的宗旨和关怀，当时已加以论定，并在孔门中被广泛接受。所以"有子曰"全部出现在《学而》篇中，不是一个偶然。

而此后随着有若的退场，以及时间的推移，第二代弟子也开始加入《论语》的编纂，曾子学派越来越占据重要的地位，直至最后由曾子学派将其整理成书。在这一漫长过程中，虽然其他地方可以作出调整，甚至在后面的各篇中，删削得有若之言仅存一处，并称名而不字，与《学而》篇中的"有子曰"形成鲜明的对比。但是，对于已经确定的《学而》篇的基本规模，及首章和"有子曰"这一章句，也就不好轻易改动了。

总之，这一章句的安排不是随意为之，背后有着孔门的理论考量。而如果再进一步展开考察，这一章句的重要性，应体现在以下两个方面：

1. "仁"是孔子理论中，也是《论语》中的核心概念与最高追求。对于其他的儒家理念具有统领性的作用，由"仁"入手，并作为理论归宿，来考察《论语》中的思想，才能真正进入孔子的精神世界。[1]与此同时，"孝"也是孔子及儒家思想中极为重要的方面。徐复观

---

[1] 徐复观在《释〈论语〉的"仁"——孔学新论》中说："孔学即是'仁学'。孔子乃至孔门所追求、所实践的都是以一个'仁'字为中心。"他进一步指出："《论语》一书，应该是一部'仁书'。即是应用仁的观念去贯穿全部《论语》，才算真正读懂了《论语》。"氏著:《中国思想史论集续篇》，上海书店出版社，2004年，第231、232页。

认为:"最高的理念是仁,而最有社会生活实践意义的却是孝(包括悌)。"①而"仁"与"孝"在《论语》中第一次出现,并进行理论关联,就是在这一章句中。

2. 在秩序建构方面,儒家讲求"修身、齐家、治国、平天下"的次序。但倘结合本章句来加以分殊,则"修身、齐家"契合着"孝悌"理念;而从"治国、平天下"的层面来看,"道"之所在、所为,应围绕着"仁"而展开,这样政治秩序中就有了伦理要求。

由此,这段话紧随着《学而》篇"开卷语"出现,显得很不平常。其中最主要的,是在家国秩序及社会规范的考量下,对于理解《论语》中的"行孝"与"为仁"问题,提供了纲领性的逻辑路径。也即是,由孝至仁,从孝道开始,推至家国天下,将伦理问题与政治治理联结了起来。它对于理解孔子及《论语》中的政治或社会规范的起点问题,有着重要的帮助。下面,就以此为基础,对相关问题作进一步的讨论。

---

① 徐复观:《中国孝道思想的形成、演变及其在历史中的诸问题》,氏著:《中国思想史论集》,上海书店出版社,2004年,第131页。

二、孔子仁道问题的提出

(一)"诸子百家"的理想与大转型时代的社会现实

孔子所在的春秋时代,以及其后的战国时代,在中国思想史上占据着极为重要的地位。那时,不仅孔子所开创的儒家学派闻名于世,道、墨、法、阴阳等各家各派也都提出了自己的思想见解,为后世留下了丰富的文化遗产。可谓群星灿烂,议论蜂出,形成了史所艳称的"诸子百家"。

司马迁的父亲司马谈是较早对诸子百家做分类和研究的人,他在对各家的特点作概述时,曾引《易大传》中的一段话作评价:"天下一致而百虑,同归而殊涂(途)。"[①] 这是什么意思呢?在他看来,虽然"诸子百家"坚持自己的理论立场,相互争鸣,但最终目标是一致的,即所谓"殊途同归"。

---

① 《史记》卷130《太史公自序》,第3288页。

然而，接下来的问题是，诸子百家们"同归"于何处呢？答案是，理想社会的建构。

这样的结果，由时代所造就。

熟悉中国历史的人都知道，春秋战国上承西周的宗法政治，下开秦汉以来的中央集权体制，是重要的社会大转型期。在这一时段，未来的社会要向何处去，一开始并没有统一的认知。由此，探索社会的未来走向，成为诸子百家的共同取向。或者也可以这么说，"诸子百家"虽意见往往相反，但都怀抱着共同的救世与改造理想，从不同的视角，以不同的方略，勾勒着未来的蓝图。

回到历史的现场，在这一社会转型期内，旧的规范受到了强烈的冲击，已逐渐失去了原有的控制力，即所谓的"礼崩乐坏"。在各方面失范之下，人们就像茫茫海上的旅者，远方雾气沉沉，目标不明；身旁惊涛骇浪，不安与焦虑时时侵扰。由此，大多数人所希望的，是抓住现实的利益。也由此，讲求变现的功利主义，成了社会核心价值与时代精神。

反映在上层，就个体而言，往往为了权力而残酷争斗甚至杀戮。在治国方略上，则千方百计地以攫取利益为先。如在《孟子》一书中，一开篇就是梁惠王向孟子发问："叟，不远千里而来，亦将有以利吾国乎？"[1]虽然是为国言利，但一个国王甫一见面，就对大思想家开口道："老头儿，你来我这里，能给我们国家带来什么好处呢？"俨然一副市侩的嘴脸。

---

[1] 朱熹：《四书章句集注》，第201页。

职是故，在那个时代里，"变法"固然是势之所趋，但在"富国强兵"中，明显缺乏或淡化了道德的参与。一句话，为了目标可以不择手段。如"变法"最为成功的秦国，就是以贪狠为特点。它崇尚所谓的"首功"，即以战场上的人头（首）来换取爵禄，而在战场之下，则折算出国民的工作指标，通过能相当于多少"首功"，来确定社会地位的高下。其他各国的情形虽然好些，但只有量的不同，并无质的区分。杀人如麻，民不聊生，就是那一时代的真实画卷。所以孟子大声呼吁："争地以战，杀人盈野；争城以战，杀人盈城，此所谓率土地而食人肉，罪不容于死。"[1] 在他眼里，看到的不是温情脉脉的人的社会，而是一伙伙吃人的野兽在肆虐人间。

上层社会如此，基层社会也好不到哪去。原有的质朴在民众间慢慢地散失，赤裸裸地追逐实利成为多数人的选择，贪婪与渔利的风气深入骨髓，人欲中最龌龊的一面公然显现了出来。

在这方面，战国时代纵横家苏秦的故事很有代表性。

据《战国策·秦策一》，苏秦在发迹之前，频遭冷遇，连父母妻嫂都嘲笑他。后来苏秦配六国相印，风光无限，在经过家乡时，"父母闻之，清宫除道，张乐设饮，郊迎三十里。妻侧目而视，倾耳而听"。他的嫂子更是"蛇行匍伏，四拜自跪而谢"。苏秦问她："嫂何前倨而后卑也？"他嫂子回答道："以季子之位尊而多金。"[2] 一句"位尊而多金"，可以说，道尽了那个时代的势利和丑态。在《韩非子·五蠹》中，这样的老百姓，被很轻蔑地称为"急世之民"。

---

[1] 《孟子·离娄上》，见朱熹：《四书章句集注》第283页。
[2] 刘向集录：《战国策》，上海古籍出版社，1985年，第90页。

可以说，这样的时代正在急剧地向"丛林法则"靠近。弱肉强食，攀附权势，人性隐去，兽性横行，每一个人只有成为"虎狼"或"虎狼"的帮凶，才有生存的希望，否则就很容易沦为任人宰割的"牛羊"。

面对着这样的状况，未来的社会该怎么建构？对于时代的问卷，又该如何作答呢？

（二）要人伦温度还是驯兽法则？

春秋战国以来，在社会秩序重构的过程中，出现了两大理论取向。一是主要由三晋法家提出，并为秦所施用，通过严刑峻法来进行社会治理的做法。它的理论基点，建立在以外在压服与欲望调动相结合的基础之上。而另一取向，则是以孔子为代表的儒家所坚持的德治之路。它以人性中的良善与美好为依托，以"仁"为核心价值取向，努力展现人性和人伦的光芒，为建构一个充满温情的秩序社会而努力。

在讨论儒、法对立之前，必须指出的是，从特定视角来看，儒、法虽有着激烈的斗争，但也异中有同。那就是，从孔子到韩非，他们建构理想社会的动力，都是建立在对"丛林法则"纠偏的基础之上的。

孔子的具体主张很多，但总的精神是要摆脱"丛林"的泥潭，与动物性的规则彻底告别。他理想中的未来社会，是具有人伦温度，温情脉脉的世界。如何做到这一点呢？很重要的一条，就是祛除"兽性"，觉醒人性。这方面的理论工作，最关键的，是"仁道"的实现。

在《论语》中，孔子有很多关于"仁"的阐述，根据不同的语境，有各种不同的解说。其中最简明的,是在回答樊迟的提问时,所答复的两个字:"爱人"(12.22)。从某种意义上来看,孔子以"仁道"来建构未来社会,就是要走进一个人与人相爱的世界,而不能陷入动物性的相残相杀。在范畴上,它属于人伦问题的讨论;在目标上,则是"天下归仁焉"(12.1)的实现。也只有实现"天下归仁"时,才算与"动物世界"划清了界限,"丛林法则"将被人伦规则所取代,良善社会才可能来临。

孔子的这一理论取向,是建立在相信人性有美好的一面、人性与兽欲有着本质差别的基础之上的。但以韩非子为代表的法家学派是不相信这一点的。在他们看来,"丛林法则"固然需要改造,但不是要去摆脱动物性的欲求和暴力,而恰恰是要进一步去运用它们,从而建构理想的社会秩序。

简单说起来,韩非子等人用的是"驯兽法则"。"兽"是什么?就是那个时代的民众。"驯兽者"呢?则是凌驾于民众之上的统治阶级,"驯兽者"的总头目,就是所谓的"人主"。甚为重要的是,对于"人主"而言,在他之下的其他统治阶级成员,其实也是"兽"。在这样的理论及制度安排下,各种人群在鞭子之下,层层接受从上而下制定的规范,不服从,则以杀戮待之。

这样一种冷酷,甚至血腥的理论,为什么能成为未来社会的蓝图,而且还为人所接受呢?

一个重要的原因,是人心思治,人们都希望春秋战国这样的乱世早日完成转型。孔子的思想充满温情,固然很好,但韩非认为,这一套不适合时代。要走出转型期,实现社会重建,孔子的理论不仅不能用，甚至儒家还被视作"五蠹"，即五种害虫之首，要加以彻底消灭。

核心依据在哪里呢？

《韩非子·五蠹》对此作了较为集中的说明。

我们知道，孔子以来的儒家在讨论德治及仁爱问题时，常常抬出尧、舜等"圣王"来增加理论分量。但韩非认为这是很迂腐的观点，他甚至造了一个"守株待兔"的寓言来讽刺这种言行。

在他看来，时过境迁，当年尧、舜、禹的那一套充满仁爱的故事，早就不适合时代了。现在的民众早就变得又刁又坏，对待他们，无需用道德的手段，而只能用暴力。他用了一个比喻——骅马来形容这些民众："如欲以宽缓之政治急世之民，犹无辔策而御骅马。"① 言下之意很是明显，对待强悍的烈马，还有比猛烈的鞭打更好的手段吗？②

这样的思考路径，给后世的政治带来了强烈的负面影响。

例如，在武则天执政的时代，刑法也十分残酷，政治精神中往往透现着韩非的影子。在《资治通鉴》卷二百六《唐纪二十二》中，记载了这样一个故事。大臣吉顼当着武则天的面，与她的堂侄武懿宗争功，从而引发了女独裁者的极度不满。一天，吉顼在朝堂之上正准备"援古引今"，上奏言事时，武则天暴怒地呵斥道："你说的那些我早已听厌了！不许再多说了！"然后开始讲述起她在太宗时

---

① 王先慎撰，钟哲点校：《韩非子集解》，第446页。
② 东汉的王充曾为韩非辩护道："韩子岂不知任德之为善哉？以为事衰世变，民心靡薄，故作法术，专意于刑。"（《论衡·非韩》）

的一个故事。

那时,武则天还是一名宫女,太宗有一匹烈马,名为师子骢,暴烈无比,无人可以降服。武氏对太宗说:"我有办法制服它。但是,我需要三件东西。第一样是铁鞭,第二样是铁楇,第三样是匕首。"具体怎么做呢?武则天的办法是,先用铁鞭狠狠地击打它,如果不服,就用铁楇猛烈敲头,再不服,就用匕首割断它的喉咙。说完这个故事后,武则天意味深长地问吉顼:"今天你是否想用你的血来试试我的匕首呢?"吓得吉顼"惶惧流汗,拜伏求生"。

当武则天以雷霆之怒驾驭臣下时,在轻蔑和俯视间,又依稀回到了当年"御骍马"的时代。这种政治性格,实际上就来自于韩非的法家主张。信奉这一理念者,本质上是不会存有仁爱之心的。因为对于"骍马"这样的"兽类"来说,任何的怜悯都是多余。故而在《韩非子·六反》中,又有这样的说法:"不养恩爱之心而增威严之势,故母厚爱处,子多败。……故用法之相忍,而弃仁人之相怜也。"[1] 在韩非看来,丢弃同情心,大开杀戒,震慑力足够,才能管控好社会。

当然,"驯兽"不等于杀"兽"。即使杀,也是为了"杀鸡骇猴",让余下的"兽"乖乖驯服。将"兽"都杀完了,只剩下"驯兽师"这个孤家寡人,社会建构就失去了基础和意义。所以,法家的理想社会,是由"驯兽师"来完美地分化和掌控各种"兽"类。方法则是,一方面用"鞭子",另一方面也要展示"胡萝卜"。

---

[1] 王先慎撰,钟哲点校:《韩非子集解》,第 418 页。

什么是"胡萝卜"？就是好处和利益。"骐马"们听话，就给"胡萝卜"；不听话，就以"鞭子"和"匕首"伺候。《韩非子·二柄》说："明主之所导制其臣者，二柄而已矣。二柄者，刑德也。何谓刑德？曰：杀戮之谓刑，庆赏之谓德。"《制分》篇则说："民者好利禄而恶刑罚，上掌好恶以御民力。"而《外储说左上》篇所说的"利之所在民归之，名之所彰士死之"，[①]更是直接讥讽孔子所言的"天下归仁"。在韩非们看来，"天下归仁"无疑是天大的笑话。

毫无疑问，韩非之说有着一定的社会基础。视人为"兽"，就来自于不人道的时代现实。但它的提出，又进一步为不人道提供了理论的辩护。任由这种理念甚嚣尘上，对于杀人就没有了罪恶感，主张将人看作人的"仁道"反而压力重重。如果生活于这样的时代，能感到幸福与满足吗？这是理想的社会吗？民众真的只认刑法和利益，与动物没有一点区分吗？

只要是人，只要稍有人性，答案应该都是斩钉截铁地否定！

道理十分简单。人如果算是动物，也是富有情感的动物。会知恩图报，会报仇雪恨。

当一个社会人人自危，积蓄于心的，就只能是仇怨与不安。在这样的状态下，社会的稳定是极其脆弱的。所以，施用"驯兽规则"的秦帝国虽一度虎视天下，鞭挞宇内，但很快就在秦末大起义中土崩瓦解了。可谓"兴也勃焉，亡也忽焉"。

秦的迅速覆灭，以铁一般的事实证明了"驯兽法则"的失败。

[①] 王先慎撰，钟哲点校：《韩非子集解》，第39、476、263页。

翻检史书，可以发现，在秦末大起义时，一个重要的反抗理由就是："天下苦秦久矣！"对于秦王朝所使用的那套韩非理论，汉儒扬雄有这样的评价："不仁之至矣，若何牛羊之用人也？"[①] 简单地说，在秦的驯兽法则下，大家满怀的都是仇怨，在这种没有仁爱精神的时代，大家都苦得受不了，像牛羊那样的生活，没有人愿意继续，最后唯有反抗！

由此，公元前202年，在秦帝国的废墟上，一个新的王朝——大汉帝国得以建立。同时，在吸取秦之教训的基础上，在理想社会的建构中，仁道问题再次显现出了重要性。

但是，当时的开国皇帝——汉高祖刘邦，一开始并没有这样的意识。他手下一位著名的儒生——陆贾，时不时地会将儒家那一套搬出来，史载："时时前说称《诗》《书》。"起自民间，当时还受着法家思想熏染的刘邦听得很不耐烦，对陆贾说："天下都是老子我在马上得到的，你那一套有什么用？"陆贾反驳道："您在马上得天下，能在马上治天下吗？"他接着说，秦王朝就是过于相信暴力，专任刑法，才最终失败。如果秦吞并天下后，"行仁义，法先圣"，天下怎么还会有您的份呢？一席话，说得刘邦面有愧色。于是说："好吧，你就将秦怎么失去天下，我怎么获得天下，以及历史上的成败规律，给我试着做个总结吧！"陆贾为此撰作《新语》一书，每上奏一篇，刘邦都大为赞赏，左右的臣子们则高呼万岁。[②]

[①] 扬雄著，汪荣宝撰，陈仲夫点校：《法言义疏》卷6《问道》，中华书局，1987年，第130页。
[②] 《史记》卷97《郦生陆贾列传》，第2699页。

从理论上来说，陆贾所论，主要针对的就是韩非之说，他要对这一"驯兽法则"进行纠偏，使社会再次走上孔子的"仁道"之路。

在《新语·思务》中，陆氏有一段极富针对性的政论，应该就是回应所谓"守株待兔"理论的，基本要义在于：天下之道有常，那种认为"今之世不可以道德治也""今之民不可以仁义正也"的理论，实为邪说。天下要获得治理，就必须"法圣道而为贤者"。[1]这样的文字，既可看作对于前引韩非观点的抨击，更可看作汉初以来思想界对于将仁爱精神、德政等纳入政治之中的一种理论思考。无疑，重新将仁爱和德政纳入政治生活，不是什么"守株待兔"式的愚昧，而是长治久安的必然要求。

从这个意义上来看，刘邦和陆贾的故事，实质上是对春秋战国以来社会建构问题争论的延续。秦的那套"驯兽法则"在理论上开始被抛弃，"仁道"的理想越来越获得认同，汉帝国也开始走上了伦理政治的道路。[2]

东汉史学家班固曾论道："汉承百王之弊，高祖拨乱反正。"[3]结合论题，或许可以这么说，经过陆贾一事，汉高祖及汉帝国对于时代所提出的问题有了更清晰的认知，在抛弃秦及法家"驯兽法则"的基础上，通过"拨乱反正"，使得汉帝国逐渐完成了春秋战国以来的社会转型任务。他们给时代交上了一份合格的历史答卷，而这

---

[1] 陆贾撰，王利器校注：《新语校注》，中华书局，1986年，第171页。
[2] 关于汉朝的国家及社会理论建构问题，可参看拙著：《学与政：汉代知识与政治互动关系之考察》第四章。
[3] 《汉书》卷6《武帝纪》，第212页。

也使得孔子理论中的"仁道"思想获得了认可和生命力，为后世的政治思想提供了宝贵的实践素材。

（三）仁爱精神与人类社会的建构

人类社会为什么需要仁爱精神？

战国时代的思想家荀子曾经在社会性的视野下，将人与动物作了有趣的比较。他说，人的力气没有牛大，跑得也没有马快，凭什么可以驾驭牛马，使其为人所用呢？答案是"群"。即人群可以组织起来，构成一个社会系统，而动物们则不能。也就是说，人类以群体的力量，成了这个世界的主人。他接着问：人类是依靠什么手段组织起来的呢？答案是"分"。即经济上有分工，地位上有贫富贵贱的级差，由此形成了各在其位的社会秩序。

那么，接下来的问题是：这种"分"得以施行的理据在哪呢？是"分"后面的礼义，即有效合理的社会规则。也就是说，只有"义"或"礼义"成为基本组织原则后，才能建构出有效合理的社会组织系统。①

荀子的话，当然深具洞察力。但如果细加分析，可以做一点小修正的是，动物也未必不可以组织起来，建构出所谓的"群"。例如，蚂蚁和蜜蜂，就具有高度甚至精密的组织系统。里面的分工、协作等井井有条，看起来与人类社会颇为相似。

但是，根据美国著名社会学家米德（George H. Mead）的深入

---

① 《荀子·王制》说："力不若牛，走不若马，而牛马为用，何也？曰：人能群，彼不能群也。人何以能群？曰：分。分何以能行？曰：义。"又说："不可少顷舍礼义。"

研究，可以发现，这其实是一个错觉，因为"这些昆虫中的组织原则是生理适应原则"。[①]而人类的原则呢？毫无疑问是超越生理的，如果套用荀子的"义"概念，则应该是"义理适用原则"。

也就是说，人类是自己在建构一套规范，而"昆虫社会"的分工、合作、协调等，则是先天的、生物性的。它们得以建构的基础，在于生理机能。就像生物体内各种器官的有序工作，钟表的按时运行等，都是机械的，已设定的。或者可以说，它们没有或少有自主性，不具备自由意志。从这个角度来说，它们不仅不是高级形态，反倒是低级的表现。

相较之下，在大多数具有自主性的较高级动物那里，个体之间的关系反倒没有那么协调一致了。主要体现为，为了私欲，争斗和暴力成为常态。如猴群之中，壮年公猴为了争做猴王，要经过一番血淋淋的冲突，强者为王。

这就是残酷的"丛林法则"。

人类社会的早期阶段，就处于这一法则之下。但是，人性的特殊，使得我们的远祖逐渐与之告别，建构出了一套有别于禽兽世界的人类准则。

这一准则的内在心理及人性基础，最重要的一条，就是由"不忍之心"推及而出的仁爱精神。

《孟子·梁惠王上》记载了这样一个故事：

有一次，齐宣王坐在大殿之上，看见有人牵着一头牛从下面走

[①] 米德（George H. Mead）著，赵月瑟译：《心灵、自我与社会》，上海译文出版社，1992年，第205页。

过,于是就问道:"你们要将牛带到哪里去啊?"当他知道,这头牛是作为祭物准备宰杀时,心中极为不忍。于是说道:"放了它吧。它并无罪过,却要被宰杀,我真的不忍心看到它哆嗦可怜的样子。"可是祭祀还是要照常举行,不让宰杀牛,如何继续下去呢?齐宣王说:"就用羊代替吧。"孟子知道这个故事以后,赞扬齐王说:"您这种不忍之心的表现,来自仁爱。有德君子对于禽兽这样的生命,希望看着它们活着的状态,不忍心看着它们死去;听到它们哀鸣,就不再忍心吃它们的肉了,所以,君子都是远离厨房那种地方的。"也即所谓"君子远庖厨"。

但说到这里,孟子话锋一转。他指出,齐王虽然有爱,但只是施加到了牛的身上,并没有顾及羊的悲惨命运。

这是为什么呢?因为齐王亲眼看到了牛的可怜之状,但没有目睹羊的惨态。前者触动了他内心中柔软的部分,而后者则没有触动他。以此类推,老百姓的疾苦与羊无异,不在齐王的视野里,得不到该有的关爱,属于"视而不见"。孟子批评道:"舆薪之不见,为不用明焉。百姓之不见保,为不用恩焉。""不为也,非不能也。"[1]

如果一个人连一大车的干柴都看不见,那是他不肯用眼睛去看;一个君王,如果不能保全百姓,那就在于他不肯将爱和恩义施加于百姓身上。这是不去做的问题,而不是做不到。

那么,如何做到将这份仁爱之心推广至老百姓身上呢?孟子给出的建议是:"老吾老,以及人之老;幼吾幼,以及人之幼。"[2] 也即

---

[1] 朱熹:《四书章句集注》,第209页。
[2] 朱熹:《四书章句集注》,第209页。

是说，在尊重、敬爱自己家里老人的基础上，将这份爱意推广到别人家的老人身上，自己有垂老的爹娘，要想到他人的父母也需要一样的爱。同样的，关爱自己家的孩子，将这份爱推广到其他孩子身上，因为他们也是爹妈所生，也需要爱。将这种内心的怜爱之情向外推广，是人之为人的根本点，孟子给它一个词，叫做"推恩"。

"推恩"是人性的必然。

人处于社会之中，不能只看到自己及家人，否则就属于"舆薪之不见"，失去了人特有的宽广情怀。我们要用一种"同理心"，去看待不直接相关之人，以及生命。由此，在"仁政"之下，也即充满仁爱的理想社会里，关爱他人，特别是弱势群体，将成为核心与关键。孔子说："老者安之，朋友信之，少者怀之。"（5.26）在《孟子·梁惠王下》，孟子指出："发政施仁"时，应该以"鳏寡孤独"四种最孤立无援的群体，也即，以"天下之穷民而无告者"为出发点。[1]

总之，由内而外，由己而人，仁爱精神将在人心、人性的扩充中，一点一点地展现出来。

不仅如此，就社会效果的实现和认知来看，人类社会要摆脱动物世界的血腥与不稳定性，也需要以仁爱精神为基础。

前面已经说到，动物界的"丛林法则"，是依赖着本能和弱肉强食来达成的。然而，即便是森林之王也终归会老去，新的力量又会成长起来。以此观之，动物界的平衡与稳定都是暂时的。当具有冲击力的新力量出现时，一场新的争斗就不可避免，并一直循环

---

[1] 朱熹：《四书章句集注》，第218页。

往复。

人类社会的开端，与此没有什么大不同，以暴力展开争夺，就是一种原初状态。但是，人类社会要超越动物界，不陷入暴力循环，又必须"反其道而行之"。控制和减少不必要的争夺，树立管束欲望的规则，成为人类社会得以建构的必然逻辑。

这种规则，在儒家理念中，往往以"礼"或"义"，又或者"礼义"来加以概述。"礼"是具体的规定；而"义"，则是所当如此的理由所在。《荀子·王制》说："故义以分则和，和则一，一则多力，多力则强，强则胜物。"又说："争则必乱，乱则穷矣。先王恶其乱也，故制礼义以分之，使有贫富贵贱之等，足以相兼临者，是养天下之本也。"[1]

由此，与丛林法则不同的是，"礼义"之下的社会，所强调的是"不争"。孔子说："君子无所争。"（3.7）不仅不争，还要让，所谓"礼让为国"（4.13）。

但"争"是动物的天性，从个体的感受出发，他（她）或许要问：凭什么就要我来让呢？让，毕竟意味着某种失去，及失去的可能。

人之所以会做出让步，无外乎受情感和理性驱动。

毫无疑问，人要让，就需要互相理解。没有同理心，没有内在的仁爱，是不可能做到这一点的。如以动物本能为之，唯有争而已。但是，这种"争"的后果并不美妙，固然可得一时之利，但从长久来看，无休止地争下去，社会必将陷入混乱，最后的结果是几败俱伤。

---

[1] 王先谦撰，沈啸寰、王星贤点校：《荀子集解》，第164、152页。

《孟子·离娄下》说:"爱人者,人恒爱之。"① 社会要更美好,是需要每个人付出爱的。这里"恒"的意义特别值得注意,"恒"有着长久稳定的指向,这与"丛林法则"的暂时性完全不同。有一首老歌《爱的奉献》,是这样唱的:"只要人人都献出一点爱,世界将变成美好的人间。"一句歌词,既道出了人心所向,也说明了美好社会的建构需要爱,需要仁爱精神。这样,社会的大厦就有了世道人心加以支撑,可以称其为人的社会,否则就是没有"魂"的动物世界。

毫无疑问,缺失了仁爱的社会是不健康的,甚至是危险的。仁爱缺失的后果极为严重。在中国历史上,秦帝国的速亡就是一个典型例子。

秦是中国历史上一个强大的王朝。但是,在法家思想的指导下,越来越以"驯兽法则"来管控老百姓,尤其是统一后,以为天下尽在掌控之中,这一趋势就愈加明显。汉儒贾谊在他的《新书·过秦论》中形容道:"自以为关中之固,金城千里,子孙帝王万世之业也。"然而,最后的结果却是:"身死人手,为天下笑者。"② 在人民愤怒的反抗中,终于政权倾覆。

这到底是什么原因所造就的呢?

陆贾在《新语·道基》中说:"虐行则怨积,德布则功兴。"③在秦帝国这样一个没有仁爱精神的空间,很自然地,老百姓都会觉

---

① 朱熹:《四书章句集注》,第298页。
② 《汉书》卷31《项籍传》,第1823、1825页。
③ 陆贾撰,王利器校注:《新语校注》,第30页。

得心里苦,从而怨气冲天,即所谓"积怨"。在强大的军政压力下,怨气虽可以被暂时压制下来,但它就像火山在不停地蕴积压力,只是等待着一个缺口,时间越长,冲力越大。

这样的社会看似强大无比,其实非常脆弱。大泽乡事一起,火药桶终于点燃。东方六国遗民在"苦秦久矣"的呼声中,揭竿而起,各色人等纷纷投入这场愤怒的反秦运动。紧接着,秦民也背弃了这个强大的帝国,转而效忠提出"约法三章"的刘邦。秦地最终成为刘邦集团的大本营,拉开了汉帝国建立的序幕。

虽然战国以来,秦民在法家思想的管束下,被认为"与戎翟同俗,有虎狼之心",甚至"若禽兽耳"。[①] 但他们毕竟是人,也需要爱,依赖暴力恐怖,所获得的只有恨与积怨。人心都是肉长的,人同此心,心同此理。秦亡汉兴告诉我们,在国家及社会治理中,不管多么强大,如果缺乏仁爱的精神,即便将百姓驯服得"若禽兽耳",但终有一天,他们会在觉醒中,在积怨里,抛弃甚至砸烂过去的一切。

据说,春秋末期的鲁哀公曾经向孔子问政,夫子明确地告诉他:"古之为政,爱人为大。"[②] 秦汉之际的历史,或许就是这一回答的最好注脚吧。

[①] 《战国策》卷24《魏策三》,第869页。
[②] 孙希旦撰,沈啸寰、王星贤点校:《礼记集解》卷48《哀公问》,中华书局,1989年,第1264页。

三、行孝，为仁之本

（一）是"仁之本"，还是"为仁之本"？

在"其为人也孝弟"章中，对于"孝弟也者,其为仁之本与"一句，汉唐以来的注疏家与宋儒程、朱一派之间，有着很不一样的理解。其中一大关键问题是，孝悌究竟是作为"仁之本"，还是"为仁之本"。虽是一字之差，但对于儒家的仁、孝观念及相关问题的理解，意义重大。

按照何晏在《论语集解》中的意见，"先能事父兄，然后仁道可大成"。虽没有明确说明，但实质上，他认为孝悌是"仁之本"，而不是"为仁之本"。这一说法遭到了程、朱的明确反对。他们认为，"仁"与"为仁"，在概念的指向上，有着明显的差异与分际。朱子指出："上文所谓孝弟，乃是为仁之本，学者务此，则仁道自此而生也。"

为了进一步说明这一问题，朱子专门引用了程颐的一段问答。有人问程子："孝弟为仁之本，此是由孝弟可以至仁否？"意思是，在解读"孝弟也者，其为仁之本与"这句话时，能否理解为，人们通过孝悌，可以达到仁的境界呢？程颐以"非也"作答。他指出，以上章句所表明的，实质上是"行仁自孝弟始"。也就是说，"为仁"之"为"，只能理解为对"仁"的执行和行动，而不能训为"是"，作为整个句子的判断词。

这是为什么呢？因为"盖仁是性也，孝弟是用也"。即"仁"是形而上的人性概念，是"人之为人"的核心；而孝悌则是具体的功用性表现，二者并不处在同一层面上。只有落实到具体问题上的"为仁"，或者也可以说，从纯粹理性层面转向实践理性，才可与孝悌这种行为实现本末之间的沟通。所以，程子判定道："孝弟是仁之一事。谓之行仁之本则可，谓是仁之本则不可。"①

"仁"是孔子思想中的核心观念。如果按照《集解》的逻辑理路，那么，诚如常会营所指出的："也即孝弟是仁道的根本，那么孝弟就成了比仁更为核心的理念。"但事实显然不是如此，故而，朱子《集注》中的理解，才"更为贴近《论语》本意"。②

由此，对于这一章句的解读，当以程朱的意见为是。

限于主题和篇幅，本讲的重点不是要接续前贤，作训诂上的讨论，而是以此为知识基础，作进一步的义理展开。下面，将主要围绕"为仁"的意义及如何展开加以阐释，主要关注点在于"仁"的实践性及行动哲学的问题，并由此进一步观察"仁道"实现中的秩

---

① 朱熹：《四书章句集注》，第48页。
② 常会营：《〈论语集解〉与〈论语集注〉的比较研究》，北京燕山出版社，2010年，第132页。

序建构问题。

(二)"仁"是行动的哲学

有这样一个故事,弟子司马牛向孔子问"仁",孔子回答道:"仁者其言也讱。"讱,有语言表达相对迟钝的意思。但这样一来,等于说,仁者是那种说话比较迟钝,或者不轻易将话说出口的人。对于这样的回答,司马牛一时没有领会,于是追问道:"难道说话迟钝,就是'仁'吗?"孔子接着解释道:"为之难,言之得无讱乎?"(12.3)意为,既然"仁"实行起来并不容易,说话的时候,哪能那么轻易呢?

据《史记·仲尼弟子列传》,司马牛是一个"多言而躁"的人,或许孔子怕他言过其实,所以当他问"仁"时,特别淡化"言",而突出"行"的价值。孔子的回答,是有的放矢的。但这番对话,也进一步印证了孔子"仁道"的一个重要侧面,那就是,在"仁"的问题上,实实在在地"做"才是关键。倘仅限于虚言,不仅没有达到"仁"的境界,反而是在走向"仁"的对立面。由此,在《论语》中,孔子有"巧言令色鲜矣仁"(1.3)、"刚毅木讷近仁"(13.27)的说法。而在《中庸》中,则高度概括为"力行近乎仁"。一句话,在孔子眼里,"仁道"必须要由理念转为行动。"志士仁人"不能只是坐而论道者,更应该是行动者。

事实上,不仅是仁,义、礼、智、信等儒家理念,也都需要以具体的行动来承载,在实践理性中获得价值和意义。由此而论,儒学是一种行动的学说。

以儒家视角来看,人皆有恻隐之心,看到他人的不幸,很自然地会伸出援手。质言之,"仁"及"为仁"就是我们本心的反映,它并不外在于我,只要去找寻和发现,就可以独立把握。孔子说:"仁远乎哉?我欲仁,斯仁至矣。"(7.30)又说:"为仁由己。"(12.1)这样看来,"仁"就在身旁,"为仁"似乎并非难事。

然而,孔子又明明白白地说过"为之难"这样的话。那么,在"仁"的问题上,到底是难还是易呢?

要之,知易行难。一方面,"仁"就在那里,人人皆知应该"为仁"。另一方面,要体认和实践它并不容易。"为仁"要做到、做好,"为"字最是关键。或者也可以说,难在"为",而不是"仁"本身。那么,是什么阻碍了"为仁"的"为"呢?

结合我们的论题,至少有三点值得注意:

一是在实际生活中,人们往往容易成为口头上的巨人,行动上的矮子。说得多,做得少,是很多人的通病。

《庄子·外物》说了这样一个故事。庄周家里很穷,去监河侯那里借粮。监河侯说:"好的。等我采邑的税金到手后,马上借给你三百金,你看如何?"面对这种"豪气"但不切实际的承诺,庄周生气了,借题发挥地讲了一个故事:我在来的路上,听到了一阵呼救声。一看,是一条鲋鱼在车辙下面。我问:"鲋鱼啊,你想干吗呢?"鲋鱼说:"我是东海的波臣,您有没有一升半斗,就一点点水给我呢?让我能活下来!"我说:"好啊。我正要去吴越一带,那里水多,我将引来西江的水迎候你,可好?"鲋鱼忿然作色道:"我只要得到斗升之水就可以活下来!照你这样说,我还有命吗?你还不如趁早去干鱼店找我呢?"

庄子的故事是个寓言,但故事中的"监河侯",很可能在你、我、他,在每一个人身上存在。

仁爱有时只需"斗升之水",一个简单的"力行",胜过千言万语。当我们面对着生命的流逝时,如果不伸出援手,再高妙的理论,再美好的愿望,都只是泡沫。此时,再多的理由都掩盖不了一个简单的事实,那就是,在"仁"的实践中,不需要空谈家,只需要行动者。

二是人们虽然也想知行合一,但因为种种原因,往往会逐渐失去感同身受的能力,变得麻木不仁而不自知,并由此渐渐失去行动的能力。

程颐指出,在医学上,有所谓"手足痿痹为不仁"之说。当手、脚等器官的肌肉萎缩后,往往没有反应能力,任何的外在刺激都感受不到。一个心怀仁爱精神的人,对天地万物都抱着敏感、同情的态度,可以说事事关己。当他(她)失去这份敏感与同情时,就像"手足痿痹"的人,在"麻木不仁"的状态下,"气已不贯,皆不属己"。也就是说,一个"不仁"的人,就好像一个麻木没有反应能力的病人。[①]

较之孩子的童真尚存,从而不失敏感,"麻木不仁"大多发生在成年人身上。随着年深日久,人们往往会对生命的流逝及苦难,慢慢地习以为常,直至无感,从而在麻木中采取漠视、回避的态度,甚至还有助纣为虐者。心田中最本初、最柔软的那一部分,渐渐地"硬化",就像"手足痿痹"之人,当心已经"痿痹","不仁"也就开始扩散到身体的每一个细胞,直至丧失了与本心、人性的联结。

---

① 《河南程氏遗书》卷2上《二先生语二上》,王孝鱼点校:《二程集》,中华书局,1981年,第15页。

三、"为仁"的最高境界和目标取向,是心怀天下,建立事功。但问题是,很多人不仅缺乏这种进取精神,甚至还常被眼前的"浮云"所遮蔽,见小不见大,不识"为仁"真面目。

所以,一个儒者讲究"修身、齐家、治国、平天下",目标就是"治、平"。在无法施展抱负时,则通过"穷则独善其身",以"不为"来呈现自己"为"的态度。

然而,这不意味着家国情怀可丢。儒者,就是以天下为己任的人。曾子说:"士不可以不弘毅,任重而道远。仁以为己任,不亦重乎?死而后已,不亦远乎?"(8.7)一个真正的儒者是胸怀天下的,爱需要推至每一个百姓身上。

由此,"为仁"的最后归宿,是要让全天下都沐浴于爱之中。见疾苦而感同身受,于心不忍。能想到,并能真的为天下百姓造福,才是仁者的高度和目标。孟子形容为"解民倒悬","拯民于水火",这一目标激励了无数人,它们,就是儒者的"仁爱"之梦。[①]

在这一思想遗产的影响下,近一千年前,北宋名臣范仲淹为友人作《岳阳楼记》。在这一千古名篇中,横遭贬谪的范夫子并不以自己的进退为忧,壮美的湖光山色,激荡起的是心中家国天下的仁德追求。在探求"古仁人之心"的思想进路中,他明确提出:"居庙堂之高则忧其民,处江湖之远则忧其君""先天下之忧而忧,后天下之乐而乐"。至今,在岳阳楼上,还有着一副楹联,展现着范仲淹

---

① 《孟子》中《公孙丑上》曰:"当今之时,万乘之国,行仁政;民之悦之,犹解倒悬也。"《梁惠王下》曰:"王往而征之,民以为将拯己于水火之中也。"《滕文公下》曰:"救民于水火之中,取其残而已矣。"

及无数孔子之徒的内在信念:"四面湖山归眼底,万家忧乐到心头。"

这就是儒者的态度,是"仁人"之本心。自孔子以来,"力行"而"为"者,或事功,或情怀,在"仁德"的践行中,发散出一束束灿烂的人性之光,照耀了人类的前行方向。

(三)行孝是"为仁"的起点

有子说,孝弟是"为仁之本"。也就是说,行孝应该成为"为仁"的起点。

为什么行孝是"为仁"的起点?起点又主要落实在哪些方面呢?我以为,至少可以从两个方面加以观察。

1. 行动的起点

汉末名臣陈蕃在少年时"闲处一室",他父亲的朋友薛勤来探视他,但见庭院之中杂草丛生,室内杂乱不已。见此情形,薛勤劝说道:"孩子啊,你怎么不打扫一下以迎接客人呢?"陈蕃听后,慨然而言:"大丈夫生处于世间,当以扫除天下为己任,何必在意这么一个房间呢?"史书记载,薛勤颇为赞赏,认为陈蕃"有清世志,甚奇之"。[①]

陈蕃所为,是不拘小节,还是故意标新立异,以表心志,已经不得而知。但是,就儒家理论来说,陈蕃的做法是不值得赞誉的。《荀子·劝学》说:"不积跬步,无以至千里;不积小流,无以成江海。"从小事做起,从身边的事做起,建立行动的起点,才可能成就大的功业。由此,后世之人往往有"一屋不扫,何以扫天下"的感慨。

---

① 《后汉书》卷66《陈王列传》,第2159页。

这一理路,推至"为仁"问题上,尤为关键。

前面已经说过,"为仁"者当以天下苍生为念。但是,一个人能否建立这样的大事功?能造福天下固然好,但如果一生不遇,只能在"修身齐家"的范畴内行事,难道就不"为仁"了吗?不进入"治平"层面,即便做得再好,也算不得"为仁"了?当然不是。其实"修身齐家"就是"为仁"的最初表现。在为伟大的梦想作准备的时候,切忌好高骛远,而需要从一点一滴的身边之事开始做起。否则,就很容易流于蹈空之论,从而一事无成。

在与子贡的对话中,孔子有这样一段论述:"夫仁者,己欲立而立人,己欲达而达人。能近取譬,可谓仁之方也已。"(6.30)张岱年认为,这是值得高度注意的一段理论评说。这是因为,"己欲立而立人,己欲达而达人""便是孔子所规定之仁之界说";而"能近取譬","则是为仁的方法,即由近推远,由己推人"。[①]

也就是说,孔子所宣示的"为仁"之法,是从完善和做好自己开始的。在"立人""达人"之前,自己首先要立得住,行得通,成为真正的君子,然后,才可能向他人"施仁"。

那么,要如何才能立得住、行得通呢?就社会行为的角度来说,答案就在"行孝"之中。

从社会学层面来看,"为仁"本质上是一种社会化行为,是自己与他者之间所发生的爱、善关系。如果只有个体的存在,而不对或无需对其他人施加影响和作用,是不会产生"仁"的。而且,施

[①] 张岱年:《中国哲学大纲》,江苏教育出版社,2005年,第245—246页。

加的爱，其广度和深度越大，"仁道"也就越有价值。

那么，这种行为的起点在哪里？最初的行为对象又是谁呢？

答案是，在家庭中，在与父母的关系建构里。

一个人的社会化进程是从家庭开始的。

家庭是最基本的社会细胞，也是最早的初级社会群体，或者也可以说，家庭就是最小的社会。在这里，每个人开始学习怎么对待他人，从而迈开了走向群体生活的第一步。任何一个人在社会上的行为，都可以在这里找到起步之根。

那么，在家庭中，一开始的行为训练与学习由何处入手呢？孔子的答案就是"孝"，并最终通向"仁"。

孔子在论及人的成长与行动问题时，有这样一段论述："弟子入则孝，出则弟，谨而信，泛爱众，而亲仁。行有余力，则以学文。"（1.6）在这段含义丰富的话语中，孔子特别强调的，就是行为的优先。所谓"行有余力，则以学文"，是认为行为的训练比单纯的知识学习更为重要。而这些行为，一则，无论是"孝悌"，还是"谨信"，或者"爱"，最后都要汇聚到总结性的"仁"的层面来，"仁"是最后的社会化目标；二则，"入则孝"为一系列行为的先导，也即是，"为仁"的起点就是"行孝"。

可注意的是，在《中庸》的"仁者，人也"之后，紧接着的一句话就是"亲亲为大"。[①] 什么叫"亲亲为大"？亲近自己的亲人，尤其是父母双亲，也就是孝，才是最根本的所在。"为仁"者，必先

---

① 朱熹：《四书章句集注》，第28页。

"行孝"。

2. 情理的起点

在讨论"孝弟也者,其为仁之本与"时,程颐指出:"仁主于爱,爱莫大于爱亲。"[1]"仁",归根到底是爱的表现,但这世间最基本的爱是什么呢?就是爱亲,也就是爱自己的父母,延而展之,就表现为孝了。也就是说,作为"爱亲"的孝,可以成为"仁"的起点,而这也正与"仁者,人也,亲亲为大",形成理论上的呼应。

但是,"仁"又不仅仅只有"情"的属性,它既然可以成为人类社会共守的规范,就必须具有"理"的一面。

人服从道理,孔子说:"朝闻道,夕死可矣。"(4.8)"情"固然让人心醉,但倘若有"情"而无"理",则此"情"只可在私人空间展开。而"理"的加入,因其具备公义的正当与神圣,才可能成为公共的准则。由此,对于任何个人或群体来说,要打动或说服他们,不仅要动之以情,更要晓之以理。只有道理和情感的双管齐下,才能让人真正折服。

人类需要的,是情理的交融。

从这个意义上来看,"仁"之所以具有强大的感召力,就在于,它不仅是情爱,更是人心之上的天理。朱子说:"仁者,爱之理,心之德也。"[2]"仁"阐释的,是爱的道理,是植根于人心上的德性之花。

就我们讨论的主题来说,需要进一步追问的是,"孝"可以成

---

[1] 朱熹:《四书章句集注》,第48页。
[2] 朱熹:《四书章句集注》,第48页。

为爱的开始，从而在"情"的层面上，建构出"为仁"的起点；那么，在"理"的层面上，"孝"是否也可以成为它的起点呢？

答案也是肯定的。

而且，由于这种"理"是"爱之理"，本身就融"情"于"理"之中，或者也可以说，"仁"就是关于爱或者情感的哲学。对这一问题的深入思考，亦可以解答如下的疑问：爱，何以成为，而且必须成为人类遵守的基本规范？人类之爱的表现——"仁"，何以必须建基于"孝"之上？

在人类社会，爱的起点在哪里？这本是一个有争论的问题。

按照宗教或神学的说法，爱来自至高的主宰力量——神、上帝，或者天。如基督教，就是将爱的源头推至上帝那里。信徒的重要任务，就是要将上帝的爱及荣耀，播散到整个世界，建构一个充满爱的社会。

这样就带来如下的问题：在建构一个有爱的社会时，爱的源点在哪？春秋战国时代，形成了两条路径，一条是孔子所开创的人文主义的仁爱道路；另一条则是强调神（天）的主张，代表者是墨子及其学派。如在《墨子》一书中，《法仪》篇说："天必欲人之相爱相利，而不欲人之相恶相贼也。"《天志》篇则明确提出："天之爱天下之百姓。"[1] 质言之，上天爱人，这种爱扩展到人间，就形成了良善的社会。

这两种路径的不同，使得儒、墨之间形成思想的对立。在《墨

---

[1] 孙诒让撰，孙启治点校：《墨子间诂》，中华书局，2001年，第22、194页。

子》一书中,批判儒家者比比皆是,其中《公孟》篇特别值得注意,墨子认为:"儒之道足以丧天下者,四政焉。"其中第一条就是:"儒以天为不明,以鬼为不神。"[①] 同样都是强调爱的学派,由于在爱的源点归于神还是归于人之上的差异,两个学派愈行愈远,直至针锋相对。

其实,儒、墨或者孔、墨的对立,根本性的问题,在于人性立场的差异。从一定意义上来看,在墨子那里,人性是第二位的,它服从于神性的安排,或者也可以说,神性覆盖了人性。这样的后果则是人很容易异化为神的奴仆。但孔子不一样,他强调的,是人性的自主独立,要人从神的阴影中走出来。由此,在人文或人本主义的立场下,"仁"被打造成为理论的核心发散点。

也由此,在孔子那里,"敬鬼神而远之",强调的是"务民之义"(6.21),强调世间人做好世间事。所谓"为仁由己",仁爱这样的问题,完全由人自己来作主张,不再需要神的启示和指导了。

在这样的理路下,孔子的思想世界中,"天"更多地被赋予了自然色彩,孔子说:"天何言哉?四时行焉,百物生焉。"(17.19)但另一方面,这种自然之"天"又并非可以亵慢,人是渺小、谦恭的,对于"天",应该充满敬畏,即所谓"畏天命"(16.8)。

这种敬畏,实质上是对于自然规律的服从,并使得天、人获得了理性的结合。沿着孔子所开创的这种天人思路,天命问题日益转化为人性的思考。也就是说,对于爱的源点问题,不再去寻找神的

---

① 孙诒让撰,孙启治点校:《墨子间诂》,第458页。

声音，而是从人性论中去寻求答案。

人为什么有爱？这是由上天赋予的人性所决定的。人最初的爱存于父母、子女之间，也就顺理成章了。

只要是人，甚至较为高等的动物，都爱自己的幼崽，这是天性所在。

但是说到这里，疑问也随之产生：一是，父母爱孩子是天性，孩子爱父母也是天性吗？二是，既然这样的天性牛羊也具备，那么人和动物之间又有什么差别呢？

先看第一个问题。

《孟子·尽心上》说："孩提之童，无不知爱其亲者。"[①]孩子都会自然地爱自己的双亲，这是天性。但是，孟子的这一说法，所看到的是初始之情，是幼儿对于生养者的依恋感。这一点，牛羊等禽兽的幼崽也是如此。但是，如果仔细观察，又可以发现，在禽兽的世界中，一般来说，随着幼崽的长大，依恋感渐渐减退。在脱离父母（主要是母亲）之后，成年的禽兽会将"舐犊之爱"传递给下一代，对于上一代，就不再会有人类这样的终身情感及其表现——孝道了。

人类世界其实也有几分相似性。

父母对于子女的爱，发乎天性。只要不是极端的异类，在正常情况下，父母对于自己的子女都会疼爱有加，差别只在于程度和表现形式不同。但是，子女对父母则不然——对父母不闻不问，甚至虐老者，在社会上已不鲜见。从某种程度上来看，这其实就是禽兽

[①] 朱熹：《四书章句集注》，第353页。

世界的规律在起作用,是情感驱动力消退的后果。

由此,就转入到第二个问题。

孩子爱父母与禽兽是有差别的。这差别就在于思考。

人要超越禽兽世界,不能仅依赖本能。由此,对孝的执行和认知,就不能光凭情感驱动,更要有理性和文化的思考。而正是这一点,使得人类最终走向了孝道,与动物世界真正告别。

这种理性和文化的思考,最主要的,是对自己来源的思考。

我从哪里来?我如何成为现在的我?

追根是人的天性,打小就是如此。所以,一般来说,孩子在小的时候,特别喜欢问的一个问题就是:我是从哪里来的?

答案当然是五花八门的。我记得,我的儿子在上幼儿园的时候,老师告诉他及小伙伴们:小朋友们,你们都是小天使。你们来自天使王国,是由天使将你们送到现在的爸爸、妈妈这里来的。小朋友一开始都还相信这种童话,随着年龄的增长,怀疑日生。到小学阶段时,儿子对我说:"爸爸,我知道啦,说我是从天使王国来的话,是在骗我。"总之,他逐渐认清了一个基本事实——任何一个孩子都是父母那里来的,他是父母所生。

虽然这没有童话那么迷人,但是,这个事实告诉我们,一个人只要会思考,就会发现,他(她)的起点就在父母那里。

如果再扩展一下,就血缘而言,父母给了子女生命,这是人生一切的起点,属于"生"的层面。此后,则进入"养"的层面,一个人要成长起来,一定需要有人抚养。"养"除了生理层面上的抚育,层次再高一些,还有精神及文化上的滋养。在这一过程中,父母或父母角色的替代者，付出了爱，收获的，则是孩子的成长。

动物世界的牛羊不会明白这些道理，但人会明白。每一个人应该懂得的是，父母及其爱就是我们存在和成长的起点。怎么去回报他们？由此，便有了"孝"的理念和行动。更重要的是，它既然是一种理念，未必人人都能自然地体会，这就需要年长者的教化之功。教养，教养，在中国古代，养是连带着教的。教什么？最重要的就是确立起点——"孝"。所以，孔子才会从"弟子入则孝"开始，来教导和规范人的行为。《三字经》秉承这一思路，说道："首孝悌，次见闻。"

总之，每一个人，无论贫富贵贱，他（她）之所以获得生命，成为现在的自己，都是因为有父母爱的滋养。由此，当我们实践"仁道"，要去爱这个世界，爱所有世人之前，要做的是先爱自己的父母，这是爱之根。所以在《礼记·祭义》中，孔子说："立爱自亲始。"[1]

进一步言之，"行孝"是"为仁"的起点，"为仁"是"行孝"的推进。通过前面的论述，孔子及儒学理论中，由"孝"而"仁"的情理路径跃然于面前。

这样的路径选择及理论基点的存在，使得儒家在国家治理及社会管理方面，有着极为鲜明的"家国一体"取向。

什么是"家国一体"？简单地说，"国"是扩大的"家"，"家"是微缩的"国"。社会秩序的起点从"小家"开始，逐步推向"大家"——

---

[1] 朱彬撰，饶钦农点校：《礼记训纂》，第707页。

国家。这样的模式及取向，就使得家庭管理和国家治理有了精神上的互通。

这样的路径取向，深刻影响了中国传统政治。但是，它并非是孔子及儒家空想出来的思想成果，除了前所论及的学理依托，它还切合了中国农业社会的实际需求。

著名社会学家费孝通在研究中国传统社会时指出，中国是一个乡土社会，在聚族而居的形态下，大家都相互熟悉，血缘和地缘被整合到了一起，成为一个个"家"的扩大和组合。作为"一个'熟悉'的社会，没有陌生人的社会"，它不需要靠太多的诉讼和法律来加以维系，而是在乡情和习惯中进行运作，由此，就产生了所谓"礼俗社会"。

费孝通还指出，传统社会由此重视差序层次，它的情感和理论基础，就在于由亲缘而发生并逐次推开的人伦，他说："儒家最考究的是人伦。"人伦是什么？伦重在别，《释名》说："伦也，水文相次有伦理也。"费氏由此认为："（伦）就是从自己推出去的和自己发生社会关系的那一群人里所发生的一轮轮波纹的差序。"[①]

乡土中国的这种面貌，无疑为孔子及儒家的孝、仁理论提供了社会基础。孔子所提倡的孝、仁之爱，其实就扎根于中国大地之上，是有着泥土气息的理论果实。虽然在现代化会，它会遇到各种挑战和困境，但是，它在中国古代政治文化上的理论及实践，至今还有其价值和意义。

---

① 费孝通：《乡土中国》，北京出版社，2004年，第6、7页，第34—35页。

四、"孝"如何"行"?

"行孝"是"为仁"的起点,并为家国秩序的建构奠定行为和情理的基础。由此,孝的施行,不仅关乎个体,更是国家治理和社会稳定的关键要素。

那么,依据《论语》中孔子的教导,"行孝"该如何"行"呢?其中有哪些值得汲取的精神养分呢?下面,我就带着自己的理解,和大家一起来展开具体的讨论。

(一)孝,就是要做最好的自己。

有一次,孟武伯向孔子请教孝的问题。孔子回答道:"父母唯其疾之忧。"(2.6)意为,让父母只担心子女的疾病及身体状况,这就是孝。

这样的说法,从字面上来看,似乎有些费解。

说起孝,一般想到的,都是子女如何从各个方面来表现出自己的爱,由此让父母满意等。父母担心子女的身体状况,这也算是孝吗?产生这样的疑问,是因为仅从子女层面来观察孝的问题。如果转换视角,从父母角度来做观察呢?

就天性而言,但凡为人父母,都会对子女充满牵挂。这种牵挂不是一时的,而是一辈子的。或少言,或唠叨,或直接,或含蓄,但不管以什么形式来表现,本质就是一个——爱,伟大的父爱与母爱。

唐代诗人孟郊有一首非常著名的《游子吟》:"慈母手中线,游子身上衣。临行密密缝,意恐迟迟归。谁言寸草心,报得三春晖!"据说这首诗还有作者的自注:"迎母溧上作。"[1]如果此说成立,此诗当作于贞元十六年(800)左右,此时的孟郊已经五十来岁了,多年漂泊之后,在溧阳担任县尉这样的小官,有了安顿之所后,他在这里迎候母亲的到来。

孟郊早年丧父,是母亲含辛茹苦地将他拉扯大,为了事业,长大后的他却不得不辞别母亲,出外独自打拼。此时,年过半百的诗人在想起母亲时,以前的那一幕幕又涌上心来。母亲为外出的儿子缝补衣服,在密密的针线里,将母爱无声地封存,千言万语都只在那一针一线之间。母亲是牵挂儿子的,而作为儿子,许多年后,也没有忘记那感人的场景。芳草依旧,春晖依旧,爱依旧,只是自己已经老了,母亲,当然也就更老了……

父母之爱就是如此,你乖巧也罢,淘气也罢,他(她)的牵挂

---

[1] 华忱之、喻学才校注:《孟郊诗集校注》,人民文学出版社,1995年,第14—15页。

永远都在那里。你懂也罢，不懂也罢，这份爱一直没有改变。有许多人年轻时不懂得爱，作别父母时，风一般"潇洒"，往往忽略了身后那牵挂的眼光，甚至还会觉得厌烦，觉得很是无趣。

但因为爱，所以有牵挂。古语云："养儿方知父母恩。"有不少年轻人往往在自己成为父母后，在对下一代的爱意中，才真正感受到了父母当年那厚重的深情。可是，幼时的自己，往往让父母操碎了心，却不知道父母之爱就在身旁。

认识到这一点，并且要回报这种爱，就应该不让父母担心。这既是最好的回报，也是孝道应有之义。

孝敬父母，应达其所愿。一个人做得越好，越成功，父母也就越幸福。如果子女有出息，将使得父母感到荣耀。反之，如果一个人在品行方面存在种种不足，让父母担惊受怕，这样的人其他方面做得再好，也是不孝子女。

汉儒马融在诠释"父母唯其疾之忧"时，这样说道："言孝子不妄为非，唯疾病然后使父母忧。"[1] 意思就是，一个人如果是孝子孝女，他（她）是不会去为非作歹的。也就是说，子女之孝，就体现在做好自己，不让父母去担心。让父母越放心，那他（她）就越接近于孝道。

但身体的疾病往往难以预料。所以，对于各方面优秀的子女来说，父母对其放心，相信他（她）能做好一切，但对于身体健康，还是免不了担心。因为这种事情，决定权并不完全在子女，更不在

---

[1] 刘宝楠撰，高流水点校：《论语正义》，第48页。

父母手上。对于父母来说，这样的子女，对其所为完全放心，无所担忧，唯愿上苍眷顾，使其身体康健。而对于子女来说，这就是孝。

孝，其实就是从做好自己开始。

（二）"孝顺"与"争子"

在长期以来的认知中，孝常常与"顺"联系在一起，即所谓"孝顺"。

但孝顺，又往往是一个充满了误解的概念。

什么叫孝顺？它的关键在于"顺"。在一般人的理解中，顺，就是顺从。由此，孝顺，似乎就成为顺从父母的代名词。民间常有"孝顺、孝顺，百孝不如一顺"之说。

这样的思考路径推至极端后，对于中国古代孝道的发展及实践，带来了不小的副作用。后世对于传统孝道的诟病，甚至认为其泯灭人性，核心根据，主要就在这里。尤为重要的是，它也连带影响了对孔子的评价。在很多人心目中，有一个根深蒂固的观念——孝就是绝对服从，似乎这是自孔子以来，儒学一以贯之的要求。

但问题是，如果按照孔子理论去加以检视，这种理论路向恰恰是反孔子的。

事实上，整个先秦儒家皆无此种理论要求，孔子更不会如此言说。

遗憾的是，在错误认知笼罩下，很多人根本不去认真阅读原典，也不作基本的逻辑分析，仅凭借简单的思想预设，就武断地认为孔子的孝道就是绝对服从。由此，不仅在理论认知上出现了偏差，甚至还影响到了对文本的解读。简单地说,在观念先行之下,往往读错或者读偏了孔子的话。

例如,为了说明孔子所鼓吹的孝,是一种"子从属于父"的"单向从属关系",有学者举出《论语》中的"无违"作为例子,说:"他(孔子)对孝的规定不只是'养'和'敬',更重要的是'无违',即绝对服从。"[1]

但是,事实是这样的吗?

在《论语》中,与孝有关的"无违"之论有两条,一条是:

孟懿子问孝。子曰:"无违。"(2.5)

这里的"无违",是不违礼的意思。

孟懿子的父亲孟僖子,是掌握鲁国实际权力的执政大夫。昭公七年(前535),孟僖子在陪同国君出使楚国时,因为己方不能以礼仪相应答,感受到了极大的羞辱。要知道,鲁国是周公封地,是保存周礼的嫡传之国。现在,在诸侯聘会之际,居然不能答之以礼,对于礼乐之邦的鲁国来说,是无论如何都说不过去的事情。于是,在回国后,孟僖子开始了"讲学"工作,对于礼学方面的专家高度重视。那一年,孔子十七岁,因缘际会之下,因为礼学方面的成就脱颖而出。后来,孟僖子在临终时,还让儿子跟随孔子学礼,孟懿子由此成为孔子的早期弟子。

也由此,当孟懿子问"孝"时,孔子的回答,以"礼"为出发

---

[1] 刘泽华:《中国政治思想史(先秦卷)》,浙江人民出版社,1996年,第143页。

点，与绝对服从父母不产生任何的关联。在接下来的文字中，这一点已经交代得明明白白了：当孟懿子走后，另一名弟子樊迟在给孔子赶车时知晓了此事，但对于孔子的回答有所不解，孔子就进一步说明道："生，事之以礼；死，葬之以礼，祭之以礼。"（2.5）

此外，与"无违"有关的另一则文字是这样的：

> 子曰："事父母几谏，见志不从，又敬不违，劳而不怨。"（4.18）

这段话主要讨论的，是子女在劝谏父母时应有的态度。它的基本意思是，在劝谏父母时，要委婉地说，如果自己的心志不能得到舒张，即使辛苦忧虑，也不要心生怨恨。在这里，用的是"不违"，即"又敬不违"。就基本语义来看，敬，指的是恭恭敬敬的态度，而"不违"，与前面所说的"无违"基本上是一个意思，在内涵上没有根本差异，皆在礼的论说范畴内。

然而，一些学者受惯性思维的影响，认定"不违"是"绝对服从"的意思。[1]但这是一个误判。如果绝对服从，为什么还要劝谏父母呢？只有不同意父母的意见，有争执，才会劝谏啊。

劝谏的结果有两种：一是子女让步，父母的权威继续不受损害。另一种，则是不让步，在坚持己见中，使得父母的权威受到挑战。为此，孔子提出了"几谏"的要求。几，有委婉之义。其目的就是避免两代人失和。从子女的角度来说，坚持自己的正确意见固然重要，但倘由此惹得父母受气，甚至恶语相向，那就有违人子之礼了。

---

[1] 李零：《丧家狗：我读〈论语〉》，山西人民出版社，2007年，第109页。

所以，孔子要求"不违"，应该就是不违礼的意思。

不违礼，不代表子女的屈服，恰恰相反，坚持自己的主张，才是要义所在。

在子女与父母的对峙中，坚持的是什么呢？是志。所以孔子说："见志不从，又敬不违。"

那么，"志"的具体内涵又是什么呢？它指的是一个人该有的独立主张。作为内心的声音，它不应屈从于任何外在的压力。孔子说："三军可夺帅也，匹夫不可夺志也。"（9.26）一般的匹夫尚如此，作为士人，更应该不改其志。

尤为重要的是，在孔子那里，士人之志与道义紧紧相连，"志于道"成为士人的首要目标。它为"据于德，依于仁，游于艺"（7.6）提供了先决条件。孔子说："朝闻道，夕死可矣。"（4.8）又说："士志于道，而耻恶衣恶食者，未足与议也。"（4.9）《孟子·尽心上》则指出，士"尚志"。要之，一个人是否有志于道，是否能坚持到底，是士人之所以为士人的重要指标。

接续此说，孟子提出了著名的大丈夫理论。《孟子·滕文公下》说，一个堂堂正正的大丈夫，必须"富贵不能淫，贫贱不能移，威武不能屈"。而这种不可动移的气质从哪里来呢？就来自"志于道"的坚定。所谓"行天下之大道，得志与民由之，不得志独行其道"。"大道"或"正道"是大丈夫作为的动力所在。如果反其道而行之，则是"以顺为正者，妾妇之道也"。[1] 这里所谓的"大丈夫"及"妾

---

[1] 朱熹：《四书章句集注》，第265—266页。

妇",需从人格角度去加以体会,而不应单纯以性别问题作为分判的核心。

毫无疑问,要做一个"志于道"的士人,就必须谨守其志,遵从正道,外来的任何压力都不可使其改变。这样才能成为顶天立地的"大丈夫"。否则,就是只有依附人格的"妾妇","顺"则"顺"矣,但在大丈夫眼中,那是"不正"之举。

由此,对于父母的意见是否服从,有了两种状态。一是常态。在此状态下,它的表现是恭顺地服从父母,不和父母成为对立面,这是孝。但是,这只是孝的低层次,《荀子·子道》说:"入孝出弟,人之小行也。"更重要的是,在非常态之时,尤其危急时刻,该怎么做?当子女"志于道",而父母却违背基本道义时,难道还要以"妾妇"之态,去无原则地服从吗?当然不可以。所以《荀子·子道》又说:"从道不从君,从义不从父,人之大行也。"[1] 道义,就是士君子立身安命的最后依据,无论父母还是君王的命令,都不可夺去从道义的心志。

但是,这样不顺服,还能算是孝吗?还可以成为孝子吗?

按照孔子理论,是可以成立的。

在孔子看来,要成为孝子,如果仅仅只是"不违",仅仅只是自己"志于道",那是远远不够的。在人子的责任中,除了做好自己,还有很重要的一条,就是使父母也从正道,做君子。《大戴礼记·哀公问于孔子》载,有一次,在与鲁哀公论及君子"主敬"的问题时,

---

[1] 王先谦撰,沈啸寰、王星贤点校:《荀子集解》,第529页。

孔子指出，君子要"能敬其身"，即诚敬地修身，在合乎礼的前提下做好自己。但做好自己之后，下一步该怎么办呢？孔子指出："能敬其身，则能成其亲矣。"什么叫"成其亲"？就是成全自己的父母双亲。具体表现则是，使他们获得善名，赢得人们的爱戴，成为和自己一样的君子。①

为什么要让父母获得善名呢？

作为系统全面地阐释孔子及儒家孝理念的专书——《孝经》，据说是由孔子所授，曾子所传。在它的《开宗明义》章中，孔子教导曾子说："身体发肤，受之父母，不敢毁伤，孝之始也。立身行道，扬名于后世，以显父母，孝之终也。"②在孔子看来，孝的终点，是通过自己的成就，在扬名后世的过程中，连带着父母也荣耀显赫。也就是说，父母以子女为荣，并因自己的子女而获得尊重和名声。

但问题是，如果父母有不道义的作为，怎么"以显"呢？"显"也是显恶名，那不是荣耀，而是羞辱。由此，曾子特别指出，一个真正的孝子，在行孝的过程中，比"养""敬""安""久"更难的，是"卒"。卒是什么意思？善始善终。甚至要在父母过世之后，使他们不蒙恶名，这样，才算做到了孔子所提倡的"孝之终也"。③

也由此，在道义和父母的冲突之间，不仅要选择道义，孔子

---

① 据《大戴礼记·哀公问于孔子》，孔子的对答之言为："君子也者，人之成名也。百姓归之名，谓之君子之子，是使其亲为君子也，是为成其亲名也已。"
② 阮元校刻：《十三经注疏》，第2545页。
③ 《大戴礼记·曾子大孝》曰："民之本教曰孝，其行之曰养。养可能也，敬为难；敬可能也，安为难；安可能也，久为难；久可能也，卒为难。父母既殁，慎行其身，不遗父母恶名，可谓能终也。"《吕氏春秋·孝行览·孝行》亦有类似的说辞。

还指出，要做与父母力争的"争子"，如此，才是真正的"孝"。在《孝经·谏诤章》，曾子问："子从父之令，可谓孝乎？"子女绝对听从父母的命令，这是不是就叫作孝呢？孔子毫不含糊地否定了，而且感慨道："是何言与？是何言与？"似乎有些不悦了——"这叫什么话啊？"接着他正面申论道："父有争子，则身不陷于不义。故当不义，则子不可以不争于父。……从父之令，又焉得为孝乎？"①很显然，孝，是要以道义相争，是要让父母和自己一起走向正道，从而获得尊重和荣光。

孝，是有原则的，是遵从道义的。这样来看，在孔子那里，"孝顺"就绝不可能有绝对顺从父母之义。

事实上，翻检各种文献，孔子从未提及"孝顺"这个词。与之相关的说法出现在《孝经》中。在《开宗明义章》，孔子论孝时说："以顺天下，民用和睦，上下无怨。"需要注意的是，这里面的"顺"，不是下对上的"顺从"，而是发之于上层的"顺"，唐玄宗解释为："能顺天下人心。"②这与《三才章》中的"以顺天下，是以其教不肃而成"，可相互印证。郑玄解释为："顺治天下，下民皆乐之。"③《荀子·子道》说："上顺下笃。"④大概都在这一意义指向上，它要求居上的君父"顺"，而不是下位的子女臣民们顺从。

这里的"顺"，大致是善顺、和顺的意思，宣扬的是一种和睦

---

① 阮元校刻：《十三经注疏》，第2558页。
② 阮元校刻：《十三经注疏》，第2545页。
③ 皮锡瑞撰，吴仰湘点校：《孝经郑注疏》，中华书局，2016年，第11、48页。
④ 王先谦撰，沈啸寰、王星贤点校：《荀子集解》，第529页。

的品质，而不是冷冰冰的服从。《荀子·修身》说："以善和人者谓之顺。"① 在《左传·隐公三年》中，则有"君义臣行，父慈子孝，兄爱弟敬，所谓六顺。"② 将父的慈与子的孝，全包含在内。

将父子之间的孝道，理解为单向的顺从，那是法家的意见。

在《韩非子》这部法家集大成之作中，有一篇《忠孝》，它宣扬了单向度的服从，其中这样说道："臣事君，子事父，妻事夫，三者顺则天下治，三者逆则天下乱。"由此，韩非对"父而让子，君而让臣"作了严厉的评判，并且直指孔子，认为这种君父的相让，就是孔子理论所带来的。他说："孔子本未知孝悌忠顺之道。"③ 那么，在他看来什么才是正确的忠顺之道呢？就是绝对服从。即所谓"忠臣不危其君，孝子不非其亲"④。父亲永远是对的，儿女永远是顺从的奴仆。这为后世专制主义打开了理论之门，后世的种种诟病，也在情理之中了。

但是，曾几何时，这种以反孔子面目出现的理论，居然成为批评孔子学说的根据。孔子当然可以批评。但是正如盲从不是孝一样，如果不去看孔子真正说了什么，而因盲从去批判孔子，并错讹累累，这是正确的态度吗？我们期待着对孔子孝思想的拨乱反正。

（三）从所谓的"二十四孝"说起

湖北有个叫孝感的地方。民间传说，这里是大孝子董永的故乡。

---

① 王先谦撰，沈啸寰、王星贤点校：《荀子集解》，第23页。
② 阮元校刻：《十三经注疏》，第1724页。
③ 王先慎撰，钟哲点校：《韩非子集解》，第466页。
④ 王先慎撰，钟哲点校：《韩非子集解》，第467页。

董永因为贫寒，不得不卖身葬父，结果他的孝行感动了天地，连仙女都来帮助他，并与之结为夫妻。这一传说被编进了著名的"二十四孝"，不仅得以广泛流传，而且成为著名的"天仙配"故事的底本。

董永的故事原型，反映了一般中国人对于孝行的重视。从对孝道的追求来说，它与孔子之论没有二致，但就精神气质而言，却稍有不同。最主要的问题就是，作为民间故事，它夹杂了许多神神道道的叙述。

熟悉中国文化的人都知道，孔子是个不喜欢讲鬼神的人，以"不语怪力乱神"（7.21）而著称于世。他在立说时，不会拉来一众鬼神为自己张目。从人心、人性出发，作平实的阐释，才是他的特点。

遗憾的是，自古以来民间在对孝的叙述中，往往以苦情色彩加以夸饰。这样固然也可以打动人心，但它不仅不平实，而且往往在过于拔高中，通过"神道设教"，增加了许多非理性，甚至反人性的内容。虽突出了天意的威慑，但淡漠了人性的温度。元、明以来广为流传的"二十四孝"，正是这样的代表。它们虽然不乏正向的追求，但负面的内容占了绝大比例。

在传统笑话集《笑赞》中，有这样一个故事：

有一个人想孝敬他的后妈，就问一位学究："在古代，侍奉后妈最为孝顺的是谁呢？"学究为他举了孔门高足闵子骞的事例，说："闵子骞最孝顺，他在冬天穿里面塞了芦花的冬衣，而将绵衣让给继母的儿子。"

这个人于是就在冬天穿起了芦衣。

什么是"芦衣"？它与"绵衣"有什么差别呢？

按照常理，冬天要保暖，穿单衣是不行的，一般都要将棉花塞在衣服里面，做成所谓的棉衣或者棉袄才能过冬。否则数九寒天，怎么熬得过去呢？

但是，后世所用的经济又保暖的棉花，主要在宋明以后才得以普及，在此之前，冬衣里面用的不是种植出的棉花，而是蚕丝制成的丝绵絮，这就是"绵衣"。

芦花，是芦苇结出的花絮，虽然形似绵絮，但在性质上完全是两回事，几乎没有什么御寒力。充塞着芦花的冬衣，就是所谓的"芦衣"。入冬之后，闵子骞也应该穿绵衣才对，为何要穿芦衣呢？

这就需要从"二十四孝"中的"芦衣顺亲"说起了。

闵子骞亲生母亲很早就过世了，父亲再娶后，又添了两个弟弟。两个弟弟的母亲，也即闵子骞的后妈经常虐待这个长子。以至于在冬天，两个弟弟可以穿上温暖的绵衣，而闵子骞却只能着芦衣。

有一天，闵子骞为父亲驾马车，因为实在太冷了，把不住缰绳，使之坠落到地。父亲发现了缘由所在，极为愤怒，决定将这个妻子给休了。此刻，闵子骞不是觉得扬眉吐气，而是哀求自己的父亲宽恕继母，他说："这个母亲在，只是一个儿子受寒而已；母亲一旦离开，我的弟弟们就要孤单无依了。"父亲听从了闵子骞的建议，继母也自此悔改。

一直以来，闵子骞被视为孝子的典型。孔子曾说："孝哉闵子骞！人不间于其父母昆弟之言。"（11.4）着眼点在于，闵子骞能忍辱负重，保全家庭亲情，使得家不离散。清儒评价为："一家孝友克全。"① 而在"二十四孝"中，突出的却是"芦衣"这个道具，即所谓"芦衣顺亲"，与孔子所论，并不在一个点上。

不了解这些倒也罢了，后世的笨伯竟然以穿上芦衣为孝，这真是十分可笑了。可是，"芦衣客"还不罢休，接着追问学究道："除此之外，古时还有谁最孝顺？"学究答道："那就应该是晋朝的王祥了。他的继母在冬天想吃新鲜的鲤鱼，为了达其愿望，王祥就卧在冰上为她取鱼。"

这又是一个"二十四孝"的故事——"卧冰求鲤"。

话说王祥在为继母找新鲜鲤鱼的时候，正天寒地冻，河水已经结了冰。他卧在冰上，忽然间河冰裂开，两条鲤鱼自动跳出来，成全了王祥的孝心。又有一次，继母想吃烤黄雀，因为王祥的缘故，竟然有黄雀自己向屋子飞来，以自投罗网的方式来展现孝心的感天动地。

身着芦衣已经瑟瑟发抖，还要去学王祥卧冰？这个笨伯还是掂量得出危险性的，于是，他犯难地说道："这个孝道难行。"学究就问他，为什么这么说呢？笨伯说："王祥想是衣服还厚些。"

这个故事的最后作了一个有趣的讨论："卧冰定须冻死，教谁行孝！打开冰亦可取鱼，何必卧也？"是啊，行孝何必要无端冒着生命的危险，以这种不近常理和人情的方式加以体现呢？接着评述者又说，不仅卧冰会冻死人，现在的黄雀也"只在茂林密叶，并不到人屋上"。于是他感慨道，看起来古今真的是大大不同啊！是不

---

① 刘宝楠撰，高流水点校：《论语正义》，第 444 页。

是在晋朝时，冰都不寒冷，而黄雀都是傻子呢？①

戏谑的语言后面，展现的是荒诞的故事。但更为荒诞之处在于，它们竟然成为古代中国很长一段时间以来传播孝道的载体。因为这样的取向，原始儒家的孝道也被扭曲。从表面上看，这些内容似乎在承扬孔子之教，但如果细究起来，在精神气质上，与孔子理论实在是相差甚远。

这种差距，不仅在于是否聚焦于超自然力量，更重要的是，与孔子论孝着眼于人性不同，在"二十四孝"中，像董永这样充满着温情，相对纯净的故事，还只是少数，大多数故事与"卧冰求鲤"大同小异，在一些极端事例的渲染之下，不仅超出常理、常态，甚至在过于苛刻的要求下，有着几分残忍的表演色彩。不要说今人反感，就是在古代，也往往被视为笑谈。前面讲述的那个笑话，就是明证。

一句话，所谓"二十四孝"这样的东西要不得。它们与孔子所提倡的孝道，并不在一个理论基点上。

说起它们之间的差异，当然可以找到很多的具体指标。但在我看来，最核心的问题是，要做到孔子的孝，不需"异象"来加以衬托，只要在一点一滴的行动中，在常态的生活里，展现人性的光芒。它不需要惊天动地，不需要刻意为之，在平淡的生活中，将真情与人性缓缓地展开，从心而行，点滴灌注，这，就是孝。

这样的孝，明晓易行。其中最重要的，就是敬容色，尽孝心。

---

① 王利器：《历代笑话集》，第287页。

什么是"敬容色"？

先说"敬"。古人说："在貌为恭，在心为敬。"[1] 与"恭"注重外在的行为举止不同，"敬"是发自内心的礼敬与尊重。按照儒家传统，对于人的爱，必须体现出敬意，否则，就是以畜生视之。《孟子·尽心上》说："爱而不敬，兽畜之也。"[2]

所以《孟子·尽心上》又说："君子之于物也，爱之而弗仁。"由于亲情是比爱世人更内层的情感，所以，"于民也，仁之而弗亲，亲亲而仁民，仁民而爱物"[3]。你如果有爱于心，对于一般人都需充满敬意，何况对于双亲呢？

由此，行孝时，不能没有"敬"。

针对这一问题，有一次，当子游问孝时，孔子发出了这样的感慨："今之孝者，是谓能养。至于犬马，皆能有养。不敬，何以别乎？"（2.7）也就是说，孝，必然要伴随着发之于内心的敬意，没有这一点，仅仅是提供吃喝等生活保障，那与养猪、养狗有何差别呢？

"敬"是内在于心的。它表现于外在态度上，当以容色加以呈现。是愉悦还是充满怨怼地侍奉自己的双亲，与心中是否有敬意，有着密切的关联，同时也成为孝或不孝的试金石。由此，在回答子夏的问孝时，孔子提出了"色难"的问题。他说："色难。有事，弟子服其劳；有酒食，先生馔，曾是以为孝乎？"（2.8）大意为，儿女要始终保持愉悦的容色，是一件困难的事情，难道你以为年轻人为

---

[1] 朱彬撰，饶钦农点校：《礼记训纂》，第6页。
[2] 朱熹：《四书章句集注》，第360页。
[3] 朱熹：《四书章句集注》，第363页。

年长者承担工作，提供吃喝给长辈，这就是孝吗？

在前面已经说过，父母与子女之间，很可能会存在争执与异议。作为孝子，不能牺牲"道"和"志"去盲目顺从。由此，就是子女尽力于孝，也可能会有剑拔弩张的状况出现。所以，孔子提出"色难"，在各种复杂的情况下，要完全保持和颜悦色，的确是很难的。但恰恰因为它难，才成为考验是否行孝的关键。前面说过的"又敬不违，劳而不怨"，也正是在这一方向上的具体表现。

但无论是"敬"，还是由敬而产生的"色难"意识，孔子所论及的这种孝，无论从哪个层面去推敲，都不是鼓吹简单的物质赡养，而是直指人心和人性。或者也可以说，仅仅是物质上的养，孔子不认为这就是孝，因为它没有体现人类社会的精神特质。

这样的思考路径，落实在日常生活中，就使得孝人人可为，而不因为物质条件的好坏而异化。

在讨论对待父母所应有的态度时，子夏曾经有这样的表述："事父母，能竭其力。"（1.7）这里面的关键词是"竭"，竭尽全力地对待父母。也就是说，一个人是否孝，不在于他给了父母多少具体的物质享受，而在于他是否竭尽全力地对待他们。当然，中国古代似乎特别喜欢以寒门子女作为孝子孝女的典型。什么原因？疾风知劲草。越是困难的时候，越可以看出一个人的奋不顾身，竭尽全力。所以，在孝的问题上，一个很重要的取向是"尽孝"，竭尽全力地对待自己的双亲，这就是孝。

而"尽孝"，尽的就是那份心。他可能因为贫寒暂时不能给父母更好的生活条件，但他心中充满着爱和敬意。由此，他一定是和颜悦色的,"尽孝心"与"敬容色"是一体两面。当一个人竭尽全部心力的时候,他对于父母那种温和,及合乎礼的态度,发之于内,是稳定而长久的。

所以,孝无关贫富,无关其他。它在于我们的内心;它直通人性;它来自人的本质精神。

第四讲 「慎终追远」

> 慎终追远，民德归厚矣。
> 子食于有丧者之侧，未尝饱也。
> 见齐衰者，虽狎，必变。
> 凶服者式之。
> 父母之年，不可不知也，一则以喜，一则以惧。
> 未知生，焉知死？
> 敬鬼神而远之，可谓知矣。
> 祭如在，祭神如神在。
> 非其鬼而祭之，谄也；见义不为，无勇也。
> 吾不与祭，如不祭。

曾參子輿

一、"慎终追远"与丧、祭

"慎终追远"出自《论语·学而》篇：

> 曾子曰："慎终追远，民德归厚矣。"（1.9）

根据历代大儒的解释，它主要讨论的是丧、祭问题。由此，每至清明时节，以及各种祭扫场合，这句话常被引述，成为传统社会的一般共识。

在《论语》中，对于丧、祭问题的其他相关论述其实还有不少，根据传统认知，它们大多是某一特定层面的具体论述。就论题的涵盖面来看，"慎终追远"更具代表性。

但可注意的是，有人对这一章句及相关问题有着不同的理解，由此对传统的解释系统产生了怀疑。为了逐次、深入地展开后面的讨论，有必要先从阐释学的角度对此作一个简单的交代。

对于"慎终追远"的理解出现歧见，焦点所在是"终""远"

的意义指向问题。就语义来看,"终"与"始","远"与"近"相对应,对于这样两组概念范畴,有人心生疑窦:章句中并无明确的生死指向,它们凭什么就与丧、祭问题发生联系呢?

自西周以来,所谓的"慎终"已经成为一个重要观念,但它与"慎始"紧密相连,多指向于政治治理及君臣之道问题。如《诗经·大雅·荡》曰:"靡不有初,鲜克有终。"[1] 这是借文王之口,来说明君王需要善始善终,勤政爱民的道理。而在《左传·襄公二十五年》中,则引《尚书》曰:"慎始而敬终,终以不困。"并紧接着引《诗经》:"夙夜匪解,以事一人。"[2] 这是讨论臣子如何恪守臣道的问题。接续着这样的逻辑理路,《礼记·表记》也引述孔子之言道:"事君慎始而敬终。"[3] 由此推而广之,可以发现的是,慎始慎终作为一般的行为规则,在先秦时代广为接受。《老子》六十四章载:"慎终如始,则无败事。"[4] 便可以证明这一点。

在这样的语义背景下,有学者遂不再认同这一章句与丧、祭的关联,如有学者说:"'慎终'与'厚其死'之间不能划等号,后者只是前者外延的一部分。"[5] 而有的学者则认为,曾子"慎终"一语应理解为"孝、悌等德行善举,自始至终,一而贯之;不但有始,

---

[1] 阮元校刻:《十三经注疏》,第552页。
[2] 阮元校刻:《十三经注疏》,第1986页。
[3] 朱彬撰,饶钦农点校:《礼记训纂》,第797页。
[4] 朱谦之:《老子校释》,中华书局,1984年,第261页。
[5] 周远斌:《〈论语〉"慎终追远"章释义正误》,《滨州学院学报》2006年第1期,第31页。

而且还要能终"①。

然而，古来皆无异辞的传统解释系统难道完全错了？对于这么重要的问题，古人就那么轻率？

沿着这样的问题意识细加审思，对于上述否定性的意见，就不能不抱持保留的态度了。我以为，传统解释有其合理性，至少作为"慎终追远"最为重要的承载体，丧、祭处于无法忽略的核心层面。

首先，"终""始"与"远""近"皆为概念范畴，它们的意义要得以展现，需要具体的承载物。在这些承载物中，政治治理、君臣之道，以及一般行为固然可以对应它们，但丧、祭又何尝不能承担这一功能呢？当然，在前引的论述中，持不同意见的学者们也承认丧、祭可与之对应，但由于同时认为"只是前者外延的一部分"，故而认定传统解释是"片面"的。

那么，进一步的问题是，作为"外延的一部分"的丧、祭是"慎终"的哪一部分呢？这一部分的重要性和代表性如何呢？答案是，在"终""始"与"远""近"的承载方面，丧、祭是最为重要的层面，应占据核心地位。

前已论及，儒学的一个重要理论起点是以己推人，从"亲亲"开始，以"修身齐家"为基础来建构一般行为规则及"治国平天下"的大道理念，以至于出现了由孝至仁的逻辑进路。结合本论题，需要进一步指出的是，在这一进程中，孝作为"立爱自亲始"的起点，自孔子以来，是儒家最大的"慎始"，那么，与之相应的"慎终"

---

① 周文:《〈论语〉"慎终追远"章章义考》,《延边大学学报》(社科版)2007年第1期,第72页。

是什么呢？那就是人生的终点问题，自然与丧、祭有关了。《荀子·礼论》说："礼者，谨于治生死者也。生，人之始也；死，人之终也。终始俱善，人道毕矣。"①《礼记·祭统》亦说："孝子之事亲也，有三道焉：生则养，没则丧，丧毕则祭。"②也就是说，在儒学由始到终，由近及远的逻辑进路中，孝是起点，丧、祭为终点，是一个重要的共识。

其次，儒家历来极为重视丧、祭问题，《论语》有"所重民、食、丧、祭"（20.1）的记载。在这样的问题意识下，胡适曾认为，儒者以"授徒与相礼"两种职业为依托。而相礼，主要就是治丧事，而且这是殷商以降的传统。所以他又说："大概当时的礼俗，凡有丧事，必须请相礼的专家。""他们最重要的谋生技能是替人家'治丧'，他们正是那殷民族的祖先教的教士，这是儒的本业。"③

这种说法是否可以完全成立，还可以作进一步的讨论。但是，孔子及先秦儒家与丧、祭关系之密切是不争的事实。

在战国时代，墨子学派大力攻击儒家。《墨子·非儒下》记载了这么一个细节："富人有丧，乃大说喜，曰：'此衣食之端也。'"④大意是，当富人家里出现了丧事时，儒者们就会喜滋滋地说道："这是我们的衣食的来源啊！"当然，这种漫画式的描写颇有夸张之处，毕竟儒家最讲究的是"治国平天下"，让儒者以治丧人员的形象出

---

① 王先谦撰，沈啸寰、王星贤点校：《荀子集解》，第358页。
② 朱彬撰，饶钦农点校：《礼记训纂》，第723页。
③ 胡适：《说儒》，欧阳哲生编：《胡适文集5》，北京大学出版社，1998年，第24、23页。
④ 孙诒让撰，孙启治点校：《墨子间诂》，第292页。

现，且表现出十分下作的嘴脸，是墨家的一种策略。但它也不是毫无凭据，儒家与丧、祭关系密切，这被墨家拿来作为丑化的"素地"。不仅在《论语》中有大量关于丧、祭的论述，在《仪礼》《礼记》中也有大量相关内容及孔子之言，可为之提供旁证。

再次，最重要的是，"慎终追远"之言来自曾子。所以，要判定传统解释系统是否合理，应该到曾子的"始""终"之辩中去寻绎。

在中国学术思想史上，儒学中的曾子一派以孝而闻名，强调以"修身齐家"为本。但细考曾子的学说旨趣及行为取向，可以发现的是，在偏于"内圣"的逻辑理路下，曾子对于"始""终"问题的关注，就是以孝为起点，最终围绕着丧、祭问题而展开的。

《礼记·祭义》载曾子之言道："众之本教曰孝，其行曰养。养可能也，敬为难；敬可能也，安为难；安可能也，卒为难。父母既没，慎行其身，不遗父母恶名，可谓能终矣。"[1]按照这一逻辑理路，孝不是一时一地的特定行为，而是长久的坚持，直至父母的生命终点，做到始终如一。那么，如何才算始终如一呢？生前的孝养相对容易做到，但在接近生命终点时，则往往会有所松懈，即所谓"卒为难"。

以曾子的态度和立场，这种"卒为难"，显然不是在父母临终之时不管不顾，最大的可能，反倒是关心则乱，在礼数上出现问题。这不是曾子的私见，而是可以溯源到孔子那里的论说。

在前面一讲中，我们曾经讨论过，孔子的弟子孟懿子向孔子问

---

[1] 朱彬撰，饶钦农点校：《礼记训纂》，第714页。

孝，孔子以"无违"二字作答。"无违"是不违礼的意思，具体落实在"生，事之以礼；死，葬之以礼，祭之以礼"（2.5）之上。也就是说，孝与丧、祭问题相关联。

孔子为什么这样说呢？难道是孟懿子对逝去的亲人不好，在丧、祭方面会有所亏待，所以暗示他要好好对待？

不是的。

孟懿子的父亲孟僖子为鲁国执政大臣，当孟懿子问孝时，他的父亲已经去世了。孟懿子并非忤逆之人，加之父亲为一代权臣，父亲在世时，儿子是绝不敢有所造次的。由此，要讨论孝养或生前尽孝问题，没有多少特异之处值得提出。但孟僖子过世后，儿女如何身后尽孝，即"卒为难"的问题就显现了出来。

在这样的背景下，孔子所言的"无违"，主要讨论的不是生前之事，而是死后的丧、祭问题，也就是说，它们最终要在"慎终追远"的层面加以展开。

由此，接下来的问题是：孟懿子在丧、祭时，何以会有违礼的可能呢？

众所周知，春秋时代"礼崩乐坏"，权臣们常常僭越礼法，如鲁国的三卿"以《雍》彻"（3.2），季氏"旅于泰山"（3.6），在祭祀时用的居然都是天子之礼，加之"八佾舞于庭"让孔子大为光火，曾怒斥道："是可忍也，孰不可忍也？"（3.1）在上一讲曾说到，孔子鼓励大家做"争子"，认为不让父母陷于不义，就是孝的核心内容。而对于权臣们来说，最大的"不义"就是在僭越中一再违礼，可以说，他们就是那个时代违礼的高危人群。但必须提出的是，"争子"所为，属于生前尽孝的内容。父母过世之后呢？延此理路，则是在丧、祭问题上不能违礼。

曾子所言的"父母既没，慎行其身，不遗父母恶名，可谓能终矣"，正与此一脉相承。

循此思想理路，讲求孝道的曾子，在推崇所谓的"慎终"时，当然要关注父母等至亲的丧、祭问题。

然而，这不是曾子之"终"的全部内涵。《礼记·内则》引曾子之言道："孝子之身终，终身也者，非终父母之身，终其身也。是故父母之所爱亦爱之，父母之所敬亦敬之。"[1] 也就是说，"慎终"不仅仅是指谨慎地对待父母的生命终点，还包括自己的生命终点在内。当父母过世后，要一直秉持父母生前的遗训，要爱其所爱，敬其所敬，不能因为他们过世了，就开始为所欲为，做出让他们蒙羞或不悦之事。这样的态度，要一直坚持到自己生命的终点，这才是曾子心目中完整的"慎终"。

《论语》记载了曾子临终前那一刻的情形，其"慎终"之态跃然纸上，正与 1.9 章相呼应：

> 曾子有疾，召门弟子曰："启予足！启予手！《诗》云：'战战兢兢，如临深渊，如履薄冰。'而今而后，吾知免夫！小子！"（8.3）[2]

---

[1] 朱彬撰，饶钦农点校：《礼记训纂》，第 431 页。
[2] 《礼记·檀弓上》还记载了曾子临终前强行易箦的情形，是其慎终的又一重要表现。

我们看到,当曾子临终之前,不仅反省自己的一生,甚至检视自己的身体。因为按照《孝经·开宗明义》的论述:"身体发肤,受之父母,不敢毁伤,孝之始也。"现在即将离开这个世界,他要最后审视自己,能完好无损地尽到一个孝子的使命和责任吗?看到安然无缺的身体之后,他才感觉到自己的生命历程可以圆满地结束。

总之,"慎终"是曾子之孝的最后结篇,它始终联结着生命的终点。由此,传统解释还是十分贴近思想内核的。质言之,"慎终追远"和丧、祭问题有着千丝万缕的联系,不可轻易否定。

二、凶吉之礼与变常问题

先看一处经籍的标点，以此为出发点，来展开相关讨论。

《礼记·昏义》有这样一段论述："夫礼始于冠本于昏重于丧祭尊于朝聘和于射乡此礼之大体也。"同为中华书局出版物，《礼记集解》作："夫礼始于冠，本于昏，重于丧、祭，尊于朝、聘，和于射、乡。此礼之大体也。"而《礼记训纂》则作："夫礼始于冠，本于昏，重于丧祭，尊于朝聘，和于射乡。此礼之大体也。"[①]

它们的差别在于，一作"重于丧、祭"，一作"重于丧祭"。前者是清楚明确的标点，后者则较为模糊。

丧祭与丧、祭之别，看似细微，但涉及的问题不小。其中最核心的问题乃是，丧礼与祭礼之间虽有着紧密关联，但二者性质不同，前者为凶礼，后者为吉礼，具有一定的对立性。展开来说，前者属

---

① 分见孙希旦撰，沈啸寰、王星贤点校：《礼记集解》第1418页；朱彬撰，饶钦农点校：《礼记训纂》第879页。

于非正常的状态，伴随着悲哀与泪水；后者则是常态之礼，是吉祥的行为。

而祭的意义，除了作为具体的礼——祭礼之外，还可以指一般性的祭祀。所以，当"丧祭"连用时，很容易理解为后一个意义，指的是"凶礼"范畴内的丧礼。在这样的语境下，"丧祭"不仅不能将作为"吉礼"的祭礼内容包含在内，甚至作为凶礼，它本身与吉礼（吉祭）就是对立的。而"丧、祭"的意义则不同，它不仅包含了丧与祭两个方面，而且通过由丧而祭，由变态至常态，展现出一个变化的过程，直至追溯出礼背后的凶吉、阴阳等思考，为"慎终追远"的理解提供了思想土壤。

明了这些后，再返回到具体的丧、祭问题上，来作进一步的讨论。

在中国古代，尤其是先秦时代，丧葬仪程十分繁复，其中很关键的一点，是作为凶礼的丧葬与作为吉礼的祭祀之间的衔接问题。据《礼记·檀弓下》，当下葬之后，整个丧礼的仪程就接近尾声了，转入到所谓的"虞祭"阶段，此时需要的是"卒哭"，即停止哭泣，也称"成事"，意味着丧礼阶段的完成。并且最重要的是，"是日也，以吉祭易丧祭"。[①] 紧接着第二天，神主还要进入祖庙，从而完成由凶礼（丧祭）向吉礼（吉祭）的转换。

这种转换的意义在哪里呢？

凶、吉虽并存于人世间，但前者是变态，后者是常态，儒家虽不废止其中的任何一端，但所追求的是常态。也就是说，当出现变

---

① 朱彬撰，饶钦农点校：《礼记训纂》，第132页。

态之后，固然需要以丧祭之礼来因应它，但最后的走向，必然是要由变态入常态。

通过前面的讲述，我们已经知道，儒家是一种"乐感文化"，"孔颜之乐"为人生开辟了新境界。但是，当丧葬来临时，这种对于快乐的追求就必须暂时放下，"崇丧遂哀"[①]成为主题。一句话，没有谁愿意出现丧葬，但谁也无法逃避这一非常态的变化。当它真的来临时，丧主及丧事的直接关系人固然悲悲切切，他人也需以共情之心来表示尊重和哀怜，一些日常的行为方式应随之改变。

孔子十分注意这方面的问题，如"子食于有丧者之侧，未尝饱也"（7.9）。为什么在"有丧者之侧"不能吃得饱饱的呢？在常态之下，当然可以饱食美餐，尽享生活的乐趣。可是，当有丧者在旁时，这一正常的状态就应被打破。因为人之为人，很重要的一条在于有同情心。在共情、同理的氛围下，哀人所哀，是起码的道德要求。

再进一步，即便不是深度介入，哪怕只是见到有丧者时，仪态也必然要发生变化，即所谓："见齐衰者，虽狎，必变。""凶服者式之。"（10.25）齐衰、凶服，指的是丧服、孝衣，穿这种衣服的人，无疑是居丧者。狎，在此指亲昵的关系。用今天的话来说，你和那些哥们、姐们，平常因十分熟悉，可以嬉闹一番，开开玩笑。但是一见他（她）着丧服，就必须改变以前那种可能有些嘻嘻哈哈的态度了，要庄严肃穆起来。而"式"通"轼"，指的是马车车厢前面的横木，可用作扶手。古人乘车时正立，但遇到重要之人、重要之事时，应以手

[①]《史记》卷47《孔子世家》，第1735页。

凭轼，微微俯身以示尊重，即所谓"式敬"。这本是对尊者、长者所施之礼，但在孔子看来，有丧者是特殊人物，也应受到这样的待遇。

变与常的发生，以及由此而设计的种种礼制安排，最基本的依据，是对情感、人性的尊重和顺应。根据《礼记·问丧》的阐释，"人情之实"与"礼义之经"是互为表里的，各种丧祭之礼，"非从天降也，非从地出也，人情而已矣"。[1] 人皆为血肉之躯，是情感的动物。亲人的逝去，犹如一场暴风骤雨，无论如何都会掀起波澜。在这一阶段，正常的生活被打断，欢乐的氛围被哀伤所替换，这是丧期的主基调。按照儒家理念，"缘人情而制礼，依人性而作仪"。[2] 也就是说，之所以由乐而转哀，人情、人性是基础所在。

由此还可注意的是，在先秦时代，道家和墨家在丧葬问题上，与儒家有着很不同的认知。

我们先通过《庄子·列御寇》中的故事，来看看道家的丧葬主张。

庄周就要死了，弟子们准备厚葬他，但庄子坚决否定了这种意见，认为只要草草处理一番就行了。他说："天地就是我的棺椁，日月星辰就像陪葬的珠玉一般；而自然万物则是最好的随葬品。我的葬礼无所不备，没有什么可以添加的了。"弟子们说："倘不好好安葬，恐怕乌鸦和老鹰要来啄食先生。"庄子说："在上面被乌鸦、老鹰吃掉，如果葬于地下呢，不过是被地下的蝼蚁吃掉。夺走乌鸦、老鹰的口粮，转而给予蝼蚁，你们是不是太偏心了呢？"

道家以自然主义审视天地万物。《老子》说："天地不仁，以万

---

[1] 朱彬撰，饶钦农点校：《礼记训纂》，第828页。
[2] 《史记》卷23《礼书》，第1157页。

物为刍狗。"①《庄子》则接续这一主张,提出了"齐物"之论,甚至宣扬:"方生方死,方死方生。方可方不可,方不可方可。"在庄子眼中,世间万物以及生死都应顺其自然,无需挂念于心。所以《养生主》又说:"安时而处顺,哀乐不能入也。"② 面对着生死,不悲不喜,不哀不乐。

但只要是世间之人,真能太上忘情,对于亲人的逝去无动于衷吗?这大概不是常人、常情所能接受的。道家的阐说路径超脱了人间"烟火"之气。是耶非耶?恍然如幻,缥缈而空落。

与这种"出世"作风相对立的,是深入现实生活的"入世"主张。除了本书反复讨论的儒学,还有一派就是墨家之说。甚至可以说,墨家"入世"之深,更甚于儒家。只不过他们的丧葬主张以功利主义为基础,所追求的是十分实际的外在社会效果,人情、人性问题同样被忽略,甚至被无视。

据说墨子曾学于儒门,但最终与儒立异,转而成了儒家的反对派和批评者。墨子对于儒家的批评很重要的一条就是丧葬,由此提出了节葬的主张。他奉行极其菲薄的葬仪,儒家所行自然归入厚葬之列,并认为这是对社会财富的巨大浪费。《淮南子·要略》载:"墨子学儒者之业,受孔子之术,以为其礼烦扰而不说,厚葬靡财而贫民,服伤生而害事。"③

儒家的实际主张是否属于厚葬,可以讨论。但是,墨家的节葬

---

① 朱谦之:《老子校释》,第 22 页。
② 郭庆藩撰、王孝鱼点校:《庄子集释》,第 66、128 页。
③ 何宁撰:《淮南子集释》,中华书局,1998 年,第 1459 页。

要求，着眼点除了减少社会财富的消耗，还有一大落脚点是在生产层面，它包含两方面，一是物资的生产，二是人的生产。《墨子·节葬下》说："死者既以葬矣，生者必无久哭，而疾而从事，人为其所能，以交相利也。"[1] 说的是下葬之后，活着的人就不要再哭泣了，赶快去做事情，去为社会创造财富。而《节用下》则提出了"此其为败男女之交多矣"的批评。[2] 即儒家的丧葬主张让人处在哀痛之中，男女没有心情结交，人口生产会由此受到影响。换成现在的大白话就是，人死了就死了，为了未来社会的发展，赶快去生孩子。在墨子的理想社会中，劳动与物质生产是第一位的。与此同时，还需一提的是，他还有"非乐"等主张，艺术性的生活及享受需要禁绝，极端一点说，社会只能围绕着具体的劳动而展开，其他一切非生产性事务都需限制乃至禁绝。

但我们要问：有血有肉的人仅仅是生产和生育工具吗？墨家的这种思想路径，包括其他各种主张，看似高大上，实则难符人心。最根本的一点就在于，它"入世"虽深，却不能体恤正常的人情、人性。《庄子·天下》有一段精彩的点评："其生也勤，其死也薄，其道大觳。使人忧，使人悲，其行难为也。恐其不可以为圣人之道，反天下之心。天下不堪。墨子虽独能任，奈天下何！"[3] 人情之淡漠，连洒脱的道家都看不下去。倘循此而为，世人将情何以堪？

要之，"缘人情而制礼，依人性而作仪"，遵从人的基本情感，

---

[1] 孙诒让撰，孙启治点校：《墨子间诂》，第180页。
[2] 孙诒让撰，孙启治点校：《墨子间诂》，第175页。
[3] 郭庆藩撰、王孝鱼点校：《庄子集释》，第494页。

才应该是大道所出。

然而,哀痛固然是需要尊重的情感。问题的另一面是,无论是深陷哀痛,还是恍然若失,风雨过后,人的愿景所在,是迎接又一个晴空万里。过去的已定格为历史,在频频回顾中迈开脚步,拥抱新的一天,是理性的要求,也是内心深处的企盼。由此,随着时间的推移,常态转换成为必然。

对于这一问题,《荀子·礼论》有一段论述值得注意:"丧礼之凡,变而饰,动而远,久而平。"① 它告诉我们,丧葬以"变"为开端,但最终要"久而平",进入日常平和的生活状态中去。所以,一方面在"变态"之下,"持险奉凶"是不得已之事;另一方面,"久而平,所以优生也",生活总是要并入常规轨道,"持平奉吉"最终将成为常态。

而当常态再次来临后,由"丧"转换而出的"祭"成为生活的一部分。亲人已经逝去,不能再相伴于红尘了。但当他们成为祭扫对象,以另一种方式而存在时,其重要性在于:一方面,以其为起点和支点,一代代人在生命的接续中承载着亲情的延展和族群的绵延;另一方面,他们的形象与日月星辰、天地万物相合,成为天地之间的一个个符号,提示着我们生命的意义,历史的代谢……

《礼记·祭义》说:"乐以迎来,哀以送往。"②《左传·僖公九年》载:"送往事居,耦俱无猜,贞也。"③ 在传统中国,所谓的"送往事居",

---

① 王先谦撰,沈啸寰、王星贤点校:《荀子集解》,第 362 页。
② 朱彬撰,饶钦农点校:《礼记训纂》,第 701 页。
③ 阮元校刻:《十三经注疏》,第 1801 页。

也即礼葬死者与奉养生者，所反映的，恰是天地间一正一反的两面，它们缺一不可，互济互用，由此达到阴阳调和的最佳状态。

由此，亲人的逝去，不管有多少的不舍，但那都是阴阳物化的必然，唯有"哀以送往"，以尽人事。与此同时，传承着血脉的新生命，带来了"乐以迎来"的喜悦。在一阴一阳的互动中，中国人释放着哀乐之情，也在生命的意义中体会着天人之道。人生就是如此，生活就是如此。悲欣相续，迎来送往，这是人间的必然，也是万物的法则。

三、终养与道别

两千五百多年前的某一天,孔子登临观水,看着奔涌不息的河流,无限感慨地说道:"那流逝而去的,就像这流水一般吧,日夜向前,永不停歇。"诗一般的语言被身边的人记录了下来,后编入《论语》之中,即《子罕》篇:"子在川上曰:'逝者如斯夫!不舍昼夜。'"(9.17)

孔子具体登临何处,身边何人随侍,有无具体所指,现已无从知晓。但这一具有诗性的哲语感发了不少的后来者,人们不断玩味、吟咏着这段话,并试着从各种角度去作出解读。

然而,不管如何解读,有一核心要素无法绕过,那就是——时间。

以此来观察生命的形态及变化,可以看到,时间之流无声淌过,一点一滴地改变着每一个人的容颜、身体、性情、思想。年少未识愁滋味,在懵懂之中,岁月就这样倏忽而过。可是突然在某一天,蓦然回首,你可能会发现,自己长大了。在那一刻,你将惊觉,父母正在老去，有那么一天，你也将同样老去……在那一刻，你终将明白，上一辈的亲人，不能再将你抱持于臂弯，不能再紧紧拽拉着你的手，不能像当年那样精力旺盛地做这做那了。他们垂垂老矣，生命的终点就在前方……

所谓"树欲静而风不止，子欲养而亲不待"。①古往今来，有多少人在长辈故去后，才意识到了自己的疏忽。这句耳熟能详的老话，从反面提醒我们，"慎终"，要在终点还没有来临之前就做好准备，需要长期的关注。由此，成年之后，对于父母亲人生命历程的省察，应该成为重要的内容。也即孔子所提出的："父母之年，不可不知也，一则以喜，一则以惧。"（4.21）

为什么要知道父母的年纪呢？虽然子女的生命历程与父母相连接，但一般来说，他们总是要先走一步。终有一天，他们将看尽人世的荣枯，与后辈们挥手道别，只留下背影和回忆……

"羊有跪乳之恩，鸦有反哺之义。"父母亲人施之于生养之恩；子女报之于孝养之义。而在这些回报之中，很重要的一条，就是要关注岁月的脚步。在不同的年龄层次，父母长辈有不同的需求，子女们应谨记在心，眼光不离他们前行的身影。

---

① 《韩诗外传》载："孔子出行，闻哭声甚悲。孔子曰：'驱之驱之！前有贤者。'至则皋鱼也。被褐拥镰，哭于道旁。孔子辟车与之言，曰：'子非有丧，何哭之悲也？'皋鱼曰：'吾失之三矣。少而好学，周游诸侯，以殁吾亲，失之一也。……夫树欲静而风不止，子欲养而亲不待，往而不可追者年也，去而不可得见者亲也。吾请从此辞矣。'立槁而死。孔子曰：'弟子识之，足以诫矣。'于是门人辞归而养亲者十有三人。"（韩婴撰，许维遹校释：《韩诗外传集释》，中华书局，1980年，第307—309页）

有了这样的认知，子女们眼中的岁月遂有了别样的意义。喜与惧在生命的乐章中不时跳出，应和着时间的年轮，也敲打着他们的心房。

子女们喜的是什么？父母在自己的注视下从盛年到花甲，从花甲到古稀，从古稀到耄耋，每一步的行进都是世间的福气。"福如东海长流水，寿比南山不老松"。看着父母亲人颐享天年，子女们眼中当然满是欣慰。在这一进程中，所能做的，是尽心尽力的孝养。

而子女们惧的又是什么呢？当然是终点的逐渐逼近。长辈的年岁越大，固然越加感到欣慰；但年岁越大，最后的道别也将如浪涛劈头而来。它无法回避，更无法逆转。

由此可注意的是，与"喜"相对的，不是"忧""悲"或"愁"，而是一个"惧"字——惧怕终点的逼近。这种惧怕，不是自己贪生怕死，胆怯懦弱。对于死亡，儒家抱着从容的态度，从前面所论及的曾子之死中，已可看出这一点。而且，孔门讲究"死生有命，富贵在天"（12.5）。对于非人力所能为的自然规律，固然也有着丝丝的无奈，但更多的是豁达以对。

更重要的是，孔子推崇无惧的"勇者"，它与"智者""仁者"一起，构成了儒者所重的君子底色。以孔子之见，"知者不惑，仁者不忧，勇者不惧"（9.29）。在此，仁者、智者的问题且先存而勿论。所谓勇者，是无所畏惧的人。这种无畏不是别的，乃是做好自己，古语云"不做亏心事，不怕鬼叫门"，君子立于天地之间，问心无愧，则无所畏惧。所以，当"司马牛问君子"时，孔子回答道："君子不忧不惧。"而当司马牛进一步追问时，孔子解释道："内省不疚，夫何忧何惧？"

(12.4) 既然这样,那么,面对"父母之年"时,又何以有惧呢? 这是勇者所为吗?

答案是,父母之年的增长意味着生命的流逝,终点问题也将随之逼近。此非人力所为,更不是君子修养可以改变的进程。子女们所惧的,是终将面对,以及如何面对那最后的时刻。

别离是令人伤感的。由此在中国古代诗文中,它也成了吟咏的一大主题。然而,在长亭古道的旅愁中,还存念着下一次的相逢。不管是"别时容易见时难"的"天上人间"之叹,[①] 还是感慨"别日何易会日难,山川悠远路漫漫",[②] 山高水长,后会有期,终究还有相见的可能。而"慎终"所面对的,则是后会无期,永不再见。

因为这样的原因,古人对于最后的告别特为看重。它不仅连接着凶、吉之礼的转换,更重要的是,以终养和道别的方式,在阴阳永隔中,展现出人类最真的眷恋和最后的道义。

晋代的李密自小多病。他早年丧父,母亲改嫁,门庭单薄,祖母刘氏含辛茹苦地将其养育成人。当朝廷要强征李密入朝为官时,刘氏已经96岁了,倘李密一去,刘氏身边势必无人照应。李密不愿意撇下祖母,他向朝廷上书,希望能让祖母得以终养,由此有了历史上感人心肺的《陈情表》。李密在文中说:"臣无祖母,无以至今日,祖母无臣,无以终余年。母孙二人,更相为命,是以区区不能废远。""臣尽节于陛下之日长,报养刘之日短也。乌鸟私情,愿

[①] 李璟、李煜撰,王仲闻校订,陈书良、刘娟笺注:《南唐二主词笺注》,中华书局,2013年,第149页。
[②] 曹丕:《燕歌行(其二)》,魏宏灿校注:《曹丕集校注》,第12页。

乞终养。"①

你看着我慢慢长大；我看着你慢慢变老。在我生命的起点，你抚育了我；在你生命的终点，我要以最后的赡养，助你走完生命的旅程。所谓的"陈情"，就是将人间最真的亲情展陈于世人面前。终养与道别，在且惧且眷恋中，奏响人间最后的乐章。

《论语·子张》载："曾子曰：'吾闻诸夫子，人未有自致者也，必也亲丧乎。'"（19.17）朱子解析道："盖人之真情所不能自已者。"②如果父母长辈亡故，都不能自然激发出最为伤感的情愫，这样的人，不仅是麻木至极，甚至可以说是人性无存了。当父母长辈生命的终点来临之时，子女面对的是最后的道别，以及达成孝养的最后一步——终养。虽说不得不告别，但子女对于父母长辈尽到了最后的一份心，生命的意义就得以完整地展现。

在"慎终追远"的视角下，其实人生无非就是一场场的告别。当你作为子女时，与父母长辈告别，而当有一天，你也成为长辈，你的子女后辈又要向你告别。然而，因为爱与血脉的传承，在时间流转之中，人生虽说是一次次的离去，却又是从未离开。你的来路连接着你的归路，你的目光连接着远方和未来。由"慎终"而"追远"，生命的意义在此得到展现与诠释。

---

① 萧统编，李善等注：《六臣注文选》，中华书局，1987年，第699—700页。
② 朱熹：《四书章句集注》，第113页。

四、魂归何处？

唐代诗人王维有一首《山中送别》诗：

> 山中相送罢，日暮掩柴扉。
> 春草年年绿，王孙归不归？①

此诗以"王孙春草"为意象，②以白描的手法，勾勒了这样一幅图景：在一个春天的傍晚，诗人将自己的好友刚刚送走，暮色掩映着柴扉，周遭只有春草相伴。在这偌大的空间里，孤寂的诗人不禁感慨万千：斯人已去，春草茵茵，明年依旧，年年依旧。一年年，一岁岁，绿意纷披……可是，当春草再绿时，别后的王孙还会再次归来吗？

王维送别的"王孙"是谁？现在已不得而知。就全诗的意趣来

---

① 陈铁民校注：《王维集校注》，中华书局，1997年，第465页。
② 自汉代刘安的《招隐士》中出现"王孙游兮不归，春草生兮萋萋"的表述之后，"王孙春草"成为离别诗的重要意象，被后世的诗人反复咏吟。

看，到底送别了谁，并不是特别重要的问题。诗旨所在，是王维的个人情怀，再进一步言之，是盼归之情。

以此问题意识去解读相关的传统诗文，可以发现的是，当"归去来兮"的咏叹一次次再现时，文辞之后，隐然所存的，其实都是一片片让内心安顿的"田园"。春色满园，碧草连天，心灵在此获得抚慰与安适。

也就是说，对于文人雅士们而言，无论是个人的回归，还是友朋的再聚，在故园春色的意象中，所寻觅的佳处，与其说在身边，不如说就在心间。说得极端点，情归何处，则人归何处，能遣怀者，并非是"王孙春草"的实景，而是内在的精神家园。

由此，在中国古代的思想世界中，在寥廓的天地之间，人们每每要发问：归路何在？归于何处？它们成为形塑中国传统精神的重要追问。但无论是"孔颜乐处"，还是"名教乐地"，人们最在乎的，其实是"吾心安处"——也是"王孙春草"的真正依托处。关于这一问题，在前面已经有所讨论，就不再重复了。在此需要提出的是，前所论者，皆是人世间的场景。可以想见的意境是，当春草再绿之时，推开柴扉之人在期待中抚今追昔，情随风荡，在归处等待着再聚，并在回归中整理着岁月与情怀。

然而，进一步的追问是：如果不是生离，而是死别呢？当父母亲人们离去后，他们是自此一别不回头，还是魂将归来呢？

按照传统的一般思维，答案是后者。《说文解字》曰："人所归为鬼。"古人认为，人死后魂魄相离，魂灵会离开形体逐渐散去，故而需要以招魂之法唤其回归。这是丧、祭中很重要的一个环节，也是祭祖存在的重要思想基础。或者也可以说，是由丧转祭的关键。

前面已经说到，在丧、祭时，由"凶礼"转"吉礼"的仪程由虞祭来加以承担。从特定视角来看，虞祭是联结丧与祭的枢纽。虞，有安之义，虞祭的实质就是安魂。它在下葬的当日进行。正因为虞祭的存在，才能在由"凶"转"吉"的前提下，让死者在第二日进入宗祠，成为被供奉的一员。

为什么在下葬日就要进行虞祭呢？按照古人的认知和习惯，魂灵最终要转入新的场域，安魂于神主牌位之上，安位于宗祠之内。但葬礼刚刚完成，在死者尚未进入祠堂，魂灵没有找到新的归宿时，需要以虞祭来加以衔接。否则，魂灵就会成为无所归的"游魂"。由此，虞祭的意义在于，让魂灵不至于无所依归，它不仅是用来安置死者的举措，更是对生者的慰藉。因为生者一天也不忍心看到魂灵离去，从而受游荡之苦。《礼记·檀弓下》说："葬日虞，弗忍一日离也。"郑注云："弗忍其无所归。"[①] 正反映着这样的认知。

由此在古人的认知中，归的意义十分重大。它不仅为世俗生活而备，死者魂归何处亦是重要的考量。当然，鬼魂的安置，主要由其子女后人加以承担。在这种由丧而祭的进程中，死者通过后人的祭拜，在另一个世界享受着供养，从而阴阳顺位，各安其分。古人甚至认为，如果鬼魂无所归依，就会化为厉鬼，从而为非作歹，祸害世人。

在这样的历史文化背景下，可以注意到，孔子对于死者的安顿

---

① 朱彬撰，饶钦农点校：《礼记训纂》，第132页。

问题亦极为重视。据《论语·乡党》，孔子的做法是这样的："朋友死，无所归，曰：'于我殡'。"（10.22）

但孔子这么做，是因为害怕厉鬼作祟吗？当然不是。对于"无所归"者，孔子虽代为安置，但反映的是世间关怀，其间并无太多的鬼神气息。

查核一生之言行，作为人文主义者的孔子，对于神神道道的事情从来是避而远之，不愿多谈的，所谓"子不语怪、力、乱、神。"（7.21）所以，当子路请教如何"事鬼神"时，他的回答是："未能事人，焉能事鬼？"再进一步追问死后之事及相关问题时，则直接声明道："未知生，焉知死？"（11.12）拒绝对死后的鬼神问题发表评论。这样的态度并非孤例，当樊迟请教关于智的问题时，孔子告诫道："务民之义，敬鬼神而远之，可谓知矣。"（6.22）通过这些事例可以看出，孔子在解答此类问题时，都是以人文主义为理论根基，以现实世界为思考平台。依据这样的思维逻辑，在孔子眼中，仁义道德才是生者所应致力讲求的核心，对于鬼神之事，"敬而远之"方为应有之态度，否则就是"不智"。

孔子既不肯定（也没有否定），当然也就不会笃信鬼神的存在，那么，重丧的儒学何以能成立？相关论述的思想根基又在哪呢？

因为儒者不信鬼神，崇尚天志和鬼神的墨子对儒家大加攻讦。这一问题在《墨子·公孟》篇有着集中的反映。公孟是墨子时代的儒者，顾名思义，《公孟》篇就是针对公孟所提出的诸种问题多方辩驳，反映了墨学的"非儒"立场。在此篇中，当公孟提出"无鬼神"以及"君子必学祭祀"时，墨子讥讽道："执无鬼而学祭礼，是犹无客而学客礼也,是犹无鱼而为鱼罟也。"[1] 在墨子看来,祭祀之礼要得以存在,或者说具有合理性的前提,就是鬼神的存在。他用了两个比喻来加以阐释,一是学习待客之礼需要有客人,二是制作渔网是为了捕鱼。言下之意,鬼神就是"客人"与"鱼";很自然地,"学客礼"与"为鱼罟"对应着祭礼。没有鬼神的存在,祭礼便毫无意义。

但墨子没有意识到的是,孔子与他的思考不在一个层面之上,他的进攻颇有些无的放矢。

当墨子提出"无客而学客礼"的疑问时,在人、鬼二分中,鬼神成为与人相对的客体,主体根据其存在的样式作出反应。在他看来,如果不崇信鬼神而去学习祭礼,是矛盾而可笑的行为,祭礼就属于无源之水、无本之木。但与墨子以鬼神为本不同的是,孔子对于死亡及丧、祭的高度重视,完全是从生者的立场加以考量的。他关注的是此岸,而非彼岸问题。或者说,将彼岸问题融入对此岸的思考之中。孔子所看重的,不是"客人"是否存在,而是在展现"待客之礼"中,作为具体有形的世间之人态度如何,言行如何。事实上,在日常生活中,很多时候主、客之间的行礼如仪往往只是虚应故事,正心诚意未必存焉。《大学》说:"诚其意者,毋自欺也。"[2] 儒者更看重的,是对自己实实在在的良心负责。

或者也可以这么看,在魂归何处的问题上,孔子淡化,甚至避谈鬼神问题,这是理智使之然也。但在情感问题上,孔子并不将其完全交付给冰冷的鬼神世界,而是由人自身来主宰自己的情感世界。

---

[1] 孙诒让撰,孙启治点校:《墨子间诂》,第456—457页。
[2] 朱熹:《四书章句集注》,第7页。

由此，孔子提出了"祭如在，祭神如神在"（3.12）的主张。

依据这样的观念，在祭祀过程中，礼的核心不是鬼神，而是人的态度和言行，鬼神成为当下情感的投射及符号载体。按照儒家理论，远去的亲人是否化而为鬼神，已不可穷诘，但可以知道，并且情难自禁的是，他们曾经存在，而且在自己的心里将一直存在。极端一点说，情归何处，则魂归何处。这样的追索，与其说是自然或本质问题，不如说是情感或者人性问题。

在我们的身边，常有睹物思亲、睹物思人之事。每当临观甚至摩挲着故人遗物时，多少人会泪水涟涟，逝者生前的模样就在眼前，音容笑貌难以抹去。只要情感依旧，心必不会被岁月所冷却，反而追思日益浓烈。这就是人性，这就是道义，这就是人心中最为柔软且最易引发共鸣之处……

来看一个具体的例子。

宋代女词人李清照的丈夫赵明诚是著名的金石学家，在金兵扫荡中原之前，夫妻俩醉心于金石、书画、典籍的收藏及研求，为求一佳品，常常典当衣物首饰，但二人不以为苦，反而甘之若饴。怎奈何随着金兵南下，宏富的收藏一次次散佚，一次次被劫夺，赵明诚亦在困顿中撒手尘寰。在岁月的淘洗下，易安居士渐渐失去了青春的光华，但她一直停驻在赵、李相得的如烟梦境中。几十年后，已是五十老妪的李清照为丈夫的遗著《金石录》作序，在《后序》中，她一次次追忆昔日场景。想当年，"几案罗列，枕席枕藉，意会心谋，目往神授，乐在声色狗马之上"。二人更在烹茶戏谑中，"指堆积书史"，以博闻强记争胜，"中即举杯大笑，至茶倾覆怀中，反不得饮而起"。可是，希望"甘心老是乡矣"的李清照最终失其所爱。面对着丈夫的遗著，她"如见故人"，看到"手泽如新"，想到"墓木已拱"。不禁悲从中来。①

染柳烟浓人何在？吹梅笛怨独憔悴。女词人不仅仅将自己的情感与思念寄托于"寻寻觅觅，冷冷清清，凄凄惨惨戚戚"的文字之中，也常常睹物思人，在"梧桐更兼细雨"中"守着窗儿"，在时光流转中怅然复怅然……

李清照在劫后余生中，将仅有的一些珍品保存了下来。当面对着这些遗物时，她的心境与"祭如在"其实是同一种情形。故去之人、故去之事在"手泽"和金石间缓缓呈现，内在的情感亦随之起伏变化。同理，在祭祀之时，"如在"的形象不可或缺，乃是基于内心的眷恋、敬畏与感动。由此，在"慎终追远"的语境下，遂有了"民德归厚"的思想路向。

也就是说，"慎终追远"虽是丧、祭之礼，但最终走向，乃在于寻一精神家园。所谓"民德归厚"，正反映着这一指向。

因"祭如在"，魂归何处可以理解为向着内心而回归。借着这种回归，世人对于生命和爱有了新的观察点和停驻区。在感动和追念中，"亲亲"之爱获得了升华。所谓"民德"，最重要的就是爱人，也即"仁"。从这个意义上来说，仁就是对生命的敬爱与沉思。《礼记·祭义》载孔子之言道："立爱自亲始。"② "慎终"与"追远"作

---

① 李清照：《金石录后序》，王仲闻校注：《李清照集校注》，中华书局，2020 年，第 205—211 页。

② 朱彬撰，饶钦农点校：《礼记训纂》，第 707 页。

为思考平台,在由"亲"而"爱"、由亲人的逝去而转入生命之思中,可以自然地转入对仁及精神家园的思考。或许也可以这么说,正是"慎终"与"追远"的联结与并存,在人性的深处植下了爱与敬的种子,延伸着世间的情愫与追思,为心灵找到了最后的归处。

事实上,丧、祭作为礼而呈现时,只是一种行为表现方式而已。《大学》说:"诚于中,形于外。"[1] 何为、为何的行动问题,最终要追溯到心灵之上。而"慎终追远"问题要落到人心,要进入灵魂深处,最后目的地就是"仁"。由此,当颜回向孔子问仁时,孔子以"克己复礼"作答,清楚地展现出儒学由礼而仁的思想路径。更为重要的是,"克己复礼"落实到"民德"之上,就是"天下归仁"。(12.1)

天下归仁,可以说是儒家的重要理想,也是民众德行之厚的一大体现。当"慎终追远",所谓的"民德归厚",自当是"归于仁"。在儒学中,它是心灵家园的最后依凭,死者逝,生者思;魂灵所安,情怀所在;无不以此为旨归。循着孔子的眼光和思想,世人当着眼于现世和人情,在对仁德的追求中,在理智与情感的交融中,思索着魂归何处的问题。由此,丧、祭的任务不再是建构"彼岸"世界的图景,而意在展现人间的温情和敬意,鬼神的有无,就此融于"此岸"的意义与思量之中。

---

[1] 朱熹:《四书章句集注》,第7页。

五、非其鬼：陌生的祭者

宋代诗人陆游临终之际有一首《示儿》诗，其中有这样两句："王师北定中原日，家祭无忘告乃翁。"[1] 在国势不振的情形下，陆游念念不忘规复中原，还都故地。虽在世不能圆梦，他希望即便在另一个世界中也能获知好消息。故而叮咛儿子，如果夙愿得偿，在家祭时千万不要忘记告知一声。

与祭拜天地鬼神、高山大川以及公众英雄的公祭不同，家祭是家庭内部的祭祀。它的发生，以家丧为起点，借此向故去的亲人们表达悼念和追思之情，本质上属于严格意义上的私人空间活动。充斥其间的，是紧密的情感关联及哀敬之情，从而在血脉相连中展现出家庭成员间血浓于水的关系。一般情况下，家祭不需要，也不适宜有外人参与。也就是说，家祭的参与者是家庭成员。

应该注意的是，关系及情感的疏密，是丧、祭中需要考量的核

---

[1] 陆游：《陆游集》，中华书局，1976年，第1967页。

心因素。当故人已逝时,各种人群在哀悼参与度上是有一定梯次的。关系最密、情感最切的家人居于核心,并以某位嫡亲为丧主。然后再按照亲疏关系由内而外,从密友到泛泛之交加以排列。参与度及情绪的表达,亦由深而浅地依次呈现。如果这一顺位被破坏,既不合情,也不合理,必令人侧目视之。依据正常情况,在丧礼中,配偶、儿女是最为伤心难过之人,在哀痛的漩涡之中难以自拔,此时,旁人总是要宽慰一番,希望家人能节哀顺变。

我们来看一则清代笑话。

说是有一个无赖,平日里游手好闲,没有饭吃,一日偶过一户操办丧事的人家,遂兴奋异常道:"我有办法解决吃喝问题了。"于是闯进门去对着灵柩痛哭流涕。在场的人都不认识他,在好生奇怪之际,无赖子说道:"我和死者是莫逆之交啊!几个月不见,竟然遭此变故。适才经过门口方知此事,所以还没来得及奉上祭物,以表区区抚慰之情。让我先在此大哭一场吧,否则悲痛的情感无法释放。"家人感念他的情义,请他留下饱餐了一顿。待无赖回家时,路遇另一位无赖的贫者。在知道了大捞酒食的妙方后,后者决定仿而效之。第二日,他也去一户丧家痛哭。很自然地,家人细问详情。于是,这位无赖依照上一位的成功经验诓道:"死者和我最是相好不过了啊……"但这一次,不仅没有酒食款待,话未毕,面门上已是拳如雨注,无赖子被丧家狠揍了一顿。为何?因为死者是一名少妇。①

---

① 参见王利器辑录:《历代笑话集》,第 448—449 页。因行文需要,未用原文,笔者据其意转为白话表述。

笑话不过是以夸张的手法反映真实的生活和人性。细加观察，自古及今，这样的"笑话"又何尝断过？只不过"笑点"或隐或现，表现手法各有不同而已。如若不信，君且看，在基层社会，当一些富有者或权势人物为父母至亲操办丧事时，往往会有一些非亲非故者趋之若鹜，但在他们情不由衷的痛苦表情之下，所隐藏的不过是巴结的动机。

要之，在丧、祭之时必须以家属为核心，由内至外，由亲至友，不应越位。这是因为，在与家人相关的家祭及相关活动中，占据核心地位的是私密情感。这样的空间理应属于个人和家人，外人不应贸然插手，否则不是别有目的，就是极不明智。

由此，孔子的一个重要判断值得特别注意："非其鬼而祭之，谄也。见义不为，无勇也。"（2.24）

按照我个人的理解，"非其鬼而祭之"实质上所反映的，是丧、祭场域和空间的合理性、合法性问题。什么是"非其鬼"？并非自己所应祭祀的鬼。朱子说："谓非其所当祭之鬼。"[1]而郑玄则直截了当地认为，"非其鬼"指的是自己祖先之外的鬼。他说："人神曰鬼，非其祖考而祭之者，是谄求福。"也就是说，在祭祀时，要祭自己的祖先，如果是祭拜别家的祖先，那就是谄媚行为。

从训诂角度来说，郑玄所论有些过于直接。所以程树德说："不如《集注》之义确。人鬼不尽为祖考也。"[2]我同意程氏的意见，但不可否定的另一个事实是，郑玄所论虽外延过小，但"非其鬼"问

---

[1] 朱熹：《四书章句集注》，第60页。
[2] 程树德：《论语集释》，第133页。

题的核心部分,的确与先祖有关,与家祭紧密相连。如果说"非其鬼而祭之,谄也"从属于私人空间,它的对应面"见义不为,无勇也"则直通公共空间。具体说来,在以"家鬼"为核心的祭祀中,外人不应进入,因为它是属于私人空间的行为。而反之,见义勇为,则是属于公共空间的行为,是必须有所作为的。譬如,对于众目睽睽之下的犯罪行为,以及突破公序良俗的言行等,就要挺身而出加以阻止。相较之下,"非其鬼"的祭祀问题,由于从属于"家务事",一般情况下是无需插手的。这种"家务事"是特定空间中生者与逝者的交流。只要不突破私人边界,外人一般都需持不干涉态度。

每年清明的时候,我去扫墓时常常会看到这样的情形,一些老人家,尤其是老太太们,会在墓前哭得死去活来,她们中有些人会喃喃细语,也有很多,根本就是在抱怨,甚至是大骂。骂谁?骂那墓中的"死鬼"。他为什么抛下自己?他为什么那么坏,留下老太太一人,留下一家老小?……这时,你需要去劝慰她吗?需要让她停止"大骂"吗?要知道,这种"骂"是爱的另一种表现,后面是不舍的深情,是生者对已逝者无限的眷怀。又或者,你去墓前祭拜一番,然后告诉老头儿,老太太想你了,以此来表明你的关怀和敬意。

然而,这样的作为不是多管闲事吗?让人怀疑,你到底有何企图呢?事实上,在这种特定的场域,的确有些别有企图者。在一些位高权重者的先人灵前,往往有陌生者祭拜的身影,是心中敬意无限所致吗?不是,是孔子所言的"非其鬼而祭之,谄也"。私人空间,只能是相关之人进入。所以,我站在旁边,从不去干涉人家的哭骂。我也知道,老人家身旁往往有她的家人,哭骂累了,家人会去扶持,或者说"共享"那份情感。

当然,如果是老太太孤身一人,身体极度虚弱,你倘在旁,发现她支撑不住,需要施以援手时,那是应该提供帮助的。但请注意,此刻已是公共空间的事务了,即所谓"见义不为,无勇也"。一句话,在论及丧、祭问题时,在孔子眼中,私人和公共空间的分际应该是清晰的。或者也可以这么说,前者是内部事务,外人不得插手;后者是公共责任和使命所在,必须见义勇为。

还需说明的是,公与私是相对而言的概念。依据传统的"修齐治平"理念,以自身和家庭为核心,私的范围可层层扩展。由家人而亲友,由亲友而整个族群……在参照系发生变化的前提下,与家人相对的"公",有时也可纳入类私人空间。例如,我们常常倡导中华民族亲如一家,这其实是与别的族群相比较时发生的事实。从特定意义上可以说,民族范围和历史传统下的公祭,其实就是我们国家和民族的"家祭"。在这样的语境下,我们祭拜自己的英雄人物、炎黄初祖等,是我们民族共同的"私人空间",其他国家和民族的人在此空间之外,无需邀请加入。反之,他族祭拜自己的祖先时,我们需要介入吗?也没必要。

在基本讨论完私人空间和亲密关系问题之后,循此理路而进,在丧、祭的哀敬中,另一个重要问题呼之欲出,那就是,身份与情感的不可替代性。

在丧、祭过程中,之所以要对私人空间及家属的私密情感表示充分的尊重和理解,那是因为依据人伦要求,不同的身份承担着不同的角色;不同的角色在情感的取予上有着不同的要求。落实在家祭中，配偶、儿女及其他至亲，需要以此为平台来表达亲情，不具备这一角色的好友，只可表达家祭以外的友情……尤为重要的是，在一般情况下，越是亲密的关系，情感越深，也越是不可替代。所以，它才出现了一定的排他性。

值得注意的是，当下有一种"代祭"现象。在清明或其他特殊时间，有人因为工作忙或其他的原因，不能去现场祭扫，于是请其他人替代自己完成这一仪式。"代祭"是否合理？值得提倡吗？这一问题可以讨论。但结合本论题，我们要问的是另外一个问题，倘孔子在世，他会赞许"代祭"吗？我认为，答案是否定的。

在丧、祭仪式中，外在的表现是哀敬与礼仪；内在的驱动则是情感及关系角色。质言之，与情感相关的问题，只能由情感当事人去承担，而不能越位。之所以如此，一方面，"不在其位，不谋其政"（8.14），基本的规则意识需在社会生活中起作用。另一方面，更为重要的是，这些行为的后面所依托的，是儒家的人伦认知和人性要求。

代祭者不是真正的当事人，在例行公事中，祭祀行为实质上已失去了本有的情感联结。如果情感不在，祭祀只是一种仪程，那么，它又有何意义呢？"礼之本"已失，剩下的一堆"钟鼓玉帛"再精美，也不过是无意义的仪式化表演。尤为重要的是，丧、祭中的私人空间及亲密关系有着不可替代性，是不能让渡的。这种不可替代性表现在丧、祭过程中，配偶之间、父母与子女之间，及其他亲属之间关系的建构作为一种事实存在，是不能打乱的。更为关键的是，这份情感是私人化的，不能作为财物或商品出售。

《中庸》说:"事死如事生,事亡如事存。"[1] 这也是"祭如在"的应有之义。需要注意的是,在这一章句后面,还有一段孔子的名言:"吾不与祭,如不祭。"这句话有两种解释,一是我没有参与的祭祀,这样的祭祀如同没有一般。另一种解释是,我不赞同的祭祀,如同没有一般。但不管何种解释系统,强调的都是亲身参与,带话或许可以,但由他人代理是不可以的。由此,我才会认为,"代祭"不合孔子之意。

其实,不管丧、祭之礼如何繁复,如何变化,在孔子及儒学的视界中,它总不离人情与人性的范畴。以此为起点,我们所面对的变态与常态的人世间,在时间之流中焕发出灿烂的生命光芒。我们在"慎"与"追"的思想路径中,获得了德性的成长。精神家园由此花果繁盛,头顶的星空由此灿烂而深邃⋯⋯

---

[1] 朱熹:《四书章句集注》,第27页。

第五讲 "主忠信"与"儒者气象"

> 子以四教:文、行、忠、信。
>
> 主忠信,徙义,崇德也。
>
> 政者,正也,子帅以正,孰敢不正?
>
> 君使臣以礼,臣事君以忠。
>
> 不仕无义。
>
> 君君,臣臣,父父,子子。
>
> 孝慈,则忠。
>
> 勿欺也,而犯之。
>
> 所谓大臣者,以道事君,不可则止。
>
> 忠告而善道之,不可则止,毋自辱焉。

卜商子夏

一、"器识为先,文艺其从"

2018年初,纪念清华大学建校百年的电影《无问西东》公映。它由四个不同时空下清华人的故事组接而成,演绎了知识分子在时代嬗变中的命运与抉择。

张果果——清华毕业生,也是一位迷失在职场的当下青年,在喧嚣的尘世中逐渐忘记了责任和使命。直到有一天,当内在良知与"丛林法则"发生了冲突,清华精神及历代清华人的故事由此缓缓展开,在心灵的撞击中,张果果一次次地感悟与升华,并最终做出了正确的选择……

与其他作品不同的是,这不是一部关于主角私人故事的影片。

从创作意图来看,张果果的故事只是起了一个串联的作用。也就是,以他的内在感悟和自我救赎为串联点,来展现精神力量的传递。在影片接近尾声时,张果果的一段经典独白将这一主题近乎完美地表达了出来:

> 愿你在被打击时，记起你的珍贵，抵抗恶意；愿你在迷茫时，坚信你的珍贵，爱你所爱，行你所行，听从你心，无问西东。

影片名"无问西东"在此悄然出现，并成为点睛之笔。

查核资料，"无问西东"出自清华老校歌中的"器识为先，文艺其从。立德立言，无问西东"。

为何要"无问西东"？因为你所遭逢的知识和思想，不管它们来自何方，只要能促进内在的心性和人格成长，都应该海纳百川，而不应有所排拒。更重要的是，"无问西东"源自"立德立言"，是它的结果和表现。什么是"立德立言"？核心指向乃是，读书人以德行和学问来安身立命。或者也可以说，较之于文韬武略的赫赫事功，"立德立言"的存在直指人心，关联着终极的意义。

然而，进一步的问题是，立德与立言并非混沌无别，而应有所序差。无论是古代的士君子，还是今天的知识分子，经过文化熏陶之后，激扬文字也罢，著书立说也好，在立言之前，先须立德。立德而后立言，才能真正"立"得住，"立"得稳。也只有立德为先，立德为主，才能使学问有根柢，人生有境界，从而在"无问西东"时广采博取。

由此，一个读书人的可贵之处，在于体认和寻找高贵的灵魂，在反躬自问中做最好的自己，不为俗世的荣枯所牵引。也由此，清华老校歌中的前两句"器识为先，文艺其从"有了特别的意义。

此语出自唐人，本是裴行俭评价"初唐四杰"的一番话："士之致远，先器识而后文艺。"[1]它告诉我们，在"立德立言"的过程中，知识分子，或者说读书人之所以值得尊重，主要不是因为他（她）拥有娴熟的知识技能，而在于德性的自觉。轩昂挺立的器识，应成为士人的精神标杆。

影片非常巧妙地将外在的故事切入到了内心与行动中，在清华园百年沧桑与学人心路的追求中，在个人与时代的命运撞击中提出种种问题。通过由个体而族群，由校园而家国的历史镜像，在个体的知行合一中呈现出德性、德行的光芒；在族群的迷茫和奋进中，透现着家国情怀与人文气息……

为了更好地展现这种问题意识，当镜头由当下向历史切入时，影片选择了1920年代的清华园——

清华学子吴岭澜带着困惑与迷茫出场了。

在时代洪流的裹挟下，是选择自己并不适合的"实科"理工科进行学习，还是投身于人文学科的研习，吴岭澜难以抉择。教务长、也即后来的校长梅贻琦告诉他，去找寻真实的自己。他说："你看到什么、听到什么、做什么、和谁在一起，有一种从心灵深处满溢出来的不懊悔，也不羞耻的平和与喜悦。"这些话语深深触动了吴岭澜。不久，泰戈尔访华，在清华园的演讲中提出了对自己真诚的

---

[1]《旧唐书》卷190上《文苑列传上》，中华书局，1975年，第5006页。另外，黄永年撰文说，裴行俭评"初唐四杰"事出于虚构，又认为后世此句在意义上发生了游移变化。（黄永年：《"士先器识而后文艺"正义》，氏著：《黄永年文史论文集》第四册，中华书局2015年）然而，因为清华老校歌的寓意与黄氏所言的"正义"或本来意义并不一致。故而，在此不作历史考订，仅根据后世所通行的观念，就主题所及，取其意义。

主张。在那一特定的场合，在与梅贻琦的对望中，吴岭澜明白了："思考人生的意义不是一件羞耻的事。"他由此坚定了选择，成了一名优秀的文史工作者。

十几年后，在抗战烽火中，西南联大弦歌不绝。作为清华教师的吴岭澜追忆往事，吟诵起了泰戈尔的诗歌，他对学生们说道："今天，我把泰戈尔的诗介绍给你们，希望你们在今后的岁月里，不要放弃对生命的思索，对自己的真实。"

在那个艰难岁月里，在简陋的校园中，这些话语伴随着敌机的狂轰滥炸，感染着每一位学生。

其中有一名世家公子沈光耀，几代单传，家教谨严。母亲对他的期待是——希望你能找到一个一生挚爱的人，能够享受为人父母的乐趣。然而，国难正殷，优裕的生活已无法安顿热血之心。终于有一天，沈光耀毅然服从内心的声音，瞒着母亲成为一名空军战士。在一次作战中，面对着敌舰疯狂的扫射，战友们血染长空，沈光耀自己也身负重伤。在生命的最后一刻，他迎着呼啸的子弹俯冲而下，并向战友们郑重道别："回家！"

伴随着这一话语，在机、舰相撞的冲天火光中，他将生命定格，也在从容赴死中，将"器识为先，文艺其从"演绎到了极致！

一句"回家"，在凤凰涅槃中映照出了人性之光，也将知识分子的心灵追求展露无遗。什么是"器识为先，文艺其从"？"文艺"或技能的存在，固然是知识分子的某种表征。但是，它们如果不能与心灵的成长和精神的滋养相关联，并受后者的引领，那就不过是"匠人"的谋生手段或炫技表演。质言之，一名读书人需要精神家园的建构与回归。"文艺"再绚烂,终究不过是锦上添花。只有做到"器识为先",才不致于"乱花渐欲迷人眼",从而迷失"回家"的路。在这一问题上,可谓古今一理,也契合着"无问西东"的准则。

循此理而进,无问西东,亦无问古今。正因为古今西东同为一理,影片中清华人的精神与传统的士人风骨之间,可谓血脉相连。从某种程度上来看,以"器识"来引领"文艺",正是延承与发展了传统的士人精神。而这其中特别值得注意的,乃是儒家的"主忠信"要求。

所谓"主忠信",就是以"忠信"为核心来指导言行,呈现自己的士人气质。这是"儒行"的核心,也是"儒者气象"建构的出发点。有了它们,儒者的成长才迈开了第一步。下面,我们就由此为切入口,进入"主忠信"与"儒者气象"的讨论。

二、何以为儒？

中国古人特别推崇所谓的"儒者气象"。然而，什么样的形象气质才算符合这一标准，从而称得上真正的"儒者"呢？

据《礼记·儒行》的记载，鲁哀公曾与孔子专门讨论过"何以为儒"的问题。对话很可能是从一次玩笑开始的。当哀公见到孔子的衣着与时流颇异时，问道："夫子之服，其儒服与？"[①]

这种问题的提出，有一个很重要的背景——当时的儒者重视儒服这一标志性符号。据《庄子·田子方》，在庄子与鲁哀公的一次会晤中，哀公曾很骄傲地说道："鲁多儒士。"而庄子却反唇相讥道："鲁少儒。"哀公不解地问道："举鲁国而儒服，何谓少乎？"[②]整个鲁国到处都是穿戴儒服之人，怎么能说少儒呢。《庄子》中的故事不管是假托还是实有，由此可知的是，儒服是当时儒者的一大标志。

---
① 朱彬撰，饶钦农点校：《礼记训纂》，第856页。
② 郭庆藩撰、王孝鱼点校：《庄子集释》，第717页。

参照这一标准,在孔子的穿戴中,鲁、宋之服杂陈,似乎并不合规。如此视之,鲁哀公问孔子穿的是不是儒服,或许本无理论探讨之意,只是想开个小玩笑吧。

然而,在孔子那里,这一玩笑并不好笑。他很严肃地答道:"丘少居鲁,衣逢掖之衣;长居宋,冠章甫之冠。丘闻之也,君子之学也博,其服也乡。丘不知儒服。"①在"不知儒服"的抗言下,孔子实质上否定的,是儒服的载体意义。也即是说,儒之为儒,不在于穿戴了什么。

既然儒服不能代表儒者,那么,接下来的问题是:儒者靠什么来展现自己的形象呢?事实上,这一篇章的题目已经给出了答案——儒行。儒者不以外在的装扮来标示身份,而是以行为来展现自我,并由此成为"儒者气象"的载体。

在《儒行》篇中,关于这方面的内容极为丰富,可以作多维度的解读。但"忠信"问题的一再提出,是一大关键。作为"儒者气象"及"儒行"的重要载体,它们成为儒者最可宝贵的品质。孔子有这样的论说:"儒有席上之珍以待聘,夙夜强学以待问,怀忠信以待举,力行以待取。其自立有如此者。"又说:"儒有不宝金玉,而忠信以为宝。"②质言之,忠信是儒之为儒的基本依托。

回到《论语》文本,则可以看到这样的记载:"子以四教:文、行、忠、信。"(7.25)在此,"文、行、忠、信"是层层递进的,"行"重于"文";较之"文行","忠信"又有着更为突出的地位。程颐说:"教

---

① 朱彬撰,饶钦农点校:《礼记训纂》,第856页。
② 朱彬撰,饶钦农点校:《礼记训纂》,第857—858页。

人以学文修行而存忠信也。忠信，本也。"① 也就是说，"文"固然重要，但在"文""行"兼顾中，"行"是儒者最后的落实点，而要达成这一目标，"忠信"是基本依托。它们与儒学精神直接贯通，是"儒行"得以实现的根本所在。

沿着这样的逻辑理路，在《论语》之中，忠信问题成为一个重要论题，孔子认为，君子应以忠信为主，即所谓"主忠信"。

"主忠信"的首次出现，在《学而》篇："子曰：'君子不重，则不威；学则不固。主忠信。无友不如己者，过则勿惮改。'"（1.8）

此后，还有两次出现。

一次是直接截取《学而》篇章句："子曰：'主忠信。毋友不如己者，过则勿惮改。'"（9.25）另一次，则是在回答子张"崇德、辨惑"之问时，孔子提出了这样的主张："主忠信，徙义，崇德也。爱之欲其生，恶之欲其死。既欲其生，又欲其死，是惑也。"（12.10）虽然语境各有不同，但是三次正面论及"主忠信"，加之其他的"忠信"之论散见各处，孔子对于忠信问题的重视可见一斑。

由此返观《无问西东》，可以发现，强调"器识为先，文艺其从"的清华人，也接续和发展了这一士人精神。从"思考人生的意义"到"对自己的真实"；从"不要放弃对生命的思索"到"回家"时的悲欣交集，在德性的引领下，无一不在向这种历久弥新的传统致敬。

所以，当吴岭澜难以抉择之时，有这样一个情节片段：吴岭澜

---

① 朱熹：《四书章句集注》，第99页。

在经过教室时,听到了里面的教师正在教《儒行》篇,千年前的哲人之言像一块石头,在心河激起了涟漪。这也成为吴岭澜坚定抉择的一个重要动因。可以说,承载"忠信"理念的士人传统是《无问西东》的一种精神资源。循此逻辑,"器识为先"实质上接续了"儒行"和"儒者气象"的精神内核,并在时代的要求下,呈现出新的历史面貌。

理解了"儒者气象""忠信"等问题的理论生命力及返本开新的意义,再次回到以《论语》为核心的儒家文本,来作进一步的思想探究。

这一次的问题是:儒家理念有很多,尤以"仁义礼智"的阐释最为核心,但孔子从来没有说过主"仁义礼智"等。那么,为何夫子不申论"主仁义礼智",而要以"主忠信"为士人要求呢?

对这样的问题可分而析之,先看仁义,再来讨论礼智问题。

仁与义作为儒家重要理念,比之于"忠信",要求更高,覆盖面更广。但问题的另一面是,它们的抽象性或形上特征更为鲜明,因而,需要落实在各种具体的载体之上。如果只是单单地要求"主仁义",不仅不具备操作性,甚至可能出现"巧言令色鲜矣仁"(1.3)的情况,陈义过高,行动跟不上,效果适得其反。后世很多伪君子就是这样产生的。《中庸》说:"君子之道,辟如行远必自迩,辟如登高必自卑。"儒学作为生活的哲学,对仁与义的追求固然须臾不可忘,但体认和实践悠远的天下之道,需要从一点一滴的个体行为及修养开始,需要在日用起居的常态生活中找到载体。

而在这些载体中,很重要的就是"忠信",并与"孝悌"一体相承。

在《大戴礼记·卫将军文子》中，孔子对曾子有一段这样的评价："孝，德之始也；弟，德之序也；信，德之厚也；忠，德之正也。参也中夫四德者矣哉！"①

可注意的是，按照这一说法，"孝悌"仅仅是"始"与"序"。由此进一步的问题是，可以从最初的"孝悌"之境直接进入"仁义礼智"的界域吗？答案是否定的，它们之间需要"忠信"这一衔接点和推进点。依据孔子的儒学思想，作为德性的具化，"孝悌之德"与"忠信之德"是连为一体的，"孝悌"为始，"忠信"相承，二者相加，方可实践前所论及的由孝至仁，"家国一体"的逻辑路径。

作为儒者所应具的基本行动伦理，"孝悌"之义在前面已经有过详细的讨论，此处不再重复。什么是"忠信"呢？其解释虽可随情境而稍有不同，但大体不出朱子所论："尽己之谓忠，以实之谓信。"②它们所体现的，是竭尽内心的诚恳与笃实，是德性与德行的根本。"孝悌"与"忠信"之间，既有意义的融贯，也有着微妙的差异及分际。

就意义融贯来看，尽己与笃实亦见于孝道。但当走出家庭，对待其他社会成员时，要做到对家人一样，也即孝、仁一致，并非是自然而然之事。

由此来进一步观察"孝悌"与"忠信"的分际，可以发现，前者由自然情感所兴发，在家庭或家族这个最初社会共同体中加以施行，本质上属于血缘或亲情逻辑。在家族之中，即便有着种种冲突，

---

① 王聘珍撰，王文锦点校：《大戴礼记解诂》，第110页。
② 朱熹：《四书章句集注》，第48页。

但一般来说,都是以"家法"来惩戒。严格说来,家法是"私法",步入社会之后,所面对的,为公义原则。私情属性的家族伦理需要转换为社会伦理,直至"治国平天下",以至于"天下归仁"。这时,"忠信之道"作为连接"孝悌"与"仁义"之间的桥梁,成了不可或缺的内容。

简单地说,要由"孝悌"之人成为"仁人义士",就要对家族之外的人与事,有着同样的真诚与善意,将家庭空间的私情扩展为社会的共识。否则爱只停留于小范围之内,在厚此薄彼中,呈现出不"厚"、不"正"的状态。

倘再接续前面"由孝而仁"的讨论,也可以说,"孝悌"是"立爱"之始,最终的目标是仁。但要做到"归仁",则需要从家族亲情中走出,以"忠信"为本。当家族伦理转而成为社会要求,服务于社会人群时,所带来的精神状态,才能在升华中展现出人性之光,儒者气质才算获得了初步展示。

下面,再来讨论智与礼的问题。

在"主忠信"的视野下,《说苑·尊贤》中的一段孔子之言特别值得注意:

> 人必忠信重厚,然后求其知能焉。今人有不忠信重厚,而多知能,如此人者,譬犹豺狼与,不可以身近也。是故先其仁信之诚者,然后亲之,于是有知能者,然后任之。故曰:亲仁而使能。[①]

---

① 刘向撰,向宗鲁校正:《说苑校证》,第186页。

细绎此言,"忠信"不仅是"仁义"的前提所在,它们还对"知",也即"智能""知能"起着引领作用。否则的话,就会出现极其危险的有才无德的景况。

具体言之,无"忠信"者的气质或气象与人性相违,轻浮躁动,功利心强,为了私利往往会遮蔽甚至践踏德性。反之,"忠信"之人在学习知识,也即"文艺"或"智能""知能"后,造就的是君子及圣贤,给社会带来的是正向影响。

质言之,知识的学习必须建立在器识或德性之上,否则,带来的将是灾难。也即是,单纯的知识倾向是值得警惕的,事实上,这样也造就不了智者。仅有"文艺",或者说知识水平再高,也只是有一技傍身的工具人。所以士人在读书学习的进程中,首先需要将为"知"把定航向的德性、德行置于基础性的位置,其中很关键的就是"忠信"。

"礼"的问题也是如此。倘不能以"忠信"立身就去学礼,礼不过是一种工具,不仅失去了本来意义,甚至可能成为伪君子们作恶的利刃。历来人们所反感的"以礼杀人"就是如此。人的品质出现问题,学礼、用礼反倒会带来灾难性后果。那么,什么样的人才能承担礼之功用呢?与获取"知能"一样,应该是"忠信"之人。所以《礼记·礼器》载:"先王之立礼也,有本有文。忠信,礼之本也。"

要之,在迈向"仁义礼智"的过程中,"忠信"是必须具备的基本素养。也正是因为此种素养的存在,人的气质开始发生变化。变化的方向是什么呢? 主要的就是持重忠厚,也即前面所说的"重厚"。或者也可以说,"重厚"乃是"忠信"的最初表征。由此在《论语》中，孔子指出："不重则不威。"

循着这样的逻辑理路，就可以发现，《礼记·礼器》在论及礼与忠信问题时，又有这样的表述："甘受和，白受采。忠信之人，可以学礼，苟无忠信之人，则礼不虚道。是以得其人之为贵也。"①对于一名儒者来说，"忠信"是为礼、为人的基本素养。饶有趣味的是，宋儒在解读《论语》3.8章时，对此加以征引，并作出了颇具意义的阐发。这一章句是这样的：

> 子夏问曰："'巧笑倩兮，美目盼兮，素以为绚兮。'何谓也？"子曰："绘事后素。"曰："礼后乎？"子曰："起予者商也，始可与言诗已矣。"

当子夏向夫子请教《诗经》所描述的"笑语盈盈、美目顾盼的佳人，宛若洁白的画布上的绚烂之花"到底有何指向时，孔子回答道："先有洁白的画布，然后才有美丽的图画。"子夏立刻心领神会道："这是不是说，先质而后文，礼乐文化等的建设需要在一定的基础之上才能展开呢？"孔子极为满意地回应说："是的。子夏啊，你真是能起兴并带动我的人，现在可以开始与你讨论《诗经》了。"

表面上看起来，这是孔子师徒在论《诗》，但透过诗意的语言、隐喻的方式，焦点所在，是礼乐之本及"质文"问题。无论是美人还是图画，抑或扩而展之，士人的"文艺"及各种外在表现，都是后天的文化产品。作为外在的礼文形式，美则美矣，但问题是，美人的笑靥顾盼及艺术表现形式皆为托物言志的重要意象，后面的本

---

① 朱彬撰，饶钦农点校：《礼记训纂》，第379页。

质依托才是更需关注的因素。孔子师徒所聚焦的问题是：美人之美，佳作之佳，是需要天生丽质，以及洁白的画布作为先决条件的。

由此，朱子解读道："先以粉地为质，而后施五采，尤人有美质，然后可加文饰。"

但是，文饰之美以何为质呢？答案是忠信。故而，朱子在《集注》中不仅引《礼记·礼器》之文，而且引述杨时的评论："苟无其质，礼不虚行。"以此来说明"礼必以忠信为质，犹绘事必以粉素为先"的道理。[1]

循此思路，"忠信为质"不仅可以展现礼文之美，它们也是"儒者气象"的基本要求。由"忠信"而"仁义"，由"忠信"而"礼智"，方可将由家族而天下的情怀及体认加以推进。作为基本素质所在，当有了"忠信"为依托时，儒者就犹若初具"美质"和"粉素"，"美人"及"画卷"得以缓缓具现；"仁义礼智"及种种"儒行"才可以在洁白的"画布"上纵横涂抹；"器识"才能引导"文艺"；在德性之光的映照下，"立德立言"真正得以实现……

---

[1] 朱熹：《四书章句集注》，第63页。

三、"忠信可结于诸侯"

"忠信"观念虽为孔子所推崇,但并非儒家的原创。自春秋时代以来,在国家治理,尤其是在国与国关系中,"忠信"已成为政治家关注并鼓吹的重要理念。孔子在承袭其政治内涵的同时,将"忠信"与个人修养结合起来。在他的改造下,作为一种历史资源,"忠信"主要成为个体德行及君子之道的重要载体,从而完成了从国家政治生活向人格养成层面的思想转向。

在春秋时代的政治生活中,为什么会兴起"忠信"之风呢?这需要从东周的"礼乐崩坏"说起。

春秋时代作为乱世,很重要的一个表征,就是破坏了西周以来的礼乐制度。杀戮与征伐日渐替代了礼法,政治秩序陵替,社会生活失范。但耐人寻味的是,春秋之乱的发生,并非因"礼"之条文匮乏,恰恰相反的是,那时明面上的礼文周到,因为秩序的崩解,上上下下对于"礼"反倒有着一种异乎寻常的热情。时人一度以为,只要遵礼而行，社会将恢复往日优良的秩序。徐复观甚至由此认为，春秋时代是以"礼"为中心的人文世纪。①

但问题是，春秋时代的失范，表现在明面上的是礼法崩解，渗透在骨子里的根本性问题则是，人的内在精神底色发生了改变。"礼"虽在，甚至可以在形式上加以恢复，但内在的品质已荡然无存。在从精神到行动的异化链条下，这样的礼法即便再精致，也不过是一具躯壳，没有了灵魂，失去了本来意义。所以，孔子感慨："礼云礼云，玉帛云乎哉？乐云乐云，钟鼓云乎哉？"（17.11）当春秋时代的"礼"仅仅符号化为"玉帛钟鼓"之时，其实已敲响了传统礼法的丧钟。

面对着这种情势，该怎么办呢？

恢复"礼"赖以发生、发展的精神土壤，成为一种当然的选择。因此，孔子有了"礼之本""大哉问"（3.4）的对话。而由前已知，在"礼"的精神土壤中，"忠信"是关键性要素。

循着这样的问题意识，来看《左传·隐公三年》记载的一个故事：

春秋初期，实力强大的郑国一度执掌周王朝大权，郑武公、庄公父子两代皆为周平王的卿士。但不久后，由于平王准备让虢国国君也担任这一职务，遂引起了郑庄公的怨恨。对此，平王信誓旦旦地辩白道："这是没有的事。"为了互表诚意，互相取信，王室和郑国开始交换人质，周王的儿子到郑国，郑公子则到周，此即所谓的"周、郑交质"。但在平王驾崩后，王室又欲将权力分给虢公，于是周、郑正式交恶。从互割麦禾到兵戎相见，直至周王负伤于战场，颜面

---

① 徐复观：《中国人性论史》（先秦篇），上海三联书店，2001年，第40—44页。

尽失，礼法荡尽。周天子自此彻底失去了对天下的控制，仅仅成为一个政治摆设，春秋争霸拉开了序幕……

《左传》在叙述完这个故事之后，有一段耐人寻味的评述：

> 君子曰："信不由中，质无益也。明恕而行，要之以礼，虽无有质，谁能间之？苟有明信，涧溪沼沚之毛，蘋蘩蕰藻之菜，筐筥锜釜之器，潢污行潦之水，可荐于鬼神，可羞于王公，而况君子结二国之信，行之以礼，又焉用质？《风》有《采蘩》《采蘋》，《雅》有《行苇》《泂酌》，昭忠信也。"①

从"周、郑交质"到"周、郑交恶"，周、郑履行盟约的保证是互派人质。从表面上看来，似乎表现出了郑重其事的姿态，但实质上所透现的，是时人对于礼法已失去了信心，需要通过人质的存在来加以约束，以达成预期的目标。然而，遗憾的是，最后的结果与初愿可说是完全相悖。

造成这样的后果，原因何在呢？在《左传》的评价中，起首一句就是："信不由中，质无益也。"是的。倘诚信不来自于内心，即便是礼文繁复，甚至是互派人质，又有何益呢？所以，接下来的评论对于"质"及各种相关的外在征信之物表达了严重的怀疑，并诘问道："行之以礼，又焉用质？"既然外在的"质"根本不能解决"明信"问题，这样的"质"又有何意义呢？进一步言之，礼或约束要得以成立，外在之"质"是没有多大价值的，内在的"忠信"之道才是灵魂。"忠信"如不能得以显现和执行，无论怎么做，都是万事皆空。

---

① 阮元校刻：《十三经注疏》，第1723页。

要之，举凡一事之具，一功之立，眼睛仅仅盯住外在的承诺及形式是不行的，内在的诚敬笃实才是根本。由此，在礼乐崩坏的情形下，一个有趣的思想论题——质文之辨，进入了我们的考察视野。

在《论语》中，关于"质文"问题最有名的一段论述是在《雍也》篇："子曰：'质胜文则野，文胜质则史，文质彬彬，然后君子。'"（6.18）这里所讨论的是个人修养及气质问题。但政治上的"质文之辨"也一样重要，甚至可能就是此种思想辩题的源头。

就语义而言，一般性的理解是，"质文"之"质"为引申义，指的是本质或本来面貌，"文"则是外在的礼文及修饰等。但从"周、郑交质"的故事中可以看到，那里面也有"质文"问题。周、郑皆讲求礼文，但主要涉及的是国家层面的各种举措。而质，则一开始就直接对应着人质——这反倒接近质的本义。《说文解字》云："质，以物相赘。"质，从贝，也即抵押的意思，人质就是从这一指向上来加以定义的。同是"质文"对应，我颇怀疑，由人质而本质，由外而内，正反映了"质文之辨"的历史脉络。也就是说，在"质文之辨"中，虽然"质"在语义上对应着本质或根本等意蕴，但很可能有着人质及礼法故事作为"素地"或前期基础。

更为重要的是，在"质"的意义嬗变中，从对"人质"之"质"加以否决开始，它的内涵所指，很核心的一条，就是与礼文相呼应的"忠信"。故而《左传·隐公三年》的讨论以"昭忠信"结束。沿着这样的逻辑理路，就可以看到，自东周以来，早期中国有一个由崇"礼"到重视"忠信"的思想进路。

而这样的思想意识落实到当时列国纷争的军政形势中，又可以看到,"忠信"的有无,首先受到了政治家的重视,甚至被视为国家生死存亡的关键因素。

接着周、郑之间的故事继续说下去。

在"周、郑交恶"之后,弱肉强食的军政斗争成为主旋律。几十年后,通过火并和征战,晋国开始强大了起来。公元前655年,晋献公觊觎起了相邻的虢国和虞国的土地。但如何以最小的代价一举吞并它们呢?手下向献公进言,可以通过借道虞国的方式,先灭掉虢国,然后再回师灭虞。为了达其目标,晋献公将自己心爱的宝马和美玉送给了虞国国君,这份"重礼"起到了巨大作用。纵使一代贤臣宫之奇以"唇亡齿寒"的道理来劝谏虞国国君,虞公仍不为所动。《国语·晋语二》载:

> 伐虢之役,师出于虞。宫之奇谏而不听,出,谓其子曰:"虞将亡矣!唯忠信者能留外寇而不害。除暗以应外谓之忠,定身以行事谓之信。今君施其所恶于人,暗不除矣,以贿灭亲,身不定矣。夫国非忠不立,非信不固。既不忠信,而留外寇,寇知其衅而归图焉。已自拔其本矣,何以能久?吾不去,惧及焉。"以其孥适西山,三月,虞乃亡。[①]

虽然宫之奇的劝谏未起到应有作用,但是,当他提出"唯忠信者能留外寇而不害",以及"国非忠不立,非信不固"时;当虞国国君因不遵从"忠信之道",最终国破家亡时,"忠信"的政治意义

---

① 上海师范大学古籍整理研究所校点:《国语》,上海古籍出版社,1988年,第297—298页。

及所带来的震撼效果,还是十分巨大的。反之,因"忠信"而得以国存甚至发展强大的正面例子,亦复不少。其中最为典型的,就是齐桓公的故事。

众所周知,齐桓公在国相管仲的辅佐下成为春秋首霸。齐国的成功除了以强大的军政实力为保障之外,"忠信"的号召力也不可忽略。管仲成为齐国国相,得于至友鲍叔牙的极力举荐。鲍叔牙在向年轻的国君举荐管仲时,列举了管氏的种种政治才华和优势,其中有一条就是"忠信可结于诸侯"[①]。也正是对于"忠信"的强调,与单纯推崇暴力和谋诈不同,齐桓公结交和取信诸侯,成为当时的诸侯领袖。

史载,在一次与鲁国的盟会上,鲁人曹沫劫持了桓公,要求齐国退回所占的鲁地。桓公答应后,"曹沫去匕首,北面就臣位",恢复了正常的盟会状态。脱险之后,很自然地,桓公有了反悔的想法。但管仲劝谏他,如果这样做,只是逞一时之快,而且还背负着背信之名。更为重要的是,如果"弃信于诸侯",将会"失天下之援",是不可施行之策。桓公听从了管仲的建议,践行了与曹沫的约定。于是,"诸侯闻之,皆信齐而欲附焉。……桓公于是始霸焉"[②]。

细品这段故事,看上去是一次政治上的让步,但后面所展现的理念,却是"忠信可结于诸侯"。从特定视角来看,齐国的霸主地位,

[①] 此语出自《管子·小匡》。在《国语·齐语》中,作"忠信可结于百姓"。但诚如黎翔凤所指出的,此处"作'诸侯'为是"。黎氏还进一步指出,在《论语·卫灵公》中,孔子对子张的教导:"言忠信,行笃敬,虽蛮貊之邦行矣。"(15.6)亦与此意义相通。参见黎翔凤撰,梁运华整理:《管子校注》,中华书局,2004年,第392页。
[②] 《史记》卷32《齐太公世家》,第1487页。

在很大程度上有效利用了"忠信"的感召力,这一正向力量的加持,使得齐国霸业昌盛。孔子曾赞颂:"齐桓公正而不谲。"而相较之下,同为春秋霸主,"晋文公谲而不正"(14.15)。

可以看到,"忠信"作为一种政治理念,不仅事关霸业兴衰,由此成为春秋时代政治家所关注的论题,也影响了孔子及儒学的思考。当孔子将其引入儒学范畴的时候,这一理念保留了当年的某些政治烙印,但更重要的是,它们的核心点发生了由国家政治向个体修养的位移。

就前者来说,当孔子在《论语》中论及"忠信"问题时,主要的言谈对象是以"干禄"而闻名的子张,甚至有些问题意识与前论的管子论题正相契合。在属于战国时代的郭店楚简《忠信之道》中,也隐隐可见这一历史的印迹。廖名春指出,"简文很可能就是子张本于孔子之说而成的论文"。理由在于,"在孔门弟子中,与他(孔子)讨论'忠信'最多的当属子张",而在《大戴礼记·卫将军文子》所引的孔子师徒对子张的评价中,能看到简文与之"有着同样的精神"。[①]

就后者来看,孔子所推崇的"忠信"虽有着政治层面的思考,但焦点所在,已从"结于诸侯"转向了个体的德性修养。从与"不重则不威"的关联,到与"孝悌"的承接与发展,直至"儒者气象"

[①] 廖名春:《荆门郭店楚简与先秦儒学》,姜广辉主编:《中国哲学》第二十辑,辽宁教育出版社,1999年,第50—51页。另外,关于这一问题,还可参看拙文:《海昏侯墓"孔子衣镜"的弟子选配旨趣及相关问题蠡测》,《地方文化研究》2019年第5期。

的初构,"忠信"成为普遍性的人格要求。所以,在孔门"四教"中,"忠信"与"文行"并论,并成为"学文修行"之"本"。这种转向与聚焦,从孔子时已经开始,在《论语》等文本中可以找到切实的证据,并对后来的思想发展带来了深远的影响。

四、何以"劝士"?

古代世界的知识分子——士人,是宝贵的人才资源。在治国理政之中,如何发挥他们的价值和作用,是历代政治家所面对的重大课题。"劝士",也即激励士人,是其中必不可少的手段。

《中庸》曰:"忠信重禄,所以劝士也。"[1] 依据其说,"劝士"应落实在两大层面:"忠信"与"重禄"。

"重禄"的意义易理解,指向于高官厚禄等,属于职位、实际收益等方面的物质获取。所谓"学而优则仕"(19.13)。在传统社会中,士人凭借知识及才华获得相应的政治平台与待遇,是一般共识,由此,"重禄"成为吸纳士人的重要手段。相较之下,"忠信"则指向于精神层面的激励,与德性、德行等问题密切相关。但由本论题出发,可注意的是,"忠信"是排在"重禄"之前的"劝士"手段,为第一序位。也就是说,在激励士人之时,不能只从物质奖励出发,精

---

[1] 朱熹:《四书章句集注》,第30页。

神层面的作为更加重要。

在传统观念中，士人不是简单的知识生产、兜售及获利者。按照孔子的教导，在"谋食"之外，他们更为重要的表征，是要具有"谋道"精神，德性要求如影随形，不离左右。[1] 在这样的背景下，从春秋政治中脱颖而出的"忠信"理念，在"劝士"过程中一直发挥着不可替代的作用，并成为儒学中重要的政治思想论题。

（一）谁是"忠信"者

在士人激励中，涉及两大人群，激励者——统治者或上层阶级；被激励者——士人。当"忠信"被引入这一范畴时，首先要回答的问题就是：谁是"忠信"者？即"忠信"的承担者或载体问题。

再次审读前引《中庸》章句，可以发现，与对"重禄"的清晰认知不同的是，"忠信"的承担者为谁，自古以来就有着不同的理解。

对于这一章句，朱子的解释是："谓待之诚而养之厚。"[2] "养之厚"的指向十分清晰，指的是统治者给予士人重禄，以此来激励他们，也即是说，做出"养之厚"举动的是上层的统治者。同理，"待之诚"者也是统治者，他们以"忠信之道"来优遇士人。质言之，"忠信"载体不是别的，而是统治者们，他们以"忠信"待士，以此来激励、感化士人。但汉儒郑玄于此有不同意见。他说："忠信重禄，有忠信者，重其禄也。"[3] 依据郑说，"忠信"的载体是士人，有"忠

---

[1] "子曰：'君子谋道不谋食。耕也，馁在其中矣；学也，禄在其中矣。君子忧道不忧贫。'"（15.32）

[2] 朱熹：《四书章句集注》，第30页。

[3] 郑玄注，孔颖达疏：《礼记正义》，阮元校刻：《十三经注疏》，第1630页。

信"者给予"重禄",反之,则应弃用。要之,"忠信"的承担者是谁,有两种说法:一是"劝士"的统治者,因其"忠信",所以"士"受到感召,所谓"士为知己者死",故而得以"劝"之;二是"劝士"之"士",也即是,"忠信"是用来激励士的基本内容。

在后世的理解中,"忠信"似乎多为下对上的立场及表现。从语境来看,孔子所主张的"主忠信"要求,似乎也是对士人所发。

但问题是,上层就不需要"忠信"吗?当然不是。

在《大学》中,有这样的论述:"君子有大道,必忠信以得之,骄泰以失之。"这里面的君子主要就指向于统治者。这些人以"忠信"为要,方拥有优越性和正当性;反之,则是小人之行,即《论语》中所谓的"君子泰而不骄,小人骄而不泰"(13.26)。也就是说,在治国理政中,统治者应行君子之行,秉承"忠信"之道。如果做不到这一点,就会出现《大学》所论的"小人之使为国家,灾害并至"。在这样的逻辑理路下,"忠信"是上层统治者所必具的素养。以此来"劝士",则呈现出"待之诚"的态度。

需要指出的是,这种"忠信"承担者的身份确认,不是朱子的发明。考察儒学发展史,可以发现,与后世将"忠信"及相关的道德要求聚焦于居下者不同的是,至少在孔子及先秦儒家理念中,为上者具有"忠信之道"为理所当然之事。

除了前引《大学》的论述,在《论语》中也有直接的论述。"子曰:'爱之,能勿劳乎?忠焉,能勿诲乎?'"(14.7)此处所表达的,主要就是对为政者及统治者的要求,也即上层阶级必须要有"忠"及"忠信"的品格。翻检典籍,在《盐铁论·授时》篇,有一条相关旁证："县官之于百姓,若慈父之于子也:忠焉能勿诲乎?爱之而勿劳乎!"① 对此还可提供旁证的,是郭店战国楚简《忠信之道》。在这一文本中,"忠信"的承载人就是那些上层统治者。要之,"忠信"不是下层百姓的专属,上层统治者更需"忠信"。

倘再进一步,又可注意的是,在孔子的政治理念中,对臣民所提出的道德要求,一则为上者更须做到,并且应该更为严格;二则为上者行得正,对臣民们才能起到表率的作用。由此,当"季康子问政于孔子"时,夫子有一句非常著名的论述:"政者,正也,子帅以正,孰敢不正?"(12.17)当"帅以正"时,毫无疑问,"忠信"作为"德"之"正""厚"者,是其中核心的内容。所谓"君子之德风,小人之德草,草上之风,必偃"(12.19),上层"君子"影响着士人和百姓。既然上层的"君子"要具备"忠信"之德,很自然地,在"劝士"之时,士又焉能不具"忠信"品质呢?

也由此,可以认为,在孔子及儒学思维中,"忠信"的两大承载体是不能分裂的。清儒赵翼通过历史的比较,曾得出这样的结论:"其君与臣本皆一气所钟,故性情嗜好之相近,有不期然而然者,所谓有是君即有是臣也。"具体例子是,"西汉开国,功臣多出于亡命无赖,至东汉中兴,则诸将帅皆有儒者气象"。这种相异局面的出现,深受西、东汉开国之君的个人气质影响,即所谓"亦一时风会不同也"。②

---

① 桓宽撰,王利器校注:《盐铁论校注》,中华书局,1992年,第423页。
② 赵翼:《廿二史札记》卷四《东汉功臣多近儒》,王树民校证:《廿二史札记校证》,第90—91页。

将此历史逻辑落实于"劝士"问题上，可以确定的是，当君主及上层统治者以"忠信"为本时，所"劝"之"士"，也应是"忠信"之人；反之，要求士人"忠信"，上层却"不忠不信"，那么，如何能"帅以正"呢？真正的"忠信"之士也不可能为之效命。质言之，无论君臣或上下层之间其他方面的差异如何大，但只要以"忠信"为本，自当一体遵之。否则其间出现价值观的分歧和断裂，"劝士"无论如何也是落实不下去的。

（二）三国故事的启示

循着上述理路而进，可注意的是，无论"忠信"侧重于何种人群，其内核所在皆为道德和公义，孔子说"主忠信，徙义，崇德也"（12.10）。质言之，"忠信"就是"德义"的表征。在郭店楚简《尊德义》篇中，也有大量关于"忠信"的论述，可以印证这一点。《周易·乾卦·文言传》则曰："君子进德修业，忠信，所以进德也。"[1] 或者也可以这么说，"忠信"是"进德"的保证，"进德"需要"忠信"来加以展现。由此，当以"忠信"来"劝士"的时候，实质所遵循的是道德准则，所展现的是"德义"要求。

但进一步的问题是，倘跳出儒学语境，或许有人会问：就人才的使用来说，"忠信"这样的"德义"要求，真的是不可或缺的吗？纵览历史，在某些时候，尤其是儒学失去掌控力的乱世，"忠信"等"德义"要求往往会受到质疑，甚至可能会被认为是迂腐和不成事的表现。

---

[1] 阮元校刻：《十三经注疏》，第15页。

政治家们面对这些问题做出思考，并有着明确应对举措的典型历史时期，是三国时代。

三国时代，是军政斗争极其残酷的时代，也是人才辈出的时代。招揽人才，为己所用，从而取得有利地位，直至实现最终的战略目标，是当时极为重要的策略。作为制胜的法宝，"人谋"以及人才的使用，不仅为后世所重视和研究，也是当时政治家们的自觉意识。

公元207年至208年，在赤壁大战的前夕，刘备"三顾茅庐"，向比自己小20来岁的青年才俊诸葛亮虚心问计。在这一次开创蜀汉霸业，影响三国历史的相见中，诸葛亮献上了"隆中对"，在为刘备详细分析天下大势的基础上，提出了今后的战略方向，历史由此揭开了新页。

在"隆中对"中，诸葛亮提出了"联吴抗曹"的主张，并对当时主要军政集团的实力和发展态势作了精准分析，尤其关注了这些集团在百姓归附和人才使用方面的问题。其中，在分析最大的对手曹操时，诸葛亮指出，曹氏能够"以弱为强者，非惟天时，抑亦人谋也"[1]，一针见血地揭示出曹操成功的秘诀——"人谋"。由本论题出发，特别重要的是，在"人谋"的实现中，固然有着曹操的雄才大略，但是，集团中雄厚的人才储备是绝不可忽视的另一面。或者也可以说，在曹氏集团日益强大的过程中，与之相伴的，就是人才的兴盛。

曹操自己也十分清楚这一点，故而曾以"周公吐哺，天下归心"[2]

---

[1] 《三国志》卷35《蜀书·诸葛亮传》，第912页。
[2] 曹操：《曹操集》，第8页。

自况。

周公旦被誉为一代圣人。作为周初事实上的最高统治者,他不仅才华出众,更能以恭谨谦逊的态度礼贤下士,其中传为美谈的,就是所谓的"周公吐哺"。《史记·鲁周公世家》载:"一沐三捉发,一饭三吐哺,起以待士,犹恐失天下之贤人。"[1]周公听说有贤人到来,在洗头的时候,赶紧抓住自己的头发出来;在吃饭的时候,则赶紧吐出嘴里的食物来相见,如此屡次三番。那么,有人会问了:周公为什么不洗完头、吃好饭再来见面呢?答案是"犹恐失天下之贤人"。周公是担心因为自己的私事耽搁了时间,人才在等待中觉得受怠慢而离去。这真可说态度真诚,信义备至,极好地演绎了"忠信"之德。

但曹操毕竟不是周公。他与周公的相同之处,在于位高权重,渴望纳贤。二者更有着巨大的不同,那就是对于"忠信"及"德义"的态度。总的来说,曹操不仅在这方面颇有缺失,甚至还十分坦白地向天下人宣示,他所需要的人才无需具有德性修为,只要能够"治国用兵"就可以。从这个角度来看,在曹操的"劝士"理念中,"忠信"及"德义"是缺位的。

建安十五年春,也即公元210年,曹操下达了著名的求贤令。在这份"唯才是举"的政治文件中,极为特异之处在于,曹操明确提出,只要有"才","德义"问题无足轻重,甚至"盗嫂受金"的丑行都可以不顾。[2]一句话,只要具备"治国用兵"的本事,就可

---

[1] 《史记》卷33《鲁周公世家》,第1518页。
[2] 陈寿:《三国志》卷1《魏书·武帝纪》,第32页。

以来曹氏阵营，管你"忠信"还是不"忠信"。几年后，为了使这一举措得以落实，他再次申明这一主张："负污辱之名，见笑之行，或不仁不孝而有治国用兵之术，其各举所知，勿有所遗。"[①]

靠着这种"唯才是举"的风格，曹氏集团不断做强做大，也取得了一个又一个的胜利。似乎证明"忠信"等"德义"内容并无那么重要。但问题有两个：一是这种"劝士"，能获得士人为之效死的结果，并由此维系长期稳固的统治吗？二是所有的士人，尤其是有气节和才华的"忠贞之士"会受其感召吗？

答案是否定的。

回首历史，曹魏集团虽然人才济济，强盛一时，并最终建立了新的政权。然而，在它的人才队伍中多是投机分子及奸诈之徒。至少在这些人混得风生水起后，忠义气节成为稀罕物，由此，潜伏的狂浪不断冲击着曹魏的政治大厦。随着国祚日移，曹氏一族遭到了司马氏残忍的杀戮。曹操蔑视"忠信"，相信谋诈与利益的结合，犹若一把锐利的凶器，虽然获得了短暂的成功，但也最终斫伤了自己及家族，直至灭宗覆国。

而在蜀汉阵营中，刘备与诸葛亮的故事作为反向的例子，则不仅提供了"劝士"的另一向度，亦给后世带来了无穷的激励，让人掬一把伤心之泪。

我们看到，刘备对于诸葛亮推心置腹，高度信任。

他们相见时，刘备已是成名英雄，诸葛亮不过是初出茅庐的年

---

① 陈寿：《三国志》卷1《魏书·武帝纪》，第49页。

轻小伙。寸功未显,却获得"如鱼得水"的评价及高度信赖。许多年后,已为托孤老臣的诸葛亮还能记得那一幕,他说:"先帝不以臣卑鄙,猥自枉屈,三顾臣于草庐之中,咨臣以当世之事,由是感激,遂许先帝以驱驰。"所谓"士为知己者死"。他对蜀汉政权的"鞠躬尽瘁,死而后已",其实是刘备以"忠信"换取而来的。与之相应的是,诸葛亮亦以"忠信"回报了"先帝之殊遇"。当白帝托孤之时,他坚定地表示:"臣敢竭股肱之力,效忠贞之节,继之以死。"[①] 并以余生践行了自己的诺言。

刘备、诸葛亮之间的君臣际遇,令人感动。但感人之处的核心,实为"忠信"二字。

数百年后,唐代大诗人杜甫来到纪念诸葛亮的武侯祠堂,写下了千古名篇《蜀相》,其中有这样的句子:"三顾频烦天下计,两朝开济老臣心。出师未捷身先死,长使英雄泪沾襟。"有学者指出:"强调诸葛亮鞠躬尽瘁、死而后已的精神""着重在'老臣心'三字""道出了他们壮志未酬、功业夭折的无穷遗恨""使平庸的人读后也不禁要肃然起敬,受到精神的震动"。[②] 什么是"忠信"?它们或许有很多面向,可以做出各种学理性的考索,但刘备、诸葛亮之间的忠诚与信义,无疑做出了极好的诠释。为什么诸葛亮明知不可为而为之?孤臣之心中满怀的是"忠信之道",这样的信念激励着季汉丞相,也使得后世的士大夫们在一次次的咏叹中慨然泣下,难以自已。

"忠信"何以可"劝士"?怎样去找寻最后的答案?当你伫立

---

① 以上引文,分见《三国志》卷 35《蜀书·诸葛亮传》,第 913、920、919 页。
② 葛晓音:《杜甫诗选评》,上海古籍出版社,2002 年,第 106 页。

在锦官城外的丞相祠堂前,在"映阶碧草""隔叶黄鹂"旁,在抚今追昔的历史影像里,在"老臣心"的寻觅路径中,或许将心有所感……

五、忠臣问题与"君臣之义"

在中国古代,"忠信"的一个重要落实点是"为臣之道",也即忠臣问题。

做一个什么样的臣民,自古以来就是儒学考量的重要问题。所谓"一等人忠臣孝子,两件事读书耕田"。未仕之前,耕田事亲;入仕之后,为国尽忠。这早已成为儒生深入骨髓的基本信条。所以,无论是在朝廷的正面宣扬和表彰中,还是在民间文艺作品中,歌颂忠臣、贬斥奸臣的材料可谓汗牛充栋,不绝于耳,浸润在每一阶层的精神世界。甚至可以说,"做忠臣"的相关理念及思想印记,对于今天的中国人都有着或隐或现的影响。

忠臣问题的提出和实践,在孔子之前已经存在。《左传·僖公二十三年》载:"子之能仕,父教之忠,古之制也。"[1]

但自孔子出,一则继续延承这一观念,确认了忠臣的价值和意义;

---

[1] 阮元校刻:《十三经注疏》,第1814页。

二则将其纳入了儒学的理论系统，并日渐严密。所以我们看到，孔子在回答鲁定公的提问"君使臣、臣事君如之何"时，明确指出："君使臣以礼，臣事君以忠。"（3.19）既然"臣事君以忠"，毫无疑问，孔子对于忠臣问题是认可且重视的，并将其视为君臣关系中的重要环节。

忠臣之所以"忠"，并非由一时的感性所驱使。

孔门中的"政事"代表子路曾言："不仕无义。长幼之节，不可废也；君臣之义，如之何其废之？欲洁其身，而乱大伦。君子之仕也，行其义也。道之不行，已知之矣。"（18.7）由此可知，儒学中的忠臣理念及种种行为要求，贯彻的是"君臣之义"，有着深入的理性思考及意义探究。可以说，有什么样的"君臣之义"，就会有什么样的忠臣，后者是前者的思想果实。要探讨忠臣问题，离不开"君臣之义"的基本要求。

孔子以后的政治家和思想家多披着儒学外衣来阐释"忠臣"之道，但较之孔子时代的理念，在内容上其实颇有变化，甚至有着扭曲之处。尤其是随着皇权的扩张与加深，以及"外儒内法"的无孔不入，帝制时代的臣民，其基本人格及权力主张日渐失去，儒家当年昂扬的"士气"日渐消沉。在这样的背景下来看"君臣之义"及忠臣要求，越到后来，华丽的外衣下越来越露出奴性的底裤，所见者，很多已非孔子所传，而是灌注了法家之术的帝王之道。

由此，要讨论忠臣问题及"君臣之义"，要见孔子的真精神，就不得不以《论语》等先秦典籍为核心，深入于原始儒家的思想内核之中。倘以后世的儒家，甚至是伪儒家之见来加以论述，往往得到的是变形的"君臣之义"，甚至以反其道而行之的法家思想为底本。

以此来阐发孔子思想，焉能不谬以千里？

（一）所"忠"者何

在《论语》中，"忠"的首次出现在《学而》篇的曾子之言中："为人谋而不忠乎"。它的落脚点在"为人谋"。再析而论之，又有两个层面：一是人；二是事。所谓的"忠"，固然因应着具体的人，即"忠臣"服务或工作的对象——也即所谓的君及其他相应的人群，但更重要的是，与人所发生的关系，是因处理事务而来。"忠"的基本载体，首先是为人所谋之"事"。从政治角度来说，则是所谓的"政事"。孔门"四科"中有此一科，即可说明"事"的核心意义。

前已论及，"尽己之谓忠"。忠是毫无保留地付出自己的努力，不藏私，不打折扣。就所谋之事而言，实质上就是一种忠于职守的态度。它不因个人的荣辱变动而有所偏私。

先来看《论语》中的一段讨论。

有一次，子张与夫子说起楚国子文的事情。子文三次担任令尹（相当于宰相）这一重要职位，每次上任时都没有喜色；三次被罢官，也没有怨恨之态。而且每次交接工作的时候，一定会将所有的政务一一告知新的令尹，以便于此后工作的顺利展开。子张问孔子，怎么评价这个人、这种事。孔子的回答是"忠矣"（5.19），认为这就是忠的表现。很显然，子文之忠，是对其职守，对所谋之事的"尽己"，它绝不会因人而废事。也就是，政事为先。在政治上，忠就是要对政事做出负责任的处理，不能因人而有所改变，从而对特定的人表现出特定的态度。

现在，来看一段晏子的故事。

晏子是春秋末期的齐国国相，也是被孔子尊为师长的一代贤人。[①] 作为重臣的晏子，曾有过一段关于忠臣问题的论述。

齐庄公因个人行为不检，被权臣崔杼所杀。混乱之际，当时还未为国相的晏子"立于崔氏之门外"，有人问他："要为国君而死吗？"晏子说："难道是我一个人的国君吗？我为什么要为他而死呢？"那人又说："那么，赶快逃吧？"晏子说："我有罪过吗？为什么要逃走？"又说："要不就回去吧。"晏子回答道："国君死了，我现在要回到哪里去呢？君主是百姓的君主，以社稷为根本，主持国家大计，而不是以此来凌驾臣民。作为君主的臣下，也是为了社稷而做事，而不是仅仅为了君王给的口粮而存在。所以，君主为国家而死，那么我就为他死；君主为国家而逃，那么我也为他逃亡。当君主为自己的私事而死或者逃亡之时，如果不是他宠爱的私属，就没必要追随他而去。"说完这番话后，晏子进入门内，对庄公行哀悼之礼，然后如仪而去。[②]

在这段故事中，晏子对于君主虽致哀悼之情，却没有为之死节或逃亡。从后世的一般认知来说，似乎不太符合忠臣的标准。然而，孔子为什么还对他那么尊重呢？很大的一个原因就在于，依据早期儒学的理念，晏子此种表现，是被视为忠臣之行的。《孔

[①] 《史记·仲尼弟子列传》载："孔子之所严事：于周则老子；于卫，蘧伯玉；于齐，晏平仲；于楚，老莱子；于郑，子产；于鲁，孟公绰。"晏平仲即晏子，名婴，字平仲。另有一种说法，字仲，谥平。

[②] 参看杜预注，孔颖达疏：《春秋左传正义》，阮元校刻：《十三经注疏》，第1983页。

子家语·辩政》载夫子之言道:"晏子于君为忠臣,而行为恭敏。故吾皆以兄事之,而加爱敬。"① 而在《说苑·臣术》中,则载有一段齐侯与晏子的相关讨论:

> 齐侯问于晏子曰:"忠臣之事其君何若?"对曰:"有难不死,出亡不送。"君曰:"裂地而封之,疏爵而贵之;吾(君)有难不死,出亡不送,可谓忠乎?"对曰:"言而见用,终身无难,臣何死焉!谋而见从,终身不亡,臣何送焉!若言不见用,有难而死之,是妄死也;谏而不见从,出亡而送之,是诈为也;故忠臣者,能纳善于君,而不能与君陷难者也。"②

在这段讨论中,晏子面对着"忠"的质疑,明确提出,君臣之间的关系,实质上是由"为人谋"而建立起来的。再结合前面的故事,可以确认,忠臣所谋者,是社稷之事,而非人君之私。纯粹处理私事的人,只能是君主的私属,而非大臣。臣,尤其是忠臣所应为的,是"能纳善于君,而不能与君陷难者"。如果君不采纳这些意见,不能"谋而见从",实质上,就是君破坏了与臣之间的议定,臣当然就没必要为之殉难了。很显然,从特定意义来看,君臣之间,绝非那种不问是非的绝对服从关系,而是因社稷和事业相结合的"伙伴"。由此,很自然地,就转入下面的讨论——

(二)"不仕无义"

从"谋于事"的角度作分析,忠臣之忠,在于职守和社稷,而

---

① 陈士珂辑:《孔子家语疏证》,上海书店,1987年,第91页。
② 刘向撰,向宗鲁校正:《说苑校证》,第46—47页。

不是单单地依附于人君。但是，事与人又是不可分的。在君臣关系中，当"谋于事"时，事由君定。由此观之，与"事"发生联系时，不可能绕开后面的"人"。

但是，依据孔子及早期儒家的理念，忠臣对于"事"后面的"人"——君所具的立场和态度并非永不改变。在"为人谋"的过程中，一方面，就"事"的角度来看，"事"毕——解除工作关系了，他们之间或许就可以解除君臣关系，所谓"不在其位，不谋其政"（8.14）。臣可以觅新君，君也可以选拔新的臣。另一方面，就"人"的角度来说，臣为君服务，而且需要"事君以忠"，但它是以"君使臣以礼"为前提的。如果君不尊重臣，臣可以一走了之。臣不是唯唯诺诺的私属，而是为社稷服务的具有选择性的自由主体。

更为重要的是，如果君是无道昏君，更要尽快离去，否则就是助纣为虐。孔子教导说："君君，臣臣，父父，子子。"（12.11）长期以来，这句话被一些人视为单纯服从君父的说辞。但究其实，这里所反映的，恰恰是对等与双向性。君要有符合君的言行，臣才能为之臣。反之，君不君，则臣不臣。[①]君要做好自己的本分，上等者如尧舜禹文武等圣王；等而下之的庸主，只要不违礼，臣依然能"事君以忠"，倘突破了这一底线，自然君臣二分。

依据儒学理念，在这一过程中，作为臣的士大夫应该牢牢掌控着主动权。这种主动权的获得，与士的精神追求及品质有着重要关联。士何以为士？因为追求道义。在《论语》及其他儒籍中，这样

[①] 关于这一问题，亦可参看舒大刚、彭华著：《忠恕与礼让——儒家的和谐世界》，四川大学出版社，2008年，第122页。

的论述可谓比比皆是。如在《里仁》篇中,连续三段章句讨论这一问题:

> 子曰:"朝闻道,夕死可矣。"(4.8)
> 子曰:"士志于道,而耻恶衣恶食者,未足与议也。"(4.9)
> 子曰:"君子之于天下也,无适也,无莫也,义之与比。"(4.10)

根据孔子的教导,士应该惟道是从。这样的理念落实于君臣问题上,则是为臣时需要严守道义,即《荀子·子道》所谓的:"从道不从君,从义不从父,人之大行也。"[1] 在一般状态下,它体现在点滴言行之中。但倘若在特殊情况下,君不能让臣伸张道义,甚至君本身是无道之君,则臣不需要继续为他服务。

君臣之间有着双向的选择性,这与后世单向地强调臣无条件服从于君是很不一样的。也即是,当臣选择了君之后,自当尽忠尽责;但倘若"君不君"时,则不必效忠死守,也即子路所言的"不仕无义"(18.7)。

孔子本在鲁国为司寇,并担任摄相,可谓富贵在身。可是他居然有官不做,周游列国去了。更重要的是,孔子这一走,栖栖遑遑,他不是去游山玩水的,而是希望找到施展政治抱负的新空间。所以,孔子一路上没有绝弃过仕进之念,不断推销自己的政治主张,希望在游走各国时,获得人君的赏识。

结果是四处碰壁。

---

[1] 王先谦撰,沈啸寰、王星贤点校:《荀子集解》,第529页。

要说起来，孔子是欲为臣而不可得。虽然他主张"臣事君以忠"，但"不仕无义"的坚持，使得他连臣都做不成了，自然也就没有成为某一国"忠臣"的可能了。

但这样的结果，是孔子自己的选择，也是他及儒学为臣之道的体现。

为什么孔子在鲁国政坛身居高位之时一走了之呢？终究是因为鲁国国君及其他执政者昏聩无能，已不能信用孔子了。所谓"言不见用"，"谏而不见从"，若再继续"为人谋"，就必须要折损自己的主张甚至是底线。由前已知，"忠，德之正也"。若为了利禄和官位而曲学阿世，势必行不正之举，倘如此，忠将焉附？这里面没有人身危险及其他外力的压迫，孔子的离去，是道义受阻，为了"不仕无义"，而不得已为之。此后在周游列国时也是如此，孔子不是没有机会在新君那里成为新臣，但由于不能"谋而见从"，也只好失望地离去。

（三）"鸟能择木"与"孝慈则忠"

倘仅以后世的眼光来加以观察，以臣的身份来看，在对待人君之时，孔子的态度似乎颇有冲突之处。

一方面，他最终没有向某个人君输诚，而是不断地游走，不断地选择新君。但另一方面，在具体的接触中，他对待人君又十分恭谨。根据《论语·乡党》的记载，当"君赐食""侍食于君""君视疾""君命召"之时，他情态上的小心与敬肃可谓呼之欲出，甚至出现了"事君尽礼，人以为谄也"（3.18）的评价。

以世人的眼光看来,孔子在"尽礼"时已经做到了极致,甚至看起来有些"过分",那么他为什么不从一而终,尽忠于某位人君呢?

答案是,"尽礼"之时,臣的身份及礼数要求决定了必须严守外在的规范;但要做到一直尽忠,则需要进一步问自己,君臣之义是否还在?如果道义上有了折损,在"不仕无义"的要求下,可以做出新的选择,也即脱离原有的君臣范畴。《史记·孔子世家》载,孔子在政治上失望之后,留下了这样的表述:"鸟能择木,木岂能择鸟乎!"[1] 作为"良禽"的孔子,所栖之"木"是有选择性的。"木"需为"良木","良禽"才会择而栖息。推而言之,君为"木",臣为"鸟"。臣要忠,则君需要做好自己,也即前所言之"君君,臣臣"。

人君无道无义,自然可以一拍两散。但问题是,且不说这世间以庸主居多,无道暴虐者也并非一开始就表现出来,作为一名士人,如何在一开始判定孰为"良木",从而做到择"木"而栖呢?反之,作为人君,又当以何种状态,来展现出"良木"的风貌,从而吸引"良禽"呢?很重要的一条就在于,人君的"孝慈"。它们是激发臣尽忠的基本前提。

有一次,鲁国执政大臣季康子问孔子:"使民敬,忠以劝,如之何?"季康子问了三方面的问题:敬、忠、劝,也即敬上、忠诚、努力。他请教孔子,如何让老百姓做到这三点。孔子回答道:"临之以庄,则敬;孝慈,则忠;举善而教不能,则劝。"(2.20)

因主题所限,关于"敬"和"劝"的问题姑置勿论,我们主要

---

[1] 《史记》卷47《孔子世家》,第1934页。

看对"忠"的讨论。

依据季康子的本意,他想知道的是,如何使老百姓敬、忠、劝。但孔子在回答时将责任主体做了置换。也即是,臣下的表现,主要由君上的作为所带动。落实到"忠"的问题上,要使得臣民尽忠,那么,君上就应该首先做到"孝慈"。朱子说:"孝于亲,慈于众,则民忠于己。"[①]也即是,君王对于自己的双亲要孝敬,对百姓要像慈父、慈母对待自己的孩子一样。在这里,本属家族范畴的孝亲、爱子理念,被引入家国天下层面作推衍,属于伦理政治的思路。

《礼记·祭义》说:"贵老,为其近于亲也……慈幼,为其近于子也。"[②]要义所在,就是要求政治家将对待父母儿女的"孝慈"推之于治天下,也即孟子所谓的"推恩"。《孟子·梁惠王上》曰:"老吾老,以及人之老;幼吾幼,以及人之幼。天下可运于掌。"[③]在我看来,这些思想的源头,与《论语》中的这一阐述有着直接的关联。

这样的思路,将"孝慈"与尽忠、家与国的伦理紧紧地联系在一起,深刻地影响了后世的中国人。

西汉末年,权臣王莽篡汉夺权,建立了新朝。在这一进程中,王莽一度以"影帝"级的表现赢得了人心。篡位之前,他恭谨勤政,从各种表现来看似乎很是忧国忧民,关爱大众,从而以周公再世的形象获得了广泛的称道。然而,有一个叫逢萌的人看出了野心家的真面目,觉得乱世即将到来,于是"解冠挂东都城门,归,将家属

---

① 朱熹:《四书章句集注》,第58页。
② 朱彬撰,饶钦农点校:《礼记训纂》,第706页。
③ 朱熹:《四书章句集注》,第209页。

浮海，客于辽东"。逢萌作出预判的依据是什么呢？因为"王莽杀其子宇"。其实岂止是王宇这个儿子，还有两个儿子，以及王宇之妻也死于王莽之手。这种做法，能称得上"孝慈"吗？答案当然是否定的。逢萌由此认为，对于新朝不可效忠，只能隐居避祸。于是他决绝地对友人说道："三纲绝矣！不去，祸将及人。"[①]

再次回到孔子的思路上来。

按照孔子的逻辑，毫无疑问，臣下是否忠于君上，是要看上层如何对待自己的亲人，以及是否能以对待亲人的情感推之于天下。如"孝慈"到位，就会出现《孟子·公孙丑上》所言的"以不忍人之心，行不忍人之政"的仁政局面。反之，如果对于家人都能忍心不顾，对于民众自然毫无恻隐之心，这样的人君是不值得效忠的。哪怕他表演得再好，"孝慈"一失，人伦丧尽，臣下绝无效忠的可能。

（四）谏诤与尽己、尽礼

忠臣当以真诚的态度和责任感对待自己的工作，在这样的要求下，谏诤成为必然选择，并连接着尽己与尽礼。

前已言及，忠是"尽己"。如何"尽己"呢？诚是极其重要的一面。在"为人谋"的过程中，当"在其位"时，需要拿出全部的真诚，而不能有所保留与隐瞒。在古人的认知中，忠本就有着诚而不欺之意，忠诚往往连用。一个忠诚的人，当发现政事中出现了问题，发现君主有错时，能视而不见吗？不能。如果那样，不仅是极不真诚的表现，也是一种自欺欺人的行为。由此可注意的是，在解读"为

[①] 《后汉书》卷83《逸民列传》，第2759页。

人谋而不忠乎"章句时,清儒刘宝楠指出:"诚心以为人谋谓之忠,故臣之于君,有诚心事之,亦谓之忠。"①

《大学》曰:"所谓诚其意者,毋自欺也。"② 一个忠诚的人,不能欺骗自己的良知。当然就更不能由此欺骗君主,从而自欺欺人。所以,当子路请教如何"事君"的时候,孔子回答道:"勿欺也,而犯之。"(14.22)孔子明明白白地告诉自己的弟子,作为一名臣子可以冒犯君主,但不能欺骗他,讲真话,进忠言遂成为基本要求。所以,在解释"勿欺也,而犯之"时,孔安国注曰:"事君之道,义不可欺,当能犯颜谏诤。"③

在政治生活中,为什么臣子们会不讲真话,从而有欺上之举呢?除了为自身谋利的考量,在更多的情况下,或为了讨好上峰,或因为君王及上级的威势而感到害怕,或担心丢官甚至丢了性命。在重重压力之下,为了不拂逆君心,从而巩固自己的官位,阿谀奉承、欺世盗名等行为在历史上屡见不鲜。这是为社稷而谋的忠臣之作为吗?当然不是。敢于提出意见,甚至匡正君主之失,才是应有的忠臣态度,也是为臣的基本道义。但这样一来,君臣易发生冲突,他们之间的礼敬仪态存在着破裂的风险。由此,"尽礼"和"犯颜谏诤"也成为一名忠臣必备的素养。甚至从特定意义来说,"犯颜谏诤"就是为了"尽礼"。

孔子持论如此,早期儒家也大多持这一立场。我们看到,子思

---

① 刘宝楠撰,高流水点校:《论语正义》,第10页。
② 朱熹:《四书章句集注》,第7页。
③ 刘宝楠撰,高流水点校:《论语正义》,第585页。

在回答鲁穆公"何如而可谓忠臣"的提问时,曾这样应答:"恒称其君之恶者,可谓忠臣矣。"子思居然告诉国君,指陈君主恶举的才是忠臣。这样的回答让穆公很不高兴。在"公不悦"的情况下,子思"揖而退之"。[①] 可注意的是,子思不仅肯定了谏诤与忠臣之间的关系,而且通过"揖而退之",展现了"尽礼"的一面。"尽礼"而不损其忠,为了道义和社稷,必须"犯颜谏诤",这才是儒家的真精神。

当然,要说起来,臣子"犯颜"也是不得已而为之的行动。

因为臣子更大的责任,或者说最终的目标,在于不让君主陷于不义,直至社稷倾覆。就人臣来说,通过谏诤,能在"德之正"的道路上持续向前,更重要的是,如果不敢言,不仅失其"正",对于国家发展而言,也是一种危险的举动;对于个人德性来说,则是没有"尽己"的表现。所以《孝经·谏诤》说:"天子有争臣七人,虽无道不失其天下。……父有争子,则身不陷于不义。故当不义,则子不可以不争于父,臣不可以不争于君,故当不义则争之。"[②]

据《礼记·檀弓上》,孔子曰:"事君有犯而无隐。"[③] 此论与前引《论语》章句正相契合。刘宝楠指出:"若隐即为欺矣。"[④] 就忠的政治落实来看,在面对君主时,"尽己"当然要无所隐瞒,应知无不言,言无不尽。否则何"尽"之有?从这个角度来说,诤臣即忠

---

① 郭店楚简《鲁穆公问子思》,参见李零:《郭店楚简校读记》,北京大学出版社,2002年,第85页。
② 阮元校刻:《十三经注疏》,第2558页。
③ 朱彬撰,饶钦农点校:《礼记训纂》,第78页。
④ 刘宝楠撰,高流水点校:《论语正义》,第585页。

臣，倘不谏诤，就失去了成为忠臣的资格。

当然，不可否定的是，随着皇权的加深、加固，后世朝堂之上多为唯唯诺诺之徒，甚至将不问是非的绝对服从当成了忠臣的表现。

但这是完全违背孔子及儒家之道的。在《韩非子·忠孝》中，韩非对于当时孔子及儒家的忠臣观念可谓冷嘲热讽。直斥道："孔子本未知孝悌忠顺之道也。"那么，在他看来，什么样的人才是忠臣呢？完全服从，对于君王绝不做出任何非议之举。所以《忠孝》篇又说："人主虽不肖，臣不敢侵也。""所谓忠臣，不危其君；孝子，不非其亲。"[1]更极端的是，为了顺从君王，基本的是非都可以放弃，《韩非子·有度》说："贤者之为人臣，北面委质，无有二心。……顺上之为，从主之法，虚心以待令而无是非也。"[2]

《孟子·公孙丑上》说："无是非之心，非人也。"[3]儒家以遵从道义为从政的基本前提，在此基础上做到"尽己"，方为忠臣。不讲是非，不仅失去做忠臣的资格，甚至连成为人的资格都没有。在这样的基本前提下，孔子认为，臣下倘不能"以道事君"，那便是充数之臣，属于没有起到应有作用的"具臣"。孔子甚至由此对于自己的弟子冉有、子路都提出了批评。他说："所谓大臣者，以道事君，不可则止。今由与求也，可谓具臣矣。"（11.24）

为什么在孔子看来，冉有、子路也是"具臣"呢？就在于他们没有尽到谏诤的责任。当孔子作出这番评价的时候，冉有、子路正

---

[1] 王先慎撰，钟哲点校：《韩非子集解》，第466、467页。
[2] 王先慎撰，钟哲点校：《韩非子集解》，第34页。
[3] 朱熹：《四书章句集注》，第237页。

在鲁国执政大夫季氏手下做着宰臣。根据《论语》的记载，当季氏旅于泰山兴僭越之礼时，冉有没有加以阻止；当季氏讨伐颛臾之时，二人又不加阻止，这引起了孔子的不满。[①]

值得注意的是，冉有、子路并非没有谏诤的动机，冉有辩解道："夫子（季氏）欲之，吾二臣者皆不欲也。"（16.1）在孔子看来，臣下就应该"以道事君，不可则止"，二位弟子的做法没有达到"尽己"的程度，也就失去了以道义辅佐人君的"君臣之义"，当然是很不妥当的。

有用、没用是一回事，谏还是不谏又是另一回事，"在其位谋其政"，因臣子的道义和责任所在，必须"尽己"进谏。如果君主真的不听，怎么办呢？后世有所谓的"死谏"，以生命来进言。但问题是，如果君主能由此而醒悟，或许臣子还死得其所，一般情况下，大概率是臣子白搭上一条性命。

所以，孔子是不主张如此作为的。他提出："忠告而善道之，不可则止，毋自辱焉。"（12.23）这虽然是对于朋友之道所提出的意见，但君臣是特殊的朋友，在此亦能适用，并与前所引及的"以道事君，不可则止"相契合。也就是说，忠臣"从道不从君"，对于君主发出"忠告"是基本责任。但如果臣子的责任已尽到，君主还是不听，则可以停止这种行动，即所谓"不可则止"。

为什么要"不可则止"？答案是"毋自辱焉"。士人有自己的尊严，《礼记·儒行》篇引孔子之言："儒有可亲而不可劫也，可近

[①] 这一问题也可参看杨伯峻：《论语译注》，第118页。

而不可迫也，可杀而不可辱也。"对于一般朋友如此，对于更为强势的君主更是如此。所以孔门高弟子游说："事君数，斯辱矣；朋友数，斯疏矣。"（4.26）

当孔子在鲁国为官之时，鲁国执政者耽于女乐，不再听政。在"以道事君"已无望的前提下，孔子走了，并悠游以歌道："彼妇之口，可以出走；彼妇之谒，可以死败。盖优哉游哉，维以卒岁！"[①] 谏诤是忠臣所应为，但谏诤的另一面是，当责任已经尽到，"尽己"已经完成，臣下之"忠"不能再次延续的时候，下一步，则是"不仕无义"。保留士人的尊严及生命，对自己负责，在"出走"中寻觅新的空间。或优游山林；或在双向选择之下另择"良木"。由此完成对君、对己的最后之"尽礼"。这样的生活形态，自孔子以来，影响了几千年来的知识分子，是一笔值得认真体会的政治文化遗产。

---

① 《史记》卷47《孔子世家》，第1918页。

第六讲 朋友之道

道不同，不相为谋。

愿车马衣轻裘与朋友共，敝之而无憾。

朋友信之。

四海之内皆兄弟也。

朋友切切偲偲，兄弟怡怡。

君子以文会友，以友辅仁。

德不孤，必有邻。

友直，友谅，友多闻，益矣。友便辟，友善柔，友便佞，损矣。

无友不如己者，过则勿惮改。

仲由 子路

一、何为"朋友"?

在儒家典籍中,人伦关系是核心关注点。《中庸》将其总括为五种"天下之达道",分别为"君臣也,父子也,夫妇也,昆弟也,朋友之交也"。[①] 其中,"朋友之道"亦可称为"朋友之伦"或"朋友之纪"。它的重要和特殊性表现为,相较而言,君臣、父子等关系有主次顺位,在理念的施行上更具确定性,而"朋友之道"则更具平等性、开放性。由此,在历史的岁月中,"朋友之道"的覆盖面更广,也更为复杂。

朋友是一个历史的概念,在不同语境下,所言、所指并不完全一致。为了后面的论述更为准确,有必要在语义学的视野下,先看看《论语》中的"朋友"到底有何含义。

在今天,"朋友"是一个常用词,指的是有交情的人。但在古代,以及在《论语》中也是如此吗?

---

① 朱熹:《四书章句集注》,第29页。

"朋"在《论语》首章中已出现,即所谓"有朋自远方来"。如果翻译成现代汉语,"朋"可译为朋友。但如果要细化的话,依照古人的说法,"同门曰朋",指向于同一师门的师兄弟们,如汉儒包咸就是这么说的,比之更晚的郑玄则说:"同门曰朋,同志曰友。"[1]如果这样的话,从狭义上来看,"朋"这一群体就只能落实于同门之内,与"友"有所差别。[2]

但与此同时,自汉唐以来,就有"有朋"作"朋友"或"友朋"的说法,《白虎通·辟雍》云:"师弟子之道有三:《论语》云:'朋友自远方来',朋友之道也。"陆德明《经典释文·论语音义》也说:"'有',或作'友'。"[3]也即是说,"不亦乐乎"的对象不限于"朋",还有"友"。作为复合词的"朋友",在《论语》的开篇就被提及。

不仅如此,在《论语》的具体章句中,"朋"与"友"之义往往互通。

如曾子说:"以能问于不能;以多问于寡;有若无,实若虚,犯而不校。昔者吾友尝从事于斯矣。"(8.5)这里面的"吾友",一般都公认为颜回。朱子说:"颜子之心,惟知义理之无穷,不见物

---

[1] 包、郑注俱见于何晏《集解》,程树德认为:"(何)所采包注原本当亦有'同志曰友'一句,因经作'有',故节之。"氏撰:《论语集释》,第5页。另外,"同门曰朋,同志曰友"之说,并非由包咸、郑玄等汉儒所创,而是来自佚《礼》。关于这一点,可参看陈立撰,吴则虞点校:《白虎通疏证》(中华书局,1994年)第376—377页。
[2] 宋翔凤、刘宝楠认为,"朋"指孔门弟子,指孔门造就人才之盛,并与孟子"得天下之英才而教育之"为乐是同一种意思。见《论语正义》第4页。
[3] 以上古注可参见阮元《论语校勘记》,阮氏校刻《十三经注疏》,第2460页。

我之有间,故能如此。"①也就是说,同门之"朋"也在"友"的范畴内。

以孔门理念而论,"不亦乐乎"绝不会仅限于同门之间。根本原因在于,孔门是不讲门户、不拒来者的,孔子"有教无类"(15.39),还教导弟子要"泛爱众,而亲仁"(1.6)。所以,只要是志于学、志于道的"同志"或"同道中人",都可以成为广义"朋"的一部分。清儒陈立指出:"(朋与友的语义)其实对文别,散则通也。"②这样一来,"朋"与"友"往往混用。落实在《论语》文本中,作为复合词的"朋友"经常出现,"朋"与"友"之间没有那么清晰的界限。

必须指出的是,这一语义习惯并非孔门的创造,而是渊源有自的用法。

《公羊传·定公四年》载:"朋友相卫,而不相迿,古之道也。"何休以为,这里面的"朋友"云云,指向于吴王阖闾为臣下伍子胥复仇之事。他说:"同门曰朋,同志曰友。相卫,不使为仇所胜。时子胥因仕于吴为大夫,君臣言朋友者,阖庐(阖闾)本以朋友之道为子胥复仇。"孔颖达则以为,"君臣言朋友者",这里面的意义落实在"友"字之上,但"连朋言之"。也即是,"朋友"以"友"为核心语义,但在言及"友"的时候,将"朋"也一起连带上。并引《诗经》道:"即《诗》云'朋友攸摄,摄以威仪',注云'朋友谓群臣,与成王同志好者',义亦通于此。"③

---

① 朱熹:《四书章句集注》,第104页。
② 陈立撰,吴则虞点校:《白虎通疏证》,第377页。
③ 阮元校刻:《十三经注疏》,第2337页。

将这些材料归纳起来，可以得出如下的认识：朋友是一个固定用词，范围极广。虽然一般来说，朋友是平辈之间的关系建构，但从广义的角度来看，甚至君臣之间都可以是"友"或"朋友"，或者说，当君主降低姿态，君臣也可以成为特殊的朋友。但不管从何角度加以解读，基本情形是，"朋友"一词以"友"为语义核心，当"朋友"合称时，"朋"为"连朋言之"。

由此再来看《论语》，就可以发现，当"朋"字出现时，一般都与"友"在一起，属于"连朋言之"的情形，作为一种固定用法，"友"是语义的核心。再进一步审核，还可以发现，"朋"字单独出现仅一次，也即《论语》首句的"有朋自远方来"。如果联系前所言之"友朋"之说，倘此处的"有"通"友"的话，与"朋友"一词就意义无别。也就是说，在《论语》中，没有对于"朋"的特别重视，也没有"朋"与"友"的本质差别，与现在的语义基本一致。①

但古今之别也依然存在。现代意义上的友或朋友，是比较泛化的概念，而在儒学理念及传统士大夫的精神世界中，朋友的认定更多地落实在狭义之上。也即是，朋友是以道相交之人，"道"，也即基本价值观，是不可动移的核心所在。

由前已知，"朋友"以"友"为语义核心。而"友"所指向的，

---

① 笔者注意到，朱凤瀚指出："西周青铜器铭中所见'朋友''友'是对亲族成员的称谓，其义不同于现代汉语词汇中的朋友。其实即使在东周文献中，'朋友'一词有时仍用来指称本家族的亲属。"[氏著：《商周家族形态研究（增订本）》，天津古籍出版社2004年，第293页] 这反映了西周时代"朋友"之义的不同，为一面之事实。但自东周以来，"朋友"之义与现代语义已基本一致。反映在《论语》中，已无任何亲族的意义。

是"同志",即所谓"同志为友"。这里的"同志",是指人与人之间精神追求的一致,从而心志契合,具有共同语言。用今日的话来说,就是三观高度契合。

在儒学中,"志"是不可动摇的内在追求。孔子说:"三军可夺帅也,匹夫不可夺志也。"(9.26)对于士人来说,"尚志"是为人处世的基本表征。[①] 但是,倘再进一步,我们要问的是:在儒家看来,士人君子的"尚志",其基本旨趣何在呢?答案就是"道"——儒家的仁义之道。"道"是士人安身立命之所系。所以孔子又说:"士志于道,而耻恶衣恶食者,未足与议也。"(4.9)

对于这一问题,在前面第三讲中已有具体讨论。士人为了坚持己"志",需要"几谏",在由"志"而"道义"的进程中,对于君王、父母都可以抗命不从。那么,能成为"同志",成为"同道中人",内在的契合将是多么令人欣喜。由此,才有了"有朋自远方来,不亦乐乎"的表述。

与此同时,孔子提出:"道不同,不相为谋。"(15.40)

也就是说,士人一生求道,在求道之路上具有共同追求者,就可以成为朋友。所谓"人以群分",不是同类人,那就"不相为谋",当然也就不能成为朋友。需要指出的是,儒家所看重的"道",是具有包容性的理念。在不违背基本原则的前提下,可以各随所便,甚至,还应该有所差异。所谓:"君子和而不同,小人同而不和。"(13.23)在儒家看来,这才是正常的人际关系。要之,人与人之间

[①] 《孟子·尽心上》:"王子垫问曰:'士何事?'孟子曰:'尚志。'"

的一些看法,甚至性情、爱好都可以有所差异,而且也应该有所差异。但只要志同道合,那么,就可以成为朋友。而且,道越契合,友情越密。

据杨伯峻《论语译注》所附的"论语词典"统计,在今本《论语》中,"友"字共出现了19次(包括"朋友"一词在内)。除了在"友于兄弟"(2.21)章句中,有着"友爱兄弟"之义外,其他的"友"字皆为朋友或交友之义,这与今日的语义一致。概言之,《论语》中的友或朋友一词与今日用法没有歧异。

下面,我们就以这19次用法为核心,旁及其他相关资料,来具体讨论《论语》及孔门中的"朋友之道"。

二、朋友与兄弟

我们从一个现代用词"哥们"说起。

不知从什么时候开始,关系特别好的朋友,喜欢用"哥们"一词来互称,当然,女性也可以有类似的称谓——"姐们"。如果关系更进一步,属于极亲密、极好者,则可互称"铁哥们",并由此有了"老铁"的称谓。限于水平和精力,我还不能完整、具体地将这一语义的发展脉路考订出来。但可以肯定的是,哥们,是由兄弟之称演化而来——即便是现在,关系好的朋友也经常互称兄弟。

如果你喜欢读古典小说,会注意到,在《三国演义》中,刘关张结为异姓兄弟后,关羽、张飞总是"哥哥"不离口;而在《水浒传》中,宋江因其"哥哥"的身份,成为各路江湖朋友的头头。如果阅读面再广一点,又可以注意到的是,在元明戏曲中,常有"哥哥们""哥儿们"的称呼。它们是不是"哥们"的源头,尚不敢完全确定。但是,这种朋友之间以兄弟相称、相待的情形可以说很早就有了,在先秦文献中亦可见踪迹。其中很重要的记载，就在《论语》之中。

先看《公冶长》篇的一段师徒对话：

> 颜渊、季路侍，子曰："盍各言尔志？"
> 子路曰："愿车马衣轻裘与朋友共，敝之而无憾。"
> 颜渊曰："愿无伐善，无施劳。"
> 子路曰："愿闻子之志。"子曰："老者安之，朋友信之，少者怀之。"（5.26）

在这段著名文字中，首先发言的，是具有豪杰之气的子路。在夫子"各言尔志"的鼓励下，他说"愿车马衣轻裘与朋友共，敝之而无憾"。今本中的"衣"为衍字，将其刨除，此句意为：我愿意将自己的车马及高级衣物都拿出来，和我的朋友们共享。就是因此而破旧、损坏了，我也不会觉得有什么遗憾的。而颜回则非常内敛地说："所愿做的事情，是不夸耀自己所行之善，不到处表白自己的功劳。"在两大弟子回答完毕之后，子路进一步追问孔子之志，夫子回答道："我希望能让老者安享晚年；朋友信任我；年少之人能够获得关怀。"

这段对话很重要的起点就是朋友之道。孔子的回答更为全面，覆盖面更广，"朋友信之"仅为天下关怀的一部分。颜回之言是否直接呼应了子路，还不能作出定论，但"无伐善，无施劳"的恭谨态度，亦可适用于朋友之道。就本论题来看，在发言之始，子路基本上是围绕着如何对待朋友，也即交友、处友的态度而展开的。由子路而颜回，再到孔子，从某种程度上来看，这段对话所反映的基本精神，可以说是朋友之道的步步推高。

子路之言反映着对待朋友的基本态度，并与前所言之"哥们"问题直接相关，再进一步，则涉及朋友与兄弟之间的理论分际问题。下面，我们就以此为起点，来作进一步的申论。

依据中国传统观念，子路所言，体现的是古人所倡导的通财之义，也即朋友们在财富上可以互通有无，对于穷困者，需要尽一份责任，伸出自己的援手。《白虎通·瑞贽》曰："朋友之际，五常之道，有通财之义，振穷救急之意，中心好之，欲饮食之，故财币者，所以副至意焉。"[1]朋友之间是要讲求情意的。如何表现这份情意呢？最基本的，当朋友有困难时，要献出自己的一份心意。心意的载体当然不是空言，而是实实在在的物质帮助。所谓"财币者，所以副至意焉"，说的就是这个意思。如果视而不见，或者仅仅是口头上的虚应，那就不是真朋友了。

春秋时代的管仲与鲍叔牙是特别要好的朋友，世称"管鲍之交"。史载，管仲在早年贫困的时候和鲍叔牙一起做生意，每次分利时，给自己分得多，给鲍叔牙分得少。可鲍叔牙不以为意，因为他知道管仲穷，应该多让渡一些利益给他。作为朋友，鲍叔牙一直善待管仲，就是在他的推荐下，管仲成为一代名相。以至于管仲感慨道："生我者父母，知我者鲍子也。"[2]

代入子路的语境中，如果管仲处在无衣无食的情形下，鲍叔牙一定也会"车马轻裘与朋友共"，事实上，他也正是这样做的。在

---

[1] 陈立撰，吴则虞点校：《白虎通疏证》，第358页。
[2] 《史记》卷62《管晏列传》，第2132页。

他看来,这是朋友所应尽的职分。

更为重要的是,这样的做法,不是一两人所为,而是共识性的行动。也正是因为这样的缘故,在中国传统社会中,蕴含着这一价值观的文化取向一直成为主流,并由此让人感受到了世间的暖意。在《诗经·秦风》中,有一首著名诗篇《无衣》,就典型地反映了这种价值取向:

> 岂曰无衣?与子同袍。王于兴师,修我戈矛。与子同仇。
> 岂曰无衣?与子同泽。王于兴师,修我矛戟。与子偕作。
> 岂曰无衣?与子同裳。王于兴师,修我甲兵。与子偕行。[1]

这是一首慷慨的战歌。自此之后,"袍泽之谊"成了战友之情的代名词。或许当子路说出"愿车马轻裘与朋友共"的时候,心中所激荡的,正是这首热血沸腾的秦风。

车马衣物同享的后面,是同声相应,同气相求。情分所在,甘苦共享。而这样的一种取向,很自然地就走向了家人般的情感。从这一视角来说,朋友做到最后,就有了兄弟情义。民间社会以此为资源,遂有着"袍哥"的称谓。以儒学理念而论,朋友其实是一种类血缘的关系建构。好的朋友,就是自己的兄弟姐妹,当以手足视之,秉持"有福共享、有难同当"的理念,故而通财成为必然。不仅普通人群如此,甚至好的君王都应"视臣如手足"。[2]

由此来看《论语》中的另一段对话:

---

[1] 阮元校刻:《十三经注疏》,第373—374页。
[2] 《孟子·离娄下》:"孟子告齐宣王曰:'君之视臣如手足,则臣视君如腹心。'"

> 司马牛忧曰:"人皆有兄弟,我独亡。"子夏曰:"商闻之矣:死生有命,富贵在天。君子敬而无失,与人恭而有礼,四海之内皆兄弟也——君子何患乎无兄弟也?"(12.5)

对话围绕着孔门弟子司马牛而展开。当司马牛忧虑自己没有兄弟时,同门子夏宽慰他说:"四海之内皆兄弟也!"在子夏看来,只要你是君子,品行端正,就不用害怕没有兄弟。天下之大,处处都可以遇到自己的兄弟。然而,"四海之内"的"兄弟"为谁呢?自然不是具有血缘关系的胞亲,而是自己的朋友,他们是知己和"同志",也是兄弟。

古往今来,人们都向往着兄弟般的友情。尤其在落魄之时,只要身边还有朋友,就会感受到家人般的温暖,慰藉着孤寒的心灵。

唐代诗人高适早年客居于梁、宋一带,有一次,在此地偶遇京师故友董大。二位好友见面后自然要寒暄一番,可此时,身处异乡的二人已是"丈夫贫贱",甚至"今日相见无酒钱",更别说"车马轻裘"的拥有及共享了。但高适劝慰朋友,无需低沉。此后一别,相信人生路上还会有朋友给自己以温暖,从而吹散身旁的寒冬。他吟咏道:

> 千里黄云白日曛,北风吹雁雪纷纷。
> 莫愁前路无知己,天下谁人不识君。

高适的情怀与子夏颇有相通之处,反映了古人放眼天下,期待兄弟友情的愿景。限于主题,这一问题在此不再展开。由本论题出发,需要注意的是,在子夏之言中,还有很重要的一点——这句话不是子夏所自创，而是"闻之矣"。子夏之言"闻之"于谁呢？一般都认为是孔子。《说苑·杂言》引孔子之言道："敏其行，修其礼，千里之外，亲如兄弟。"正可与之相映证。[1] 也就是说，朋友间具有兄弟般的类血缘情义，这是孔子所推许的。

但进一步的问题是，类血缘不等于真的具有血缘关系。对于亲兄弟与朋友之间的分际，应该明了在心。由此，孔子与子路的另一段对话值得高度关注：

> 子路问曰："何如斯可谓之士矣？"子曰："切切偲偲，怡怡如也，可谓士矣。朋友切切偲偲，兄弟怡怡。"（13.28）

就字面上来看，它们并无深奥难懂之处。焦点在于切切偲偲与怡怡的分际。前者指的是互相督责、批评的状态；后者则是融洽和顺的状态，二者分别适用于朋友和兄弟的关系建构。但值得注意的是，这是针对子路的问题"怎么才算作是士君子"所作出的回应。也就是说，对待朋友要坚持批评及导善的立场；对待亲兄弟则可以放宽一些，以营造和睦的氛围为核心。孔子认为，这是一名士君子该有的状态。

孔子教诲学生时，总是因材施教，因势利导，根据具体的情况作出调整。为什么当子路问"何如斯可谓之士"的时候，孔子以朋友、兄弟的问题来作答呢？答案应该是，子路对于两者界限不清，往往混淆。最后很可能在朋友和兄弟之间的关系建构上，都出现一定程度的错位。由此，宋儒非常精辟地指出："（切切偲偲与怡怡）皆子

---

[1] 关于这一问题，可参看刘宝楠撰，高流水点校：《论语正义》，第488—489页。

路所不足，故告之。又恐其混于所施，……故又别而言之。"①

那么，再进一步，朋友、兄弟之别的核心要义在哪里？孔子为何要特别提示子路呢？

就人伦关系来说，虽由于家国同构的存在，二者有着高度通融的一面，但严格来说，兄弟间所适用的是家族伦理，而朋友间则适用着社会伦理，二者不可混为一谈。兄弟与朋友的最大不同在于，前者所具的血亲关系天然而不可改变，而朋友则以信义而交，是后天性的关系建构。再进一步言之，当朋友情分犹在时，当然是犹若兄弟一般，甚至可能胜过亲兄弟。但倘若朋友绝交，又何来的兄弟情谊呢？相较之下，兄弟就不同了，绝交也不能改变血脉至亲的事实。

由于"道不同"及各种原因，亲兄弟也可以决裂，这样的例子可以说不胜枚举。但即便绝交，也与朋友的情形不同。由于同根所生，同出于父母，事情必须留有余地。否则何以面对共同的至亲呢？也就是说，亲兄弟之间的问题不只是两个或几个独立的个体之间的问题，后面维系着他们的，是父母的亲情与家族血脉。从这个角度来说，所谓的"怡怡"，核心所在，不是兄弟本身的问题，而是不可伤亲——将伤害延展到双亲之上。

事实上，兄弟之争，一定会将父母牵扯进来，处理不好，就会造成人伦之痛。不要说普通百姓，就是雄才大略的政治人物，也往往为此头痛不已。

三国时期的曹氏父子就是典型的例子。

---

① 朱熹：《四书章句集注》，第148页。

在晚年的时候，曹操为了继承人之立而苦恼。曹操的长子曹昂英年而殁，次子曹丕似乎可以顺位接任，但曹操更钟情于四子曹植，为此一度拿不定主意。尤为重要的是，此前袁绍、刘表的儿子们就是因为兄弟相争，在父亲过世之后，政权倾覆，宗亲离崩。看着自己的两个儿子明里暗里的相争，再想着袁绍、刘表的前车之鉴，他感到左右为难。一日，曹操与谋士贾诩商议此事，"诩嘿然不对"。曹操问他："我与你说话，为何不回答呢？"贾诩说："适才有所思，所以没有立即回复。"曹操追问道："何思？"贾诩回答道："思袁本初（袁绍）、刘景升（刘表）父子也。"曹操立刻明白了贾诩此言的用意，一阵大笑之后，曹丕确立为太子之事就这样决定了下来。[1]

曹操定曹丕为太子，是不希望自己的儿子出现争斗，甚至是流血冲突，从而重演袁、刘惨剧。不管他如何狠辣，作为一位父亲，他希望自己的亲骨肉和睦共处。而反过来，作为人子，亦当体认父母之心，不忘同根而生的事实，以兄弟怡怡告慰父母。

曹操离世后，曹丕顺利继位。有一次，他将曹植唤来，要他七步成诗，否则就要动用极刑。这当然是刁难。悲愤之中的曹植写下了著名的诗篇："煮豆持作羹，漉菽以为汁。萁在釜下燃，豆在釜中泣。本自同根生，相煎何太急！"据载，"帝深有惭色"。[2]

七步成诗的要求一度使得曹植处在了生死的边缘。从表面上看

---

[1] 《三国志》卷10《魏书·贾诩传》，第331页。
[2] 故事见《世说新语·文学》。七步诗后来通行的版本往往作："煮豆燃豆萁，豆在釜中泣。本是同根生，相煎何太急。"来自《初学记》等书。参见周兴陆辑著：《世说新语汇校汇注汇评》，凤凰出版社，2017年，第430—431页。

起来，似乎是出众的才华挽救了他的生命。但究其根本，还是作为哥哥的曹丕良心未泯，顾念着兄弟同根而生，不管有多大的仇恨与责难，都需先放一旁。虽不能说完全做到"兄弟怡怡"，但倘立下杀手，也的确愧对九泉之下的父亲。

总之，骨肉兄弟是需要特别对待的，它的关系建构与朋友相处颇不一样。前者连根同脉，即便势如水火，也不可不顾念父母之恩；而后者则是"志同道合"的产物，情义丧尽，纵是有太多不舍，最后的结局也只能是绝交而去。

所以，在解读这一章句时，刘宝楠特为指出："朋友以义和，兄弟以恩合。"[1]而孔子在此，则应是在提示子路，切莫将二者混淆。作为一名士君子，以"修身、齐家、治国、平天下"为职事，在由"修身、齐家"至"治国、平天下"的进程中，虽家国同构，理出于一，对待朋友应如自家兄弟一般，从而呈现出家族伦理与社会伦理的互通；但与此同时，落实到人伦问题上，兄弟之情及冲突，不能突破"修身齐家"的家族伦理范畴，而朋友之道，则主要在"治国平天下"的社会伦理中得以展现。二者的应对及情感理论基石是有所不同的。只有二者到位，才能真正实现"修齐治平"的目标，从而具备士君子应有的风范。

---

[1] 刘宝楠撰，高流水点校：《论语正义》，第548页。

三、从"信之"到"辅仁"

当子路以"车马轻裘"的共享来展现自己的待友之道时,孔子以"朋友信之"作了直接的回应。也就是说,在孔子看来,在朋友之交中,最基本的面向不是财富的共享,而是互信。没有"信"作为依托,任何的豪迈共享,哪怕一起出生入死,都未必靠得住。

在孔子眼中,信是个人与群体发生联系的桥梁。他说:"人而无信,不知其可也。大车无輗,小车无軏,其何以行之哉?"(2.22)輗和軏是连结车子的销钉,没有它们,马车、牛车就无法整合起来,也就无法承担载货、载人的功能。孔子用这个比喻来告诉我们,在人类社会中,每一个个体要整合成为群体,互相发生关联,人与人之间的诚信是不可或缺的关键。

要之,在朋友之道中,"信"应该摆在第一位,是基础性的问题。翻检《论语》,可以看到,不仅孔子,孔门其他弟子也都特别重视"信"的作用。如在《学而》篇中,就有这样的表达:"与朋友交而不信乎？"（1.4）"与朋友交，言而有信。"（1.7）前者是曾子之言，后者是子夏的论述。看起来，他们是牢记了师训的。所以当孔子提出"信之"问题时，或许就是在提醒子路，切莫被浮于面上的热闹表象所牵引，而忘了朋友关系建构的基础——"信"。质言之，"信"是将朋友黏合起来的关键要素，无"信"，无以成为朋友。

关于这一问题，可以看一个历史上的故事。

故事的主人公叫张耳、陈余。二人生活在秦末汉初，张耳比陈余辈分大，所以二人是忘年交，但更重要的是，他们号称刎颈之交，是可以互换生死的。然而，戏剧性的是，最终二人在秦末的风云变幻中反目成仇了。

司马迁在《史记·张耳陈余列传》中，以动人的笔触将二人的过往记录了下来，最后慨叹道："张耳、陈余始居约时，相然信以死，岂顾问哉？及据国争权，卒相灭亡，何乡者相慕用之诚，后相倍之戾也！"太史公回顾他们之前的交往，用了"相然信以死，岂顾问哉"来加以概括。唐司马贞《史记索隐》解释道："谓然诺相信，虽死不顾也。"[①]张耳、陈余二人的关系好到了在死亡面前都绝不回头，为了信守朋友间的然诺，以生死相托。但他们之间的结局竟是"相倍之戾也"，转变之大，令太史公都感慨不已。

张、陈之间的关系转变，发生在巨鹿之战前后。

据《史记·张耳陈余列传》的记载，当时他们都投入了反秦大起义。当张耳被秦军重重围困在巨鹿城内朝不保夕之时，陈余正拥

[①] 《史记》卷89《张耳陈余列传》，第2586页。

兵数万，驻扎在城北。张耳数次派人前去求援，然而，陈余认为自己的兵马太少，不能抵挡秦兵，所以不敢向前进发。几个月过去了，形势之严峻日甚一日。

当此之际，再好的朋友也要心生怨气了。

于是，张耳派张黡、陈泽二人冒死前往陈余军营，带话责备陈余道："当初我与你为刎颈之交。现在我的死亡只在旦夕之间，而你拥兵数万，不肯相救，算什么生死之交呢？如果坚守同生共死的誓言，为什么不奔赴秦军一起死于战场呢？而且那样的话，我们还是有百分之一二十的生存希望啊！"陈余回答道："我认为最终的结果是救不了您的，只会使得军队全部覆灭。并且我不与您一起赴死，是希望以后为您报仇。现在让我陪您一起死难，那是将肉投给饿虎，能起什么作用呢？"张黡、陈泽焦虑地请求道："事情都已经这么急了，必须用共同赴死的精神来践履信约，怎么还考虑后面的事情呢？"陈余说："我这样死，是起不到什么作用的。如果一定要这样做，那就依照你们的话去干吧。"于是将五千人划拨给张黡、陈泽，让他们率领着先去与秦军交战，结果一至前线，全军覆没。

这时，其他反秦的各路诸侯，以及张耳的儿子张敖率领援军纷纷赶到了巨鹿城边，但慑于秦军的威势，都不敢贸然进攻。战局的转折发生在项羽大军的到来！勇猛无比的项羽率领楚军破釜沉舟，以一往无前的精神大破秦军，取得了巨鹿之战的辉煌胜利。

张耳得救了。

当他从城内出来拜谢各路援军时见到了陈余，一方面责备陈余见死不救；另一方面，很自然地，他要打听张黡、陈泽的下落。当得知这二人死于秦军之手时，张耳不再相信当初的那位挚友了。他认为，二人肯定是被陈余杀害了。在数次责问之下，陈余发怒："没想到您对我的怨恨这么深！难道以为我不肯赴死，是因为很在乎将军这个名位吗？"在盛怒之下，将他的将军印绶推给了张耳。在张耳愕然不受之际，陈余正好要去如厕。张耳手下的门客劝说道："臣闻'天与不取，反受其咎'。今陈将军与君印，君不受，反天不祥。急取之！"他提醒张耳，这可是上天所给的好机会，赶快接下来！等到陈余回来，一众麾下戏剧性地成了张耳的部众。此刻的张耳，那是绝不可能再有"车马轻裘"与朋友共享之念了。自此，二人彻底决裂，直至成为敌对的双方，厮杀于战场。

张耳、陈余的故事令人唏嘘。从刎颈之交到势同水火，固然有着各种因素在起着作用。但很重要的一点在于，双方失去了信任后，友情的大厦顷刻崩塌。想当初，说什么"车马轻裘"，论什么甘苦与共，张、陈"刎颈之交"名闻天下。然而，当"信"已不存之后，其他的一切都失去了基础。毫无疑问，"车马衣裘"的通财之义看似五光十色，令人炫目，但光凭借着它，朋友之情并不能维系久长。皮之不存，毛将焉附？一旦失去了"信"这一载体，再美丽的毛色和花纹，都将无以附托，烟消云散。

"信之"很重要。但更重要的是，"信之"绝非"朋友之道"的全部，而只是起点。"朋友之道"的终点在哪里呢？就是前所言之"志同道合"。所谓"道不同，不相为谋"。基本价值观的契合，是朋友与非朋友的最根本的分水岭。而这种共同的价值观，核心所在，乃是儒家所推重的仁德。

在这样的基础上,曾子提出:"君子以文会友,以友辅仁。"(12.24)朱子解释道:"讲学以会友,则道益明;取善以辅仁,则德日进。"也就是说,作为一名君子,在与朋友相交之时,应以知识文化等高尚载体为媒介,在友情的建立中辅助仁德的发展。

曾子此言为孔子理论的落实与具体化。

"以文会友"的问题在第二讲中已有所讨论,我们也已经知道,它是"有朋自远方来,不亦乐乎"的重要依托,在"乐群"之中体现着"学以致道"的快乐。所以,在此不再重复,下面,重点讨论"以友辅仁"。

《孟子·离娄上》引孔子之言道:"道二,仁与不仁而已矣。"[1]也就是说,"道"主要落实在"仁"的实现上。倘是有道君子,讲求仁德;反之,无道之人不讲仁德。所以,当子贡向孔子请教"为仁"问题时,孔子给他的答复是:"工欲善其事,必先利其器。居是邦也,事其大夫之贤者,友其士之仁者。"(15.10)在孔子看来,朋友之道与仁德的提升密切相关,它为"以友辅仁"提供了论证基础。此外,《周易·乾卦》"文言"亦引孔子之言道:"进退无恒,非离群也。君子进德修业,欲及时也,故无咎。"[2]按照孔子的要求,作为一名君子,当以"进德修业"为念,并且"进德"而"非离群"。也即是,"进德"是君子所应为,更是朋友讲习的重要内容,倘再综合前论,也可以认为,"进德"主要落实为"辅仁",提升仁德就是"进德"。

---

[1] 朱熹:《四书章句集注》,第277页。
[2] 阮元校刻:《十三经注疏》,第16页。

由此可以发现，孔子对于"群居终日，言不及义，好行小慧"的现象极为痛心，做出了"难矣哉"三字的评价（15.17）。群居者得以"群"，正反映着某部分人的相交相聚，用今天的话来说，是一种朋友圈。他们是否"信之"不得而知，但是，当这些人为朋为友之时，不讲求一点儿仁义道德，只是卖弄着小聪明。孔子认为，这样的人真是难以教化啊！

当朋友聚集，也即"群居"之时，应"以友辅仁"。孔子说"君子矜而不争，群而不党"（15.22），君子是有必要成"群"的。只不过，这种"群"应该一直行进在"进德"之路上，这样，不仅"群"充满了正能量，整个社会也能因此被带动。所谓"人能弘道，非道弘人"（15.29），在孔子看来，人是弘扬"道"的主体。但这里面的"人"绝不限于单独的个体，在"辅仁"的群体活动中，群体的"人"能焕发更大的"弘道"力量，并将"进德"由个体转为群体。从"道同"而"相谋"，到"事其大夫之贤者，友其士之仁者"，直至获得"有朋自远方来"的快乐，都可以看出这种内在的轨迹。

概言之，由"信之"到"辅仁"，君子之群应该以共同"进德"为基础取向。这不仅是君子的个体修为，也应成为一种群体责任。这样的作为，不仅适合于古人，在现代社会也有着重大的意义。

20世纪的一二十年代，蔡元培在担任北大校长期间取得了巨大的成绩，在近现代学术及思想文化史上书写了浓墨重彩的一页。其中很重要的一项工作，就是转变各种风气。蔡氏将一些消极负面，甚至是恶劣的风气扭转了过来，从而使北大焕发了新生命，并带动了知识界的新风尚。在这一过程中，固然有着扫旧布新、树立现代价值理念的一面，但还有很重要的另一面——将传统的优秀理念融入现代社会之中，在继承之中光大并进行创造性转换。其中特别值得关注的是，在提倡"新道德"的过程中，蔡元培提出以朋友之道互相监督，以"进德修业"为旨趣。

由此，蔡元培倡导并成立了"进德会"。在其所撰的《北大进德会旨趣书》中，他痛心地指出：

> 往昔昏浊之世，必有一部份之清流，与敝俗奋斗，如东汉之党人，南宋之道学，明季之东林。风雨如晦，鸡鸣不已。而今则众浊独清之士，亦且踽踽独行，不敢集同志以矫末俗，洵千古未有之现象也。

蔡元培对于传统社会中"与敝俗奋斗"的"清流"们，致以深深的敬意，提出要向他们学习。他提议，在"集同志以矫末俗"的过程中，大家结合为"志同道合"的朋友，来共同"进德"。并在列出了"进德"的各种条件之后，殷殷寄语道："吾道不孤，助以张目。"[1]

从中可见的是，蔡元培虽然是一位新派人物，但他从不排斥传统文化中的优秀内容。他在建构新的朋友之道时，有着传统的根脉，接续了孔子以来的"进德"精神，在"以友辅仁"中，共同进步。当他提出"吾道不孤，助以张目"时，可以发现，其基本精神，甚至话语表述就来自于孔子所言的"德不孤，必有邻"（4.25）。由此，我们可以这么说，只要人类社会还存在，对于良善

---

[1] 高平叔编：《蔡元培全集》第三卷，中华书局，1984年，第126页。

的道德要求不改变,由"信之"而"辅仁",这一儒家精神就不仅指导着古代的朋友之道,也是值得一直继承的精神财富,它的生命力是长久而永恒的。

四、益友损友

沉香的母亲是天上的仙女，因思凡而来到下界，与某书生，也即沉香的父亲结为夫妇，生下了沉香。按照天庭的规矩，仙凡不可通婚，违反天条的仙女因此遭到了严重的惩罚，被压在华山之下。但母子相隔毕竟令人心酸，沉香长大成人后获得同情其遭遇的仙人指点，借助一把神斧将华山劈开，最终救出了自己的母亲。

在这个神话故事中，劈山之斧是重要看点。没有它，要劈开华山，救出母亲，谈何容易？由此展开联想，在人生之路上，理想与现实之间可谓关山阻隔。为了实现心中的目标，又何尝不需要一把又一把的"斧头"来为我们"逢山开道"呢？当利器在手时，可以增添强大的外力，在"披荆斩棘"中，直抵远方。

在孔子理论中，"进德"，也即仁德的提升，其实就是人生的目标，但要实现它，"利器"何在呢？答案是"友"。通过"以友辅仁"，朋友遂被打造成为辅助仁德提升的那把"斧头"。由此再审孔子对子贡的教诲:"工欲善其事,必先利其器。居是邦也,事其大夫之贤者,友其士之仁者。"(15.10)就可以发现,孔子正是将朋友比作"辅仁"的"利器"。以其所见,借助于朋友,在仁德的道路上方可愈行愈远。

当然,这种朋友必须是对我们有益的,充满了正能量的朋友,即所谓"贤者""仁者"。和这样的朋友在一起,能不断获得提升和进步,给人生带来幸福与快乐。反之,倘是不好的朋友,甚至可能诱导我们走上邪路,即便获得短暂的欢愉,但最终收获的是苦痛与危险。因为这样的缘故,孔子在提及"益者三乐",也即有益的三种快乐时,特别指出:"乐多贤友,益矣。"(16.5)

职是故,注意结交对自己有益的朋友,为自己找到人生路上的"利器",成为孔门十分重视的论题。但哪些朋友是有益的呢?反之,哪些又是会带来损害的朋友呢?对于这样的问题,孔子的回答是:"益者三友,损者三友。友直,友谅,友多闻,益矣。友便辟,友善柔,友便佞,损矣。"(16.4)

孔子认为,具备三种品质的朋友是"益友":一是正直;二是讲求诚信;三是见识广博。他们能带来什么益处呢?朱子论道:"友直,则闻其过;友谅,则进于诚;友多闻,则进于明。"[1]

"友直"为何会"闻其过"呢?人非圣贤,孰能无过?问题在于,能不能发现并改过。但是,人能自主发现所有的过误吗?这显然做不到。且不说骄妄往往会或多或少地存于人身,虚怀若谷是知易行

---

[1] 朱熹:《四书章句集注》,第171页。

难的事情，所以才会有不断提高修养的要求。即便退一步而论，一个人能放下所有的执念，但仅凭一己之力，也是不能洞察一切的。

由此而论，朋友就是一面镜子，他（她）随时指出你的过失，帮助你成长。但问题是，当你有过误时，很多朋友并不会随时指正，有些人还要顺着你的意思，甚至阿谀奉承。这样一来，你在错误的道路上只会越走越远，最终的结果当然是很不妙的。

如果身边有这样的朋友，在一般情形下，不是因为他（她）的能力不足于看出你的问题，而是不够正直，不愿开罪于你。作为朋友，他（她）隐匿了自己的情感和认知，所展现的都是"美好和谐"的假面。具体表现就是"巧言、令色、足恭"。孔子认为，这是令人耻辱的作为。他说："巧言、令色、足恭，左丘明耻之，丘亦耻之。匿怨而友其人，左丘明耻之，丘亦耻之。"（5.25）当朋友隐匿自己认知的时候，他（她）的不直不正，使得真实之镜被扭曲，从中所展现的你，不过是一个又一个的幻象。在逐渐迷失中，带来的只能是虚妄，甚至是灾难。如果朋友足够正直，这样的情形当然就不会出现。

接下来，我们看看，"友谅"何以会"进于诚"？谅就是诚信的意思，包含着诚与信两面。与诚信的朋友在一起，不仅自己能得到诚信之惠，与此同时，"近朱者赤"，亦可以由此逐渐受到感染，获得诚信的品格。《荀子·劝学》说："蓬生麻中，不扶而直……故君子居必择乡，游必就士，所以防邪辟而近中正也。"[1] 良善之友对

---

[1] 王先谦撰，沈啸寰、王星贤点校：《荀子集解》，第5—6页。

于德性提高的作用是不言而喻的。

但是，光有德性还不行，知识及见识也是很重要的一方面。要体会这个世界的价值和意义，基本前提是，必须看得多、看得远、看得全。只有登高望远，一览众山，才能眼界宽广，理解深远。冯友兰说："任何事物，如果我们对它能够了解，便有意义；否则便无意义。了解越多，越有意义，了解得少，便没有多大的意义。"① 一个人的所知是有限的，所以需要"博学以文"。② 通过学习，扩展自己的知识边界。而在学的过程中，除了自己读书思考，师友的帮助是很重要的途径。《劝学》篇说："学莫便乎近其人。"③《礼记·学记》则说："独学而无友，则孤陋而寡闻。"④ 见闻广博的朋友，与书本的作用一样，甚至更重要，他（她）让我们增长见识，因了解而得意义。

"损者三友"则反之，刘宝楠认为，"便辟"对应着"足恭"，"善柔"对应着"令色"，而"便佞"则对应着"巧言"，⑤ 这些都是孔子所厌恶者。前两者呈现的，是毫无原则的顺从谄媚之态；后者则是在滔滔不绝中强词夺理。围绕在我们身旁的，如果都是这样的朋友，当然为害不浅。

---

① 冯友兰：《人生的意义及人生中的境界》（乙），氏著：《三松堂全集》第十一卷，河南人民出版社2001年，第582页。
② 《论语·子罕》载颜渊之言："夫子循循然善诱人，博我以文，约我以礼，欲罢不能。"（9.11）
③ 王先谦撰，沈啸寰、王星贤点校：《荀子集解》，第14页。
④ 朱彬撰，饶钦农点校：《礼记训纂》，第551页。
⑤ 刘宝楠撰，高流水点校：《论语正义》，第658页。

但问题是，朋友之所以有着各异的表现，起决定作用的，其实是作为主体的自己。如果你愿意以学习的态度来向优秀的人、优秀的品质"见贤思齐"①，你所获得的，当然是各种正能量。由此孔子指出："君子食无求饱，居无求安，敏于事而慎于言，就有道而正焉，可谓好学也已。"（1.14）而反之，如果你不愿意接受任何意见，或者不够笃实，醉心于某些朋友的夸夸其谈，那么，各种负能量一定会逐渐深入骨髓，摧毁未来的路。

《史记·商君列传》记载了这样一个故事：

商鞅在秦国实行变法之后，位高权重，听不得一点意见。一天，一名叫赵良的贤者来见商鞅。商鞅一方面希望与之结交，另一方面也希望继续听到各种赞许的声音。但是，赵良拒绝了商鞅的请求，并且指斥其种种不足。赵良说："千人之诺诺，不如一士之谔谔。武王谔谔以昌，殷纣墨墨以亡。"这话什么意思呢？千万人对着你唯唯诺诺，你所获得的益处还比不上一个耿直士人的直言不讳。当年周武王就是因为直言而兴；商纣王则是反面典型。赵良进一步进言道，您假若不非议武王的做法，那么，就请让我终日正言，而不再有被诛杀的危险，并随之提出了各种改善性的建议。商鞅虽听完了他的话，但并没有按照他的建议作出改变，最终，遭车裂而死。

商鞅之死固然有各种因素，但就本论题出发，可以发现，他身边的朋友都是"便辟""善柔"之人，对存在的各种问题没有提出

---

① 子曰："见贤思齐焉，见不贤而内自省也。"（4.17）

意见者，更无凛然持信义之人，"友直""友谅"者明显缺失。这些是造就其人生悲剧不可忽略的因素。

那么，"便佞"者又如何呢？他们的害处在哪里呢？辩才无碍，口吐莲花，能说会道。

战国时期有一位著名的辩者——公孙龙，他是赵国的平原君最为欣赏的门客之一。有一次，孔子的后代孔穿来到赵国，与公孙龙进行辩论，后者持"臧三耳"的观点，即认为臧（奴婢）有三只耳朵，使得孔穿无以应答，被迫退场。第二天，平原君问孔穿有什么感受，孔穿感慨道："他几乎能让奴婢真的长出三只耳朵来。但即便如此，事实能做到吗？我想再请教您：要论证有三只耳朵的确困难，但并非事实；要论证有两只耳朵十分容易，但确是事实；不知道您是选择容易而真实的一方，还是选择困难而虚假的另一方呢？"一席话让平原君恍然大悟。他告诉公孙龙，不要再去作这样的辩论，并且认为孔穿"理胜于辞"，而公孙龙则是"辞胜于理"。孔穿在话语上虽不能取胜，但道理是充足的；而公孙龙的话看上去很不错，但终究是不合道理的。[1]

如果在我们身边，都是公孙龙这样的朋友；如果你时时听闻他（她）的"高论"，沉溺其中，对世界的认知将出现障碍，不要说"多闻"了，甚至可能常识都会被颠覆。如此想来，这样的朋友所带来的是"益"还是"损"，可以说是一目了然。

总之，选择什么样的朋友很关键。益友让自己心灵愉悦，在"志

---

[1]《资治通鉴》卷3《周纪三》，中华书局，1956年，第114—115页。

同道合"中获得精神的满足;益友也是砥砺前行,战胜困难的"利器"和法宝。要过有益的生活,就必须选择有益的朋友,并使得我们的人生旅程中处处闪耀着仁德的光芒。

五、择友

通过"益者三友"与"损者三友"的讨论,我们明白了选择朋友的重要性。前所论及的重点在于朋友的益处,下面,聚焦于另一层面——选择问题,来作进一步的思考。

(一)"智者利仁"

人的一生中,需要面对各种选择。而且人生越丰富,选择越多。在种种选择之中,很重要的一种是择友。

通过前面的论述已经知道,与朋友相交,目标在于"进德""辅仁"。但问题是,所有的朋友都愿意,并有能力与你一起来达成这一目标吗?当然不会。"益友"可以与我们砥砺共进,"损友"则起着破坏作用。所以,树立选择意识,保持清醒头脑,是交友之中的重要一环。因为这样的缘故,孔子才会要求子贡:"居是邦也,事其大夫之贤者,友其士之仁者。"他明确提出,选择"贤者"和"仁者"为自己的师友。

在儒学中，选择是一个重要论题，影响并决定着人生的走向与未来。对于人的选择，尤其如此。所以在择友之时，需要认真观察了解，并做出合理的判定，如果不加甄别就糊涂行事，很可能会酿成大错。一些人交友不慎，往往就在于忽略了这一点。

尤为重要的是，在儒学理念中，这样的行动取向属于"智"的范畴。举措得当，才算得上智慧取向，并与"仁"理念紧密关联。

我们从《论语》中的相关论述出发，来对此细加体会。

有一次，樊迟向夫子请教仁与智的问题，面对弟子"问仁"，孔子的回答是"爱人"；面对"问知（智）"之时，则以"知人"作答（12.22）。"仁"的问题已多有讨论，在此无需展开。那么，接下来要问的就是："智"与"知人"有什么关系呢？

《道德经》有言："知人者智，自知者明。"不仅是儒家，在古人的共识中，"知人"，也即了解他人就是一种"智"。但在儒学层面，进一步的问题有二。一是"智"需要与"仁"相匹配，由此在《论语》及其他儒籍中，"智者"与"仁者"常常相提并论。二是"智"需要为"仁"的实现提供助力。如果不是这样，"智"就没有意义，并会最终异化为"不智"之举。

由前已知，依据孔子的教导及儒学理论，人生的最终目标在于仁德的提升。所以，儒者需要"仁以为己任"（8.7），从而"求仁而得仁"，人生无怨无悔（7.15）。故通过各种手段和途径来努力实现"仁"，成为题中应有之义。前文已经论及"益友"在其间所起的作用，但结合本论题，更重要的是"以友辅仁"，这其实也是"智"的表现，是"由智而仁"的落实与承载。也就是说，朋友之道中有着"仁"与"智"的交织、互动。

在这样的问题意识下,可以看到,当孔子以"工欲善其事,必先利其器"为喻,将"益友"比作"辅仁"之"利器"时,也是在告诉我们,在"披荆斩棘"之时不能蛮干,要实现目标是需要智慧的。选择"利器",便是智慧的表现。这种选择使得我们可以获得巨大的助力,为仁德的发展找到坚实的支撑。可以说,没有"益友"的帮助,单靠个人是很难在仁德之路上顺利走下去的,甚至被人愚弄亦不自知。

孔子说:"好仁不好学,其蔽也愚。"(17.8)在前面的论述中已经强调,朋友就是"学"的重要载体。由此,一个人即便天生仁德,倘没有朋友的帮助,基本的知识和认知也会出现缺陷,甚至可能德性越高,警惕性越差,越容易受到愚弄。就像《西游记》中的唐僧,不听孙悟空的建议,就会被白骨精等妖魔鬼怪迷惑,虽说"僧是愚氓犹可训",但要认清妖魔,必须要有外力的帮助。

循此理路,孔子提出"仁者安仁,知者利仁"的主张(4.2)。智者之所以智,就在于借力而"辅仁",能获得"仁"的切实益处。再结合子贡请教"为仁"问题,可以看到,孔子实际上就是希望自己的高足能够在朋友之道中,好好地把握住"仁者""贤者",从而促进仁德的提升,表现出一个智者的应有状态。

在孔门弟子中,子贡是特别聪明灵活之人。

在《论语·颜渊》中,孔子对于自己的若干弟子,曾有这样的评价:"柴也愚,参也鲁,师也辟,由也喭。"(11.18)在他看来,这些人或愚直,或迟钝,或偏激,或鲁莽。反正在情商或处世接物上，都有着这样或那样的不足。但在这里面，没有子贡。而在接下来的章句中，孔子又将子贡与自己最欣赏的弟子颜回作了比较："回也其庶乎，屡空。赐不受命，而货殖焉，亿则屡中。"（11.19）[1]孔子感叹道，颜回虽然在道德学问方面难以挑剔，但穷困不已；而子贡却每每能押中市场行情，大获其利。史载："既学于仲尼，退而仕于卫，废著鬻财于曹、鲁之间，七十子之徒，赐最为饶益。"子贡在后来不仅成为当时的大富豪，甚至因其财势，"结驷连骑，束帛之币以聘享诸侯，所至，国君无不分庭与之抗礼"。[2]

值得一提的是，对于颜回，孔子也有过"如愚"的观感。虽说他最终认识到"回也不愚"（2.9），但那是从具有大智慧，或者说大智若愚的角度来立论的。由此在孔门弟子中，要说处理复杂事务的能力，在社会上能混得风生水起，倘将子贡排在第二，那是没有人可以排第一的。所以，当齐国欲攻打鲁国，在此危亡关头，需要有一个人出来游说列国，以阻扰此事，子路、子张、子石等"请行"，孔子都没有批准，唯有"子贡请行，孔子许之"。

最终结果是，子贡运用高明的外交手腕和如簧之舌，先后奔走于齐、吴、越、晋各国之间，不仅解除了鲁难，而且在其纵横捭阖的手段下，各国军政形势发生了根本性的改变。太史公评价道："子贡一出，存鲁，乱齐，破吴，强晋而霸越。子贡一使，使势相破，

---

[1] 这两章句内容都是孔子对弟子所做出的评价，朱子认为，它们本应"通为一章"。参见朱熹：《四书章句集注》，第127页。
[2] 《史记》卷129《货殖列传》，第3258页。

十年之中，五国各有变。"[1]这样一个聪明人，在生活中当然也是每每获利。但问题是，他会不会被一些蝇头小利所遮蔽，"聪明反被聪明误"呢？需知子贡心眼活，善做生意，接触的人又多，在这么杂乱的环境下，孔子会担心什么呢？或许就是怕他心思太活泛，因"小慧""小利"，而忘了"大利"，忘了"智"要用在根本性的问题上。

这种根本性的问题落实到朋友之道中，选择"益友"就成为首要之事。从特定角度来看，"利仁"是最大的"利"。也即是，要论及好处或利益的获得，"益友"是最大的财富，而不是腰缠万贯，富贵名利。由此孔子进一步提出："里仁为美。择不处仁，焉得知？"（4.1）意为，当选择邻居的时候，如果不选择有仁德者，这怎么能说是"智"的表现呢？

从朋友之道的角度来说，"择邻"即"择友"，由此历史上有"孟母三迁"的著名故事。这个故事大家耳熟能详，在此无需展开，但它给我们的启示是巨大的。在我看来，孟母的"择邻处"，其实就是"智者利仁"的一次生动实践。倘没有孟母坚决的行动，孟子这样的伟大人物就不可能产生，而只能"泯然众人矣"。孩子选择伙伴很重要，很可能决定着成长的道路，那么，成年人又何尝不是如此呢？

（二）"无友不如己者"的意义指向

沿着以上的逻辑理路，来再审《学而》篇的"子曰：'君子不重，则不威；学则不固。主忠信。无友不如己者，过则勿惮改'"（1.8）。

相关章句在《子罕》篇重复出现："子曰：'主忠信。毋友不

---

[1] 《史记》卷67《仲尼弟子列传》，第2197—2201页。

如己者，过则勿惮改。'"（9.25）在前一讲中，对所涉及的"忠信"问题作了讨论，现结合本论题，聚焦于"无友不如己者"的问题来作分析。

就字面而言，这一章句的意思明晓通达。意为，不要与不如自己的人交友。朱子说："友所以辅仁，不如己，则无益而有损。"[①] 但问题是，乍看之下，这样的取向是不是显得有些势利了呢？难道不如自己的人就要嫌弃他（她），朋友也做不成了？从孔子到朱子都是圣贤之士，倘如此，如何当得起这一名号呢？

不仅如此，记得许多年前我在讲述"子贡问仁"章，论及孔子将朋友作为"利器"来看待时，某学生产生了强烈的反感。他质问我："这样不是将人视为工具吗？将朋友作为工具来看待，是赤裸裸的工具论啊，这还是君子之道吗？"作为一名对传统文化怀有敬意的年轻人，他高度怀疑我在曲解孔子的意思。现在结合"无友不如己者"章句，可以看到的是，只要从字义上加以简明解读，二者互证，我对孔子实在没有多少曲解之处。

在作深入解读之前，有必要先对所谓的"工具论"与人的问题作一番论述。

在两千多年前，希腊大哲学家亚里士多德曾著有《工具论》一书，主要讨论的是逻辑学的问题，也即是，阐释作为知识工具的逻辑问题。这里的工具或工具论与人自身无关，而且工具论只要不涉及人及人性问题，都不会发生太大的争议。但倘若进一步说明，人

---

① 朱熹：《四书章句集注》，第50页。

也有工具的一面，则往往人言啧啧，甚至会认为动机不纯了。因为人需要尊重，人是目的，对于人，需要道德优先。这些都可以成为反对的理由。但究其实，以上这些与"工具论"之间都不是对立性的问题。而且它们也正是我一直坚持的理念，并在学习孔子之道中加以体悟和接榫。

问题在于，不能在一叶障目中剑走偏锋，只见一端，而忘记了整体和本质。

人有没有工具性的一面？当然有。如果将"工具"一词转换为"功能"，或许能理解得更清晰一些。人之为人，要为自己的生存创造条件，为社会创造财富，为后世留下遗产。他（她）的手、脚、脑等身体的各部分，都有其功能，有着工具性的一面。不发挥其作用，不仅功能尽废，成为废人，也将逐渐失去人之存在价值。

在心理学上常常可以看到这样的案例，一些人觉得自己毫无作用，是无用之人，从而对自己的存在及价值产生了怀疑。此时，很重要的一个引导方向，就是要让他（她）看到自己"有用"的一面，也即工具性的一面，让他（她）知道，自己可以为他人，为社会做出应有的贡献。他（她）是有用的，是被需要的。这种"有用"的程度越高，越能实现自身价值。可以说，没有"功能"或"工具"的一面，人及人生是不完整的，也是不健康的。对它的轻慢甚至去除，实质上反倒是对人之价值甚至尊严的蔑视。

康德说："每个有理性的东西都须服从这样的规律，不论是谁在任何时候都不应该把自己和他人仅仅当作工具，而应该永远看作自身就是目的。"请注意，反对将人工具化的康德所反对的是"把自己和他人仅仅当作工具",是"仅仅"这样的绝对化取向,而不是彻底不要工具的一面。这一工具或手段的对立面,也即人之目的,所对应的是人性。所以康德又说:"你的行动,要把你自己人身中的人性,和其他人身中的人性,在任何时候都同样看作是目的,永远不能只看作是手段。"[1]

这一问题的要义,或易引发歧见之处在于,人作为工具或手段的时候,不能与人性要求相违背,不能没有道德底线,不能丢失了人作为"目的"的根本面。但是,强调仁德及"以友辅仁"之时,丢失目的了吗?违反道德了吗?违背人性了吗?没有。只要是在为"辅仁"服务,在不违背人性和尊严的前提下,强调朋友"益处"及"利器"的一面,不仅完全正当,而且恰恰是"目的"所在。不对这一本质性问题有深入的接受和体认,就必然会出现理解上的偏执。

由此再来看"无友不如己者"章句,就可以发现,有些学者因为如上的思维,出现了理解上的偏差。觉得不选择不如自己的人做朋友,似乎是说不过去的事情,并进一步认为,这未必是孔子的本意。也由此,有学者提出,"如"应该是"类"的意思,如钱逊认为:"解释为'类似',这一解释较合孔子原意。"[2] 但这种翻译在字义上是很难说通的。而且"类己""类我"的说法在早期文献中较为常见,

---

[1] 康德著,苗力田译:《道德形而上学原理》,上海人民出版社,1986年,第86、81页。
[2] 钱逊:《论语浅解》,北京古籍出版社,1988年,第26页。

与"如己"无关。①

比较有趣的是,钱逊的父亲钱穆,与其有着不同看法。钱穆说:

> 窃谓此章所言,决非教人计量彼我之高下优劣,而定择交之条件者。孔子之教,多直指人心。苟我心常能见人之胜己而友之,此人即易得友,又能获友道之益矣。人有喜与不如己者为友之心,此则大可戒也。②

钱穆所论可谓贴近孔子之道了。但可惜的是,在表述上环绕迂回,还不能完全直达本意。我以为,更清晰简捷的解读路径是,明确择友之时的主体、客体问题。

进一步言之,择友可分为"我择"与"友择"两大层面。当我去选择朋友,也即"我择"的时候,我是行为的主体。此时,应抱持着"辅仁""进德"的态度,去寻觅优秀的朋友及其闪光点,倘看不到他(她)一丁点的优点,处处不如自己,你如何"进德",又如何在"利仁"中获得教益呢?在此还需要指出的问题有二:

首先,在一般情况下,处处不如己者是极少出现的,因为"三人行,必有我师焉"(7.22)。如果真是觉得对方处处"不如己",要么是对方实在太差了,要么是你的甄别力还不够,看不出对方的优点。但不管是哪一种,都不适合在此时共同"辅仁"与"进德",因为前者带来的是负面影响;后者则是未到成为朋友的时候。这有

---

① 如《汉书·外戚传上》:"太子为人仁弱,高祖以为不类己,常欲废之而立如意,'如意类我'。""钩弋子年五六岁,壮大多知,上常言'类我'。"《汉书·韩信传》:"如我,能将几何?"
② 钱穆:《论语新解》,巴蜀书社,1985年,第11页。

些像谈恋爱，如果当前你看不到，亦不能体会对方的优点，就不要相处，许多年后倘有缘，再续前缘；倘无缘，只能在理解中哀叹，没有在合适的时间遇到合适的人。

人总是希望与优秀的人在一起，这实为人之常情，倘反其道而行之，则违背了基本的人情、人性。钱穆说："人有喜与不如己者为友之心，此则大可戒也。"有这样的人存在吗？有的。但这的确不是正常的择友之道。这一情形的出现，大致有三种可能：

一是有些人怀着拯救心态去处友。但这不是正常的处友，而是援救。而且还需警惕，在此过程中不能被带入"深坑"而无以自拔。二是老师或教练选拔苗子。但这是师生的授受，希望自己后继有人。当然也就不属于正常的平等式处友。第三种就值得谴责了，将"朋友"作为展现自己"优秀"的道具。记得在做学生时，我常常看到一种令人疑惑的事情。校园中有些貌美又"聪明"的姑娘，总是喜欢和一些长相平平又内向的女孩子在一起，倘互相尊重，看到对方的闪光点，倒也罢了；但的确有些人对自己的"姐妹"不那么友好，总是拿来开涮和衬托，以此呈现自己的"冰雪聪明"。后来我终于悟出其中的道道，对此类人是避而远之，倘身边有哥们要去追求这样的"佳人"，我无例外都是要泼冷水的。

其次，孔子所教导的，是"以我为主"的"我择"，也即怎么去寻觅朋友。钱穆说："苟我心常能见人之胜己而友之，此人即易得友，又能获友道之益矣。"也是以"我"为主的论述系统。但问题的另一面是，"择友"之中还有"友择"。什么是"友择"？就是"我"为客体，寻觅我为友者为主体。当他人需要与你为友时，在正常情况下,其实他(她)也应该遵循着"无友不如己者"的要求,是你有着闪光点和可取之处,在他人眼中是可交的朋友。此时,面对着不如自己的他人来订交,你要拒绝吗?倘如此,那的确是势利了。但依据孔子之道不是这样的。在"无友不如己者"的另一面,在"友择"的时候,所体现的是开放和包容。

关于这一点,可注意的是孔门两大弟子子夏与子张的一段故事。

有一次,子夏的弟子向子张请教如何交友的问题。子张说:"你们的老师子夏是怎么说的呢?"回答道:"可者与之,其不可者拒之。"意思为,可以交的就去交;不可以的,就断然拒绝他。由此引发了子张的一段著名论述:

> 子张曰:"异乎吾所闻:君子尊贤而容众,嘉善而矜不能。我之大贤与,于人何所不容?我之不贤与,人将拒我,如之何其拒人也?"(19.3)

按照子张的说法,君子对于贤能者当然要尊重,但与此同时,更需要容众。对于好的要嘉许,不如自己的,则需要同情。作为一名贤人,怎么可以不容人呢?而反之,如果我自己做得不好,别人会回绝我,我还有什么资格拒人于外呢?此言正反映着"友择"时的一面,即需要"容众"。与此同时,不如他人时,"人将拒我",正与"无友不如己者"相映证。尤为重要的是,子张这一理解不是自我主张,而是得之于他人的教导,即所谓"吾所闻"。子张闻之于谁?是谁的见解让他如此推崇,并用之于反对有些傲慢的同门呢?极大的可能就是孔老夫子。引夫子之言,不仅对于批驳子夏具有强大的助力，而且在"我择""友择"的视野下，极好地诠释了孔门的择友之道，并与"无友不如己者"的意蕴丝丝入扣。

要之，"无友不如己者"绝非势利之言，而是在交友之道中展现出主、客二分，以及以我为主的"利仁"取向，呈现的，是孔门择友的智慧。

六、"善与人交"

人都有对友情的诉求。许多年前一首感动很多人的老歌《朋友》，其中唱道："朋友一生一起走，那些日子不再有。一句话，一辈子，一生情，一杯酒。"所表达的无外乎是，人生之路中能成为朋友委实不易，一定要倍加珍视，永远珍惜，在友情中携手走过一生……

然而，残酷的事实是，在人生路上，友谊的小船往往说翻就翻，而且一翻再翻的，并不在少数。为何如此？有人或许会说，友情决裂，是因为没有付出足够的友爱。有些是。但在大多数情况下，未必如此。有时，是交友中的方式、方法的失误起到了决定性的作用。

由此，"善与人交"，也即善于交友成为一种要求，甚至是一种本领。如何做到？除了信义、坦诚、真挚等基本要素之外——这些或许可以用"朋友之义"加以概述，还有很重要的一个侧面，就是"朋友之礼"。有些时候正是因为对其把握不当，才造成了不可逆的后果，友情由此出现裂缝，直至崩解。在这样的思路下，也可以说，

"善与人交"的关键就在于把握礼义之间的尺度。

对于"善与人交"者,孔子所推崇的是春秋名相晏婴。他评价道:"晏平仲善与人交,久而敬之。"(5.17)在这里,可注意的问题是,晏子"善与人交"的核心要素是"敬",并因"敬"而"久"。为何是它,而不是将信义等作为"善与人交"的核心要素呢?

信义等"朋友之义"虽然是成为朋友的基本条件,所谓"道不同不相为谋",无信义,朋友之交无从谈起。但是,要"善与人交",要友情久长,光靠信义是远远不够的,"敬"必不可少。也即是,订交之后,信义固然不可失,但倘若互相尊重不够,让对方感到心中无敬,友情由浓而淡,由淡转无,那是屡见不鲜的。

很多人都知道,社会心理学家马斯洛(Abraham H. Maslow)有著名的需求五阶段理论,包括生理需要、安全需要、归属与爱的需要、自尊需要、自我实现需要。前两种属于低层次的需求,后面则逐渐进入高层次需求。而朋友正是进入高层次需求的开始,属于"归属与爱的需要",也有学者将其认定为"社交需要"。但进一步的问题是,交友这种社交行为需要向上提升,才能更加内契于心,也才能更为长久。如果说"以友辅仁"契合了"自我实现"的最高目标,那么,联结它们的"自尊需要"就体现为"敬",没有它的存在,这种社交便失去了更进一步的动力与支撑。

朋友之敬的核心何在?在于不能失礼。值得注意的是,子夏在劝慰司马牛时,是这样说的:"君子敬而无失,与人恭而有礼,四海之内皆兄弟也。"只要"敬而无失""恭而有礼",不仅朋友遍天下,而且这些朋友就像自己的兄弟一般,带来温暖和慰藉。

如果做不到这一点，不仅会带来尴尬，使得友情出现裂缝，严重者还会招致不可想象的后果。在古代，如果这位朋友位高权重，又不是那么豁达大度，甚至可能带来杀身之祸。

三国时代的许攸在年少时与袁绍、曹操皆为朋友，关系融洽。不曾想，许多年后，袁、曹成为敌手，两人率部对峙于官渡。公元200年发生了官渡之战，这一战役也成为决定双方命运的历史性决战。此时的许攸正在袁绍阵营，不仅向其献策不听，家人还遭到了拘押，一气之下，投靠了处于困境之中的曹操，并向其献上奇策。曹操由此一举消灭了袁绍，实现了北方的统一。自此之后，许攸开始飘飘然。然而，他的人生悲剧也由此拉开了序幕。

史载："攸自恃勋劳，时与太祖相戏，每在席，不自限齐，至呼太祖小字。"许攸不仅自认为功勋卓著，或许还觉得自己为曹操的老友，遂无所忌惮，对于曹操甚缺敬意，时不时地与之乱开玩笑，甚至很不尊重地呼叫曹操小名。这在古代是很失礼数的。在酒席宴前，他还向曹操表示，没有我，你怎么能占有袁绍的地盘呢？曹操只能尴尬地笑道："汝言是也。"虽然从表面上看，他同意了许攸的意见，"然内嫌之"，内心已埋下了厌恶，甚至是仇恨的种子。不仅如此，有一次，许攸随从曹操出城门，他回头对旁边的人说道："这个人要不是我，是不可能出入此门的。"有人据此举报，曹操终于与之决裂，许攸就此死于狱中。[①]

在许攸故事中，他的悲剧命运，很大程度上是由自己所造就。

---

① 《三国志》卷12《魏书·崔琰传》注引《魏略》，第373页。

进一步言之，朋友之间需要敬意，而不可失礼。固然，不可能人人都遇到曹操，因为对其"不敬"，因为"有失"，由此招致杀身之祸。但好友之间因为不够尊重，即礼数方面的问题，出现裂痕，甚至结下梁子的，也不在少数。其实这也是一个同理心的问题。不要以为对方是朋友，自己的所作所为都可以被无条件包容，如果超过了一定限度，那就是在掘友情大厦的墙根，直至引发灾难性后果。

由此值得注意的是，在为人及容止方面，儒家特为推崇"文质彬彬"的君子形象。孔子说："质胜文则野，文胜质则史，文质彬彬，然后君子。"（6.18）在一般情形下，质，也即质朴是人之美德。但如果只有质朴，并由此淹没了礼文，在礼数方面毫无顾忌，仅仅表现出自己质朴的一面，就未免粗野不堪了。这样的人，往往令人难堪，身边很难有太多的好友。有，也往往不能长久，最终崩盘。从特定视角来说，许攸的悲剧就在于太"野"了，虽然他说的大多也是事实，但天长日久，的确令人难以忍受，何况是自视甚高的一代枭雄呢？

也由此，在朋友之交中，孔子提出了这样一个原则："忠告而善道之，不可则止，毋自辱也。"（12.23）就道义而言，对于朋友不仅需要忠告，而且要导其向善。这是"朋友之义"的基本要求。但是，如果对方并不愿意接受，那就算了。

理由在于，就"朋友之礼"而言，你的所作所为，哪怕完全是出于好意，倘过于强迫，也往往会带来副作用，直至撕破了脸皮，朋友都做不成了。从需求五层次来说，"自尊需要"也可能在友情丧失的反噬中烟消云散。所以孔子告诫道："不可则止，毋自辱也。"也就是说，哪怕你做的是对的，也需要把握适度的原则。在此基础上，孔门高足子游提出:"事君数,斯辱矣;朋友数,斯疏矣。"(4.26)"敬"要让朋友感受到,自己也需在交友过程中对等获取,互敬是朋友之道的一大关键。保证对朋友"敬",保证自己得其所"敬",不受到侮辱,这是基本的底线。

但是,朋友之间的"敬",又不能过于拘谨。"野"固然不对,倘若走极端,完全倒向"野"的对立面——"文胜质",也即礼数过于繁琐,淹没了质朴的一面,就像事无巨细的史官作出的记载,正如朱子所说:"诚或不足也。"[1]这是对适度原则的另一维度之破坏。毫无疑问,对于这样的态度和做法,孔子也不赞同。

所以,可以发现的是,特别注重礼数的孔子,在与朋友交往的过程中,礼数往往有所减损,以体现出朋友之间的情谊。如《论语·乡党》载:"朋友之馈,虽车马,非祭肉,不拜。"(10.23)就字面来看,这一章句很好理解,意为:"倘若是朋友的馈赠,即便是车马这么贵重的礼物,只要不是祭肉,在接受时也无需行拜谢之礼。"按照一般原则,在接受礼物时,是需要"拜"的,也即行拜谢或拜受之礼。对于这方面的仪节,孔子是颇为看重的。同篇有载:"康子馈药,拜而受之。"(10.16)季康子馈赠了药品,孔子都要拜谢。从中展现出礼的意义。

这些礼品与车马相比,可谓价值悬殊。但只因为朋友之间有着亲密的关系,即便是车马,也不必过于拘礼。既然是朋友,最终应如同家人一般,如果过于拘礼,未免生疏,反为不美。但在这种馈

---

[1] 朱熹:《四书章句集注》,第89页。

赠中，祭肉是例外，是需要"拜而受之"的。这是为什么呢？私人之间以祭肉相赠，一般都是在宗族中祭祀祖先之后的行为。今日在一些保持传统的乡村还有这样的习惯，作为一种散福的表现，让亲友们一起沾点好运气。

但问题是，因为与祖先及长辈存在关联，祭肉就不是简单的朋友"通财"了，见物如见人，为了表示对朋友祖先的尊重，必须将弥散着私情，颇有些散漫的行为收敛起来，严肃认真地加以对待。朱子说："祭肉则拜者，敬其祖考，同于己亲也。"[1] 一个人对于自己的双亲及长辈必须恭恭敬敬，推之于朋友，亦当如是。所以，真正的好朋友，即使彼此嘻嘻哈哈，但对于对方的父母长辈，则必须恭恭敬敬，这也是"朋友之礼"中一个不可忽略的内容，是"敬"的重要载体。也即是，"朋友之义"与"朋友之礼"的尺度要拿捏准确，它们不仅存于两人或几人之间，而且还要顾及对方的至亲及家人。如此，才会"敬而无失"，礼义兼顾。

总之，在儒家的人伦建设及社会建构蓝图中，"朋友之道"是一个重要的组成部分。由《论语》所见的论述为出发点，可以看出，它既与家族伦理相沟通，更是社会伦理的重要基石。它有理论原则，有方法要求，在不同层面上连接着"仁义礼智信"的儒家理念，并加以贯彻实施。一直以来，在中国传统社会中，孔子所提倡的"朋友之道"发挥着不可替换的作用。对于今天的社会，也有着相当重要的借鉴和参考价值。

---

[1] 朱熹：《四书章句集注》，第122页。

后　记

此书是在江西师范大学全校公选课"《论语》讲读"的课堂讲义基础上整理而来。

与传授一般专业知识的课程不同，这门课没有教材，只有参考书目；没有标准答案，只有教师的学习心得与课堂互动。在开放式的教学中，倾听学生的回应，修正已有的认知，共赴文化之旅，是本课程的基本目标。从特定视角来看，我承担了"文化导游"的功能，将课堂讲义作为自撰的"导游手册"，并一次次地更新、再更新。

毫无疑问，这样的课程，对于我而言，也是一种学习的历程。回头望去，一路走来，居然有二十年了。如果论及我与孔子及《论语》的接触，那就更早了。每每想到这些，很多如烟往事就会浮上心头，难以忘却，也不能忘却……

在二十世纪七十年代后期，一个懵懂的小孩子偶然看到了一本小人书，那是"文化大革命"时代的遗留物——"批林批孔"材料之一。孔子的形象在漫画中被扭曲，在夸张的图文之间，不仅没有了圣人的气象，而且作为阶级斗争的批判对象，显得那么佝偻猥琐。当那位儿童半懂不懂地翻阅此书时，其中有四个字——"克己复礼"，被黑体放大，作为攻击的靶子，显得特别醒目。他第一次见到孔子的言论，居然是在这样的情境之下！而且在识字之初，他就牢牢地记住了这四个字！

在此之前，不要说"克己复礼"这样的抽象概念，他甚至不知孔子为何物，更别说朱子等人了。

那个小孩子就是我，生于二十世纪七十年代初。但幸运的是，在步入学校接受教育的时候，"文化大革命"已经结束，中国开始迈入改革开放的新征程。此时的中国正从寒冬中走出，"解放思想，实事求是，团结一致向前看"，演绎着一幕幕改天换地的"春天的故事"。

在这样的时代背景下，日渐长大的我所接触的材料不再是大批判的图文。尊重传统、讲求人性越来越成为主流。很自然的，经典的阅读也在逐渐回归。然而，在那时，我的心里还是充满了疑问，孔子到底是个什么样的人？"克己复礼"究竟是什么意思？这些问题一直萦绕于心。

我要特别感激二十世纪八十年代，那样的一个时代给了我寻找答案的机会与可能。经过"文化大革命"之后的反思，渴求知识成为一时之风气。那时，书店、图书馆里挤满了读者，我也成了其中的一员。从小学到中学阶段，我的一大爱好就是读各种各样的课外书。我流连于书店和图书馆之间，在书籍中"寻芳"觅路，乐此不疲。许多年后，我还总会想起那些场景。少年时代的阳光和书香，成为我记忆中最温馨的画面。

也正是从那时起，我开始了真正的阅读，并试着去理解真正的孔子。经过岁月的沉淀和自我思考，童年的那一幕没有成为我的精神负担，孔子的形象也日渐清晰与伟岸，并使我有了别样的感悟。不仅如此，孟子、荀子、董子、朱子等也纷纷进入我的阅读世界。

以他们为路标和驿站，我觉得越来越接近那"万紫千红"的园地，并由此获得了精神的洗礼和升华。在这一学而思的历程中，我逐渐长大，直至成为专业的文史工作者。

2004年夏，我完成了博士阶段的学习，成为一名高校专任教师。按照相关规定，可以申请开设全校的公选课，我当时的第一念头就是，和年轻的大学生朋友们一起来分享一下自己对于《论语》、对于孔子之道的体会。于是，便有了选修课"《论语》讲读"。

在准备这门课程的时候，我仔细考察了其他单位的相关课程及研究成果，发现了如下的问题：在相关讲授或撰著中，往往是先对原文作出语词的解释，然后再作一番理论性的发挥。这样的做法固然有其可取处，而且也较易操作，但思之再三，我觉得还是另走他途为佳。

倘按照惯常的讲述方式，在课堂上解释原文，与中学阶段的语文或大学中的文选课差别不大，而且这类译注性的书籍已有不少了，学生完全可以自主阅读。再进一步，围绕着某段章句来作义理发挥固然也不错，但常常漫无系统，对于全面深入地理解孔子思想，相对来说还是有些隔阂。我最终决定，按照专题来讲述，展开研究性的教学。即先对《论语》中的相关内容进行整合，然后按照不同的专题来作逻辑推演及学理探究。

这样的方式不是天马行空的随意之举，而是深入观察与思考的结果。我一遍遍地重读《论语》文本及相关成果，除了以朱子的《四书章句集注》及相关撰述为核心去"温故而知新"，重要的汉、宋著述，传世及出土资料，以及当下的研究成果，都尽可能去熟悉。"学然后知不足，教然后知困"。针对在阅读和教学中发现的种种问题，在《论语》学的研究方面我也做了一些粗浅的学术工作，用自己不间断的研究实践来充实讲授的学术底气。朱子在论及编纂《论语集注》的工作时，有这样的论述："要人精粗本末，字字为咀嚼过。""不是草草看者。"[1] 我同样以"字字为咀嚼过"的态度来希圣追贤，怀着深深的敬意和诚笃，展开一次次思想文化之旅。

毫无疑问，这是一种比较辛苦的做法。我就像一名跋涉的旅者，一路走，一路看，一路采撷，带着淡淡的"乡愁"与回味穿梭于其间。然后，将这些收获与年轻的朋友共享，同时也会听听他们的意见。然后，再次上路，在精神家园中与前行的"寻芳人"一次次重逢……

二十年来，我就这样走着，看着，思考着，充分体会着朱子"胜日寻芳"的愉悦。没有疲惫，没有厌倦，有的是一次次新的发现带来的欣喜！在这样一个过程中，我也成了一名新的"寻芳"者。盛日美景在前，泗水之滨，万紫千红，光风霁月，气象万千。这真的是一种高级的精神享受！

对于这样的感受，我一直期盼着有朝一日能与朋友们共享。感谢浙江古籍出版社给了我这样一个机会。还必须敬致谢忱的是，江西师范大学的周洪教授一直关心本书的整理与出版，给予了我真诚的帮助。此外，数年前，研究生万苗旺、叶朋辉为我记录和整理过课堂讲义，虽然随着时间的推移，书稿从内容到形式一次次地翻新，早已旧貌不存，但对他们的付出，我也必须表示感谢！最后，对那

---

[1] 王懋竑撰，何中礼点校:《朱子年谱》，中华书局，1998年，第78页。

些来到我的课堂，曾经年轻，或依旧年轻的大学生朋友们表达衷心的谢意，尤其是那些反复蹭课，并与我切磋琢磨的同学，是你们，使我感受到了年轻的力量，并有了不断"寻芳"的动力……

王刚

2024年9月于南昌

图书在版编目（CIP）数据

《论语》六讲 / 王刚著. -- 杭州 : 浙江古籍出版社, 2025.3. -- ISBN 978-7-5540-3165-0

Ⅰ. B222.2-49

中国国家版本馆CIP数据核字第2024QJ3726号

《论语》六讲

王　刚　著

出版发行	浙江古籍出版社
	（杭州市环城北路 177 号　电话：0571-85068292）
网　　址	https://zjgj.zjcbcm.com
责任编辑	石　梅
责任校对	吴颖胤
责任印务	楼浩凯
照　　排	杭州立飞图文制作有限公司
印　　刷	杭州佳园彩色印刷有限公司
开　　本	880mm×1230mm　1/32
印　　张	9.75
字　　数	210 千字
版　　次	2025 年 3 月第 1 版
印　　次	2025 年 3 月第 1 次印刷
书　　号	ISBN 978-7-5540-3165-0
定　　价	45.00 元

如发现印装质量问题，影响阅读，请与本社市场营销部联系调换。